MORAL FUNDAMENTAL

Dados Internacionais de Catalogação na Publicação (CIP)
(Câmara Brasileira do Livro, SP, Brasil)

Agostini, Nilo
  Moral fundamental / Frei Nilo Agostini. –
Petrópolis, RJ : Vozes, 2019. – (Coleção Iniciação à Teologia)
  Bibliografia.
  ISBN 978-85-326-6127-2
  1. Ética cristã 2. Fé 3. Teologia Moral I. Título.
II. Série.

19-25377   CDD-241

Índices para catálogo sistemático:
1. Teologia Moral : Cristianismo   241

Cibele Maria Dias – Bibliotecária – CRB-8/9427

FREI NILO AGOSTINI

MORAL FUNDAMENTAL

EDITORA VOZES

Petrópolis

© 2019, Editora Vozes Ltda.
Rua Frei Luís, 100
25689-900 Petrópolis, RJ
www.vozes.com.br
Brasil

Todos os direitos reservados. Nenhuma parte desta obra poderá ser reproduzida ou transmitida por qualquer forma e/ou quaisquer meios (eletrônico ou mecânico, incluindo fotocópia e gravação) ou arquivada em qualquer sistema ou banco de dados sem permissão escrita da editora.

CONSELHO EDITORIAL

Diretor
Gilberto Gonçalves Garcia

Editores
Aline dos Santos Carneiro
Edrian Josué Pasini
Marilac Loraine Oleniki
Welder Lancieri Marchini

Conselheiros
Francisco Morás
Ludovico Garmus
Teobaldo Heidemann
Volney J. Berkenbrock

Secretário executivo
João Batista Kreuch

Editoração: Maria da Conceição B. de Sousa
Diagramação: Sheilandre Desenv. Gráfico
Revisão gráfica: Nilton Braz da Rocha / Nivaldo S. Menezes
Capa: Editora Vozes

ISBN 978-85-326-6127-2

A presente publicação é uma reelaboração atualizada das temáticas anteriormente desenvolvidas pelo autor em suas obras *Introdução à Teologia Moral* (2004) e *Moral cristã e seus fundamentos* (2016).

Editado conforme o novo acordo ortográfico.

Este livro foi composto e impresso pela Editora Vozes Ltda.

Entrego esta obra aos leitores
ao completar 30 anos
de labor teológico
no período de meu doutorado,
cuja tese foi defendida em 1989
na Faculdade de Teologia Católica
da Universidade de Ciências Humanas
de Strasbourg, França.
Deo gratias!

Sumário

Apresentação da coleção, 11

Prefácio, 15

Introdução, 17

Parte I – A moral em meio aos desafios atuais: questões preliminares, 21

Capítulo 1 Tempo de grandes mudanças: a urgência da moral e o despertar da ética, 23
    1 Uma crise das raízes do humano, 23
    2 Levar ao crescimento da pessoa, 27
    3 A necessidade da ética: bases para o crescimento da pessoa, 32

Capítulo 2 A proposta da Teologia Moral, 39
    1 Perspectiva eclesial e tarefa da teologia, 40
    2 Fidelidade à nossa história, 42
    3 Por uma fundamentação da Teologia Moral, 45
    4 A Moral Cristã católica: desdobramentos no pós-Vaticano II, 50
    5 Responder aos desafios de nosso tempo, 52

Capítulo 3 Moral, religião e fé cristã: experiência de Deus, adesão a Jesus Cristo, 55
    1 Cultivo da experiência de Deus, 55
    2 Adesão a Jesus Cristo, 60
    3 Apelos de uma ética cristã, 67
    4 Seguimento e imitação de Cristo, 72

Parte II – Fundamentação bíblico-teológica, 75

Capítulo 1 A experiência de fé, 77
1 Antigo Testamento, 77
2 Novo Testamento, 81
3 O "teologal": quando a fé ilumina a realidade e se torna prática, 84
4 Chances e ameaças à vida em nossos dias, 86
5 As diversas faces da Modernidade, 90

Capítulo 2 O convite de Deus, 95
1 Povo da Aliança, 95
2 Conceito de "vida" no Antigo Testamento, 97
3 O relacionamento entre o ser humano e Deus, 100
4 Imagem e semelhança de Deus, 102
5 O "não matar", 104

Capítulo 3 A proposta de Jesus Cristo, 107
1 A centralidade de Jesus Cristo, 107
2 O seguimento de Jesus e o anúncio do Reino de Deus, 112
3 O conceito de "vida" no Novo Testamento, 115
4 Do "não" ao "sim": apelos éticos e engajamentos morais, 118
5 O "mundo": lugar da manifestação amorosa de Deus, 121

Capítulo 4 A força do Espírito Santo, 125
1 O vigor da vida no Espírito, 125
2 Habitados pelo Espírito, 128
3 O Espírito em ação, 131
4 O vigor da prática, 133
5 As virtudes, 136

Parte III – Fundamentação antropológica, 141

Capítulo 1 A visão integral desdobrada, 143
1 A pessoa humana: a riqueza de uma visão integral,
2 A família: bem precioso da humanidade, 147
3 A comunidade: na escuta do outro que me interpela, 151
4 A sociedade: indispensável para o ser humano, 155
5 A natureza: preocupação ecológica e cuidado do meio ambiente, 159

Capítulo 2 A consciência moral, 166

1 Condicionamentos e manipulações, 167

2 Educação e evolução do julgamento moral, 171

3 O indispensável discernimento moral, 177

Capítulo 3 Liberdade, responsabilidade e opção fundamental, 189

1 Liberdade humana e estruturas sociais: Modernidade, globalização, 189

2 A responsabilidade que brota da opção fundamental, 199

Parte IV – Temas fundamentais, 209

Capítulo 1 O mal desafia a nossa fé e nos pede respostas, 211

1 O mal: uma realidade, 212

2 A eterna busca de impostações claras, 220

3 O itinerário da fé, 222

4 "Bater em retirada" ou lutar contra o mal?, 229

Capítulo 2 O pecado: um desafio para a pessoa de fé, 232

1 O mal e o pecado na Sagrada Escritura, 232

2 O mal e o "pecado original", 235

3 Contexto atual: perda do sentido de pecado?, 243

4 Desdobramentos do sentido de pecado, 247

Capítulo 3 Conceituação teológica do pecado, 255

1 Dimensões do pecado no Antigo Testamento, 256

2 O pecado no Novo Testamento, 260

3 O pecado e a pessoa, 264

4 O pecado social, 274

Capítulo 4 Reconciliação e misericórdia, 279

1 O pecado: obstáculo à reconciliação, 280

2 A hora da reconciliação como fruto da justiça e da conversão, 283

3 Misericórdia: perdão e reconciliação, 285

4 O amor que plasma a misericórdia e a reconciliação, 289

5 Reconciliação e libertação na experiência de fé, 291

Conclusão, 297

Referências, 303

Apresentação da coleção

Uma coleção de teologia, escrita por autores brasileiros, leva-nos a pensar a função do teólogo no seio da Igreja. Tal função só pode ser entendida como atitude daquele que busca entender a fé que professa, e, por isso, faz teologia. Esse teólogo assume, então, a postura de produzir um pensamento sobre determinados temas, estabelecendo um diálogo entre a realidade vivida e a teologia pensada ao longo da história, e se caracteriza por articular os temas relativos à fé e à vivência cristã a partir de seu contexto. Exemplo claro desse diálogo, com situações concretas, são Agostinho e Tomás de Aquino, que posteriormente tiveram muitas de suas teorias incorporadas à doutrina cristã-católica, mas que a princípio buscaram estabelecer um diálogo entre a fé e aquele determinado contexto histórico. Como conceber um teólogo que se limita a reproduzir as doutrinas pensadas ao longo da história? Longe de ser alguém arbitrário ou que assuma uma posição de déspota, o teólogo é aquele que dialoga com o mundo e com a tradição. Formando a tríade teólogo-tradição-mundo, encontramos um equilíbrio saudável que faz com que o teólogo ofereça subsídios para a fé cristã, ao mesmo tempo que é fruto do contexto eclesial em que vive.

Outra característica que o acompanha é a de ser filho da comunidade eclesial, e, como tal, deve fazer de seu ofício um serviço aos cristãos. Se consideramos que esses cristãos estão inseridos em realidades concretas, cada teólogo é desafiado a oferecer pistas, respostas ou perspectivas teológicas que auxiliem na construção da identidade cristã, que nunca está fora de seu contexto, mas acontece justamente na relação dialógica com ele. Se o contexto é sempre novo, também a teologia se renova. Por isso, o teólogo olha novos horizontes e desbrava novos caminhos a partir da experiência da fé.

O período do Concílio Vaticano II (1962-1965) consagrou novos ares à teologia europeia, influenciada pela *Nouvelle Théologie*, pelos movimentos bíblicos e litúrgicos, dentre outros. A teologia, em contexto de modernidade, apresentou sua contribuição aos processos conciliares, sobretudo na perspectiva do diálogo que ela própria estabelece com a modernidade, realidade latente no contexto europeu. A primavera teológica, marcada por expressiva produção intelectual e pelo contato com as várias dimensões humanas, sociais e eclesiais, também chega à América Latina. As conferências de Medellín (1968) e Puebla (1979) trazem a ressonância de vários teólogos latino-americanos que, diferente da teologia europeia, já não dialogam com a modernidade, mas com suas consequências, vistas principalmente no contexto socioeconômico. Desse diálogo surge a Teologia da Libertação e sua expressiva produção editorial. A Editora Vozes, nesse período, foi um canal privilegiado de publicações e produziu a coleção Teologia & Libertação, que reuniu grandes nomes na perspectiva da teologia com a realidade eclesial latino-americana. Também nesse período houve uma reformulação conceitual na *REB* (*Revista Eclesiástica Brasileira*), organizada pelo ITF (Instituto Teológico Franciscano), sendo impressa e distribuída pela Editora Vozes. Ela deixou de ser canal de formação eclesiástica para se tornar um meio de veiculação da produção teológica brasileira.

Embora muitos teólogos continuassem produzindo, nas décadas do final do século XX e início do XXI o pensamento teológico deixou de ter a efervescência do pós-concílio. Vivemos um momento antitético da primavera conciliar, denominado por muitos teólogos como inverno teológico. Assumiu-se a teologia da repetição doutrinária como padrão teológico e os manuais históricos – muito úteis e necessários para a construção de um substrato teológico – que passaram a dominar o espaço editorial. Essa foi a expressão de uma geração de teólogos que assumiu a postura de não mais produzir teologia, mas a de reafirmar aspectos doutrinários da Igreja. O papado de Francisco marcou o início de um novo momento, chancelando a produção de teólogos como Pagola, Castillo e, em contexto latino-americano, Gustavo Gutiérrez. A teologia voltou a ser espaço de produção, e muitos teólogos passaram a se sentir mais responsáveis por oferecerem ao público leitor um material consonante com esse momento.

Em 2004, o ITF, administrado pelos franciscanos da Província da Imaculada, outrora responsável pela coleção Teologia & Libertação e ainda responsável pela *REB*, organizou a Coleção Iniciação à Teologia. O Brasil vivia a efervescência dos cursos de teologia para leigos, e a coleção tinha o objetivo de oferecer a esse perfil de leitor uma série de manuais que exploravam o que havia de basilar em cada área da teologia. A perspectiva era oferecer um substrato teológico aos leigos que buscavam o entendimento da fé. Agora, em 2019, passamos por uma reformulação dessa coleção. Além de visarmos um diálogo com os alunos de graduação em teologia, queremos que a coleção seja espaço para a produção teológica nacional. Teólogos renomados, que têm seus nomes marcados na história da teologia brasileira, dividem o espaço com a nova geração de teólogos, que também já mostraram sua capacidade intelectual e acadêmica. Todos eles têm em comum a característica de sintetizarem em seus manuais a produção teológica que é fruto do trabalho.

A coleção Iniciação à Teologia, em sua nova reformulação, conta com volumes que tratam das Escrituras, da Teologia Sistemática, da Teologia Histórica e da Teologia Prática. Os volumes que estavam presentes na primeira edição serão reeditados; alguns com reformulações trazidas por seus autores. Os títulos escritos por Alberto Beckhäuser e Antônio Moser, renomados autores em suas respectivas áreas, serão reeditados segundo os originais, visto que o conteúdo continua relevante. Novos títulos serão publicados à medida que forem finalizados. O objetivo é oferecermos manuais às disciplinas teológicas, escritos por autores nacionais. Essa parceria da Editora Vozes com os teólogos brasileiros é expressão dos novos tempos da teologia, que busca trazer o espírito primaveril para o ambiente de produção teológica, e, consequentemente, oferecermos um material de qualidade para que estudantes de teologia, bem como teólogos e teólogas, busquem aporte para seu trabalho cotidiano.

Welder Lancieri Marchini
Editor teológico, Vozes
Organizador da coleção

Francisco Morás
Professor do ITF
Organizador da coleção

Prefácio

As religiões são normativas, e isso porque toda religião, no intuito de levar o ser humano à construção de um projeto de vida, oferece diretrizes para o agir. Podemos olhar a moral como normatização e cerceamento da liberdade, mas podemos também entendê-la como diálogo com a vocação humana que se concretiza como opção fundamental.

A fé em Jesus passa a ser um parâmetro sobre o qual o cristão constrói seu agir; o discernimento, seu diálogo com situações concretas; e a comunidade eclesial, o ambiente onde o compromisso cristão é construído. Assim, a Igreja deixa de ser instrumento de controle para assumir-se como ambiente propício da experiência do Evangelho de Jesus.

Hoje a Igreja entende o cristão como sujeito que se caracteriza sobretudo pela consciência de seu lugar na comunidade eclesial, mas também na sociedade como um todo. Tal sujeito é construído no seio da comunidade cristã e não se caracteriza pela arbitrariedade das escolhas egoístas, mas pela maturidade do compromisso e da consciência evangélica. A sociedade passa a ser vista como lugar privilegiado onde o cristão leigo pode atuar, tornando-se testemunha do Evangelho de maneira madura, posicionando-se através de suas escolhas e atitudes.

A Moral Cristã constitui-se relevante disciplina da teologia, sobretudo no momento de crises de valores. Não basta dizer o que é certo ou errado, assumindo uma postura moral manualística do sujeito obediente. O cristianismo é chamado a construir sujeitos cristãos conscientes de seu compromisso batismal. A proposta de um sujeito maduro na fé dialoga com os princípios do Concílio Vaticano II, que assume o sujeito moderno como seu interlocutor.

O moralista Nilo Agostini nos oferece uma versão reformulada do livro *Introdução à Teologia Moral*, somada à obra *Moral cristã e seus fundamentos*, mas com mudanças significativas que nos fazem estar diante de uma nova obra, aqui intitulada *Moral fundamental*. Diante deste livro o leitor poderá perceber a importância de uma moral que dialoga com o ser humano concreto e com as circunstâncias em que ele vive, sem perder de vista os parâmetros da experiência de Jesus e de seu Evangelho. Assim, a moral fundamental se constitui, sobretudo, como uma discussão antropológica.

Welder Lancieri Marchini

Editor teológico, Vozes

Organizador da coleção

Francisco Morás

Professor do ITF

Organizador da coleção

Introdução

Este livro vai levá-lo/a ao conhecimento e aprofundamento dos fundamentos da Moral cristã segundo a experiência percorrida e vivenciada pela Igreja Católica, sobretudo após o Concílio Vaticano II. Temos como pano de fundo o contexto de mudanças e de crise de nossos dias, bem como a chance de responder à altura aos desafios de nosso tempo. Não temos a pretensão de esgotar os assuntos. Estes exigem contínuos aprofundamentos.

Iluminados pela fé, colocamo-nos à escuta de Deus. O caminho a ser percorrido é o de Jesus Cristo, na força do Espírito Santo. Mergulhamos no Deus Trindade, ciosos de nossa pertença a uma comunidade eclesial concreta. É assim que nos tornamos presenças vivas no coração deste mundo. Queremos ser "sal e luz", como nos aponta o Evangelho de Jesus Cristo.

Percorremos o vasto campo da Teologia Moral; esta faz parte da Teologia, que busca decifrar os planos de Deus em relação à humanidade. A Teologia Moral, por sua vez, aponta para os caminhos práticos na realização desses planos, tendo em vista o bem das pessoas e da sociedade. À medida que assumimos o projeto de Deus, nos fazemos colaboradores do seu Reino. Desvela-se aí a arte e o desafio de educar em meio a este tempo de grandes mudanças.

A felicidade e a realização do ser humano dependem muito dos caminhos escolhidos. Para isso, os homens e as mulheres precisam dar sentido à sua existência, buscando os caminhos que possam realizar esse desejo profundo de realização que tem caráter universal. Para isso, necessitam lançar-se na busca do bem, do que é justo, do que é belo, do que é verdadeiro. Descobrem que há neles uma *consciência moral* que pode conduzi-los nesse caminho; no entanto, necessitam educá-la e mesmo iluminá-la com a fé para que ela possa dar direção certa às suas buscas, segurança aos seus passos e firmeza nas suas decisões.

O ser humano descobre-se um "agente moral", corpo e alma unidos, capaz de fazer face à crise de nossos dias, uma crise que é ético-moral. Desdobrar a sua capacidade ética e ter clareza dos engajamentos morais significa não temer as mudanças e os desafios do momento histórico que estamos vivendo.

Urge evitar caminhos que desumanizam o ser humano, que atentam contra a "dignidade humana" e que "exploram e deturpam a natureza" sem escrúpulos. Não se pode viver "como se Deus não existisse" ("etsi Deus non daretur")[1]. Isto compromete o ser humano e pode levá-lo à falência. Os papas João Paulo II, Bento XVI e Francisco têm repetido isso com frequência, não poupando palavras sobre a indiferença dos que assim vivem, muitas vezes querendo se colocar no lugar do próprio Deus.

Como "agente moral", desdobrando sua capacidade ético-moral, o ser humano vive este momento histórico de mudanças sem

---

1. Esta frase é atribuída a Dietrich Bonhoeffer (1906-1945). Há quem aponte a autoria ao jurista holandês Hugo Grocio, três séculos antes. O Papa João Paulo II a utilizou ao falar no Congresso Nacional da Igreja Italiana, em 23/11/1995, quando afirmou: "Tem-se instalado em muitos um sentimento religioso vago e pouco comprometido com a vida; ou ainda várias formas de agnosticismo e de ateísmo prático, que redundam numa vida pessoal e social levada *etsi Deus non daretur*, como se Deus não existisse". Na audiência geral do dia 14/11/2012, o Papa Bento XVI também a citou: "Cremos em Deus de modo superficial, e vivemos 'como se Deus não existisse' (*etsi Deus non daretur*)". O Papa Francisco também incluiu esta afirmação na sua homilia do dia 17/01/2014, com as seguintes palavras: "O dom de ser filho de Deus não pode ser 'vendido' por um mal-entendido sentido de 'normalidade', que induz a esquecer sua Palavra e a viver como se Deus não existisse". Sugere-se também como tradução: "como se Deus não fosse dado". Muitos documentos da Igreja fazem referência direta ou indireta a esta afirmação. Cf., p. ex., JOÃO PAULO II, 1998, n. 5, 46, 47; 1995b, n. 22; 1995c, n.1.

se perder diante das novidades, dos novos arranjos atinentes aos mais diversos campos da atividade humana e aos mais diversos modos de pensar e de se comportar. Isso é de suma importância, pois toda pessoa sente-se impelida a uma realização "pessoal e social", a uma busca de plenitude, que é mais do que a máquina moderna produz ou alcança, mais do que as ciências conseguem captar, mais do que o sonho "pós-moderno" de satisfação individual pretende saciar.

Este novo milênio requer que sejamos pessoas capazes de olhar este novo tempo, analisá-lo com discernimento, examiná-lo com capacidade crítica, acolhendo o que é bom, abstendo-nos de toda espécie de mal, como nos sugere São Paulo (cf. 1Ts 5,21). Precisamos estar "antenados", no sentido de dar respostas à altura dos desafios que hoje se apresentam. Não vamos fugir do mundo. Queremos, antes, ser presença no coração dele. "Vós sois o sal da terra; ora, se o sal vier a ser insípido, como lhe restaurar o sabor? [...] Vós sois a luz do mundo. Não se pode esconder a cidade edificada sobre um monte" (Mt 5,13-15).

Estamos vivendo uma "mudança de época" que contém evidentes traços de transição. Neste momento, "nenhum homem pode esquivar-se às perguntas fundamentais: *Que devo fazer? Como discernir o bem do mal?* A resposta somente é possível graças ao esplendor da verdade que brilha no íntimo do espírito humano" (JOÃO PAULO II, 1993, n. 2). Nós cristãos sabemos que "a luz da face de Deus resplandece em toda a sua beleza no rosto de Jesus Cristo, 'imagem do Deus invisível' (Cl 1,15), 'resplendor da sua glória' (Hb 1,3), 'cheio de graça e de verdade' (Jo 1,14): Ele é 'o caminho, a verdade e a vida' (Jo 14,6)" (JOÃO PAULO II, 1993, n. 2).

Clarear o caminho da moral e suas implicações é hoje decisivo. "A Igreja sabe que a *instância moral* atinge em profundidade cada homem, compromete a todos, inclusive aqueles que não conhecem

Cristo e o seu Evangelho, ou nem mesmo Deus. Ela sabe que precisamente *sobre o caminho da vida moral se abre para todos a via da salvação*" (JOÃO PAULO II, 1993, n. 3). A *instância moral* passa a ser decisiva. É indispensável conhecer os seus caminhos e neles crescer.

Este livro leva-nos a conhecer a riqueza que brota de nossas raízes cristãs, tão bem-guardadas e continuamente cultivadas pela Igreja Católica. Busca igualmente suscitar em nós a coragem e a capacidade de responder aos novos desafios de nosso tempo, sem medo do novo. Basta que nos situemos devidamente, captando o que é bom, purificando e elevando o que é portador de valores, com a clareza de rejeitar o que nos desumaniza, o que destrói a natureza, o que afasta de Deus. Bem-vindos/as à leitura deste livro. Que ele possa iluminar nossas vidas e os passos a serem dados como pessoas, como famílias, como membros de comunidades, como participantes da sociedade, cientes da atenção a ser dada à natureza, da qual somos parte.

PARTE I

A MORAL EM MEIO AOS DESAFIOS ATUAIS: QUESTÕES PRELIMINARES

Capítulo 1
Tempo de grandes mudanças: a urgência da moral e o despertar da ética

Estamos vivendo uma "mudança de época". Esta nos traz a sensação de esvaziamento, de ausência de sentido e de normas, de incerteza e de crise. Por causa disso, fala-se até em crise da Modernidade; estaria, então, emergindo a Pós-modernidade. Esta é a hora em que a ética e/ou a moral deverão fazer-se presentes, sendo cultivadas em nossa vida como uma preciosidade que não pode faltar. Precisamos delas para organizar a nossa vida e os espaços de convivência em favor de um equilíbrio da vida. Sem isso, caímos facilmente em modelos que nos corrompem e nos levam a perder o equilíbrio; às vezes podem nos levar à falência. Ter por base a moral e/ou a ética significa recuperar a nossa capacidade de saber cuidar da vida, organizá-la pessoal e socialmente, sem perder de vista o seu valor, a sua dignidade, alicerçando-a em valores em favor da vida de cada ser humano e que se estendem ao cuidado da natureza e incluem necessariamente o cultivo de Deus.

1 Uma crise das raízes do humano

Em meio às rápidas transformações de nossa sociedade identificamos uma *crise*, que é *do humano*. Ela é também identificada como uma *crise ética* por excelência. Os fenômenos dessa crise, mesmo aqueles aparentemente exteriores, nos atravessam por inteiro e profundamente; dizem, inclusive, quem somos neste momento da história. Esta crise apresenta traços nítidos em seus contornos, profundidade e extensão. Ela está criando um desequilíbrio das bases *vitais* do ser humano, atingindo suas raízes mais profundas, que chamamos de *ethos*. Face a ela, urge resgatar o *vital humano* em suas diversas dimensões.

1.1 Perda de referenciais

Vivemos uma crise marcada pela perda de referenciais e pela perda do consenso. Isso nos desestabiliza em nossas raízes. Rompeu-se aquela unidade de raiz e já não caminhamos todos na mesma direção. Em vez de existir uma uniformidade e unanimidade, típica do Brasil rural, nossa sociedade é hoje plural e policêntrica. Nos sentimos dispersos, muitas vezes sem rumo, com dificuldade de captar o sentido da vida e chegar à verdade. A vida pessoal e social fica cheia de dificuldade, às vezes até comprometida em seu equilíbrio. Estamos em meio a uma crise de paradigmas.

Essa situação aponta para uma consciência ética desorientada, numa "crise em torno da verdade" (JOÃO PAULO II, 1998, n. 98; 1993, n. 32). Hoje, o pensar e o agir tendem a ter como referência exclusiva o indivíduo, o que pode levar a um deslize individualista comprometedor. Por isso, faz-se necessário acionar a capacidade ética e teológica, enquanto capacidade humana de discernimento, de examinar tudo mas ficar com o que é bom, como nos diz São Paulo (1Ts 5,21). Se assim for, o ser humano sentir-se-á respaldado, caminhando mais seguro neste tempo da história.

Quantas vezes o novo nos assusta. São tantas as novidades, o que provoca um certo medo. Por isso, chegou a hora de recriar as bases que possam sustentar o *humanum* (o ser humano em sua raiz mais profunda, chamada também de *ethos*), em meio a uma cultura emergente que, marcada pela Modernidade, já é portadora de traços nítidos da Pós-modernidade. Precisamos dedicar nisso os melhores esforços, pois aqui se decide o futuro. Precisamos compreender e nos situar neste novo tempo para alimentá-lo com o Evangelho, colocando Jesus Cristo no centro.

Necessitamos de um itinerário ético, com clareza no tocante aos engajamentos morais, nutridos da fidelidade ao Evangelho, da fidelidade à nossa história, da centralidade de Jesus Cristo, da experiência de Deus. Só assim responderemos com adequação e perspicácia aos atuais desafios que enfrentamos na Igreja e no mundo. Faz-se necessário apoiar a pessoa humana em seu processo educativo, no despertar da fé e na formação da consciência; é um percurso marcado pela *unidade* da pessoa, pela *gradualidade* no passo a passo que leve à *coerência* de vida. Todo este processo tem a ver com a totalidade da pessoa humana, em todas as suas dimensões (corporal, psicoafetiva, social e espiritual). Não podemos descuidar dos *referenciais* que dão suporte para que a pessoa possa crescer em *espírito e vida*, como nos diz São João (Jo 6,63).

1.2 A necessidade da moral

É sempre muito difícil e oneroso para as pessoas e para a sociedade perder o consenso e a unidade na vida do dia a dia. Sobre isso, o teólogo da moral Bernard Quelquejeu nos afirma:

> No momento em que uma sociedade sai de sua unidade primitiva, no momento em que os comportamentos não são mais um consenso, no momento em que imperativos diferentes, até contraditórios, surgem no seio do *ethos*, no momento em que se revela, consequentemente, o caráter arbitrário e duvidoso do consentimento, então surge a necessidade de instâncias normativas encarregadas de dizer o que antes ia por si, de decretar positivamente o que é preciso fazer, a fim de salvaguardar o consenso social: tal é a origem da moral explícita, da norma de direito, da lei (QUELQUEJEU, 1983, p. 78).

A crise de hoje revela-se como uma crise que nos desestabiliza em nossa base mais profunda, na raiz ou identidade mais profunda do humano, que chamamos de *ethos*. Já não estamos mais diante do consenso da sociedade de nossas origens. Vivemos uma crise porque nossa identidade mais profunda fragmentou-se. Não temos mais um modo consensual de ser e de viver; isso atingiu o *ethos*. Assim, nossa "matriz" de percepção, de avaliação e de ação não nos dá mais a base comum para vivermos em sociedade. Esta se tornou pluralista e policêntrica. Frente a essa crise, faz-se necessário buscar a mediação da regra, numa produção "ética" das instâncias normativas e da própria moral para sustentar o ser humano em sua vida pessoal e social. Sem uma moral não conseguimos viver com segurança; precisamos de rumo na vida e de balizas norteadoras.

O ser humano sempre precisou de uma moral para viver e conviver. Isso representa a necessidade de uma *mediação* (RICOEUR, 1985, p. 43) A moral tem a função de ser mediação. Ela nos leva a defender *causas*, ir em busca de *ideais*, realizar *obras*, cultivar *valores*. O ser humano não pode viver no vazio de normas e valores; necessita de um instituinte/instituído, de uma mediação, de um sentido, de normas, de uma direção de vida, de linhas mestras, de padrões; enfim, de um mínimo de consenso comum que dê sustentação à vida pessoal e social. Hans Küng é bem claro nesse ponto ao nos dizer:

> Hoje há concordância no fato de que sem um *mínimo de consenso fundamental*, no que tange a valores, normas e posturas, não é possível a existência de uma comunhão maior nem uma convivência humana digna. Sem um tal consenso fundamental, que deve ser achado sempre de novo no diálogo, também uma democracia não pode funcionar (KÜNG, 1992, 49).

A *moral* tem, portanto, o seu lugar de mediação; ela nos faz pensar nas normas, nas regras de comportamento, nos princípios e nos valores que orientam o agir humano. É bem verdade que ela pode assumir uma perspectiva legalista, personalista ou dinâmico-dialética; pode apresentar-se como *ciência* (= reflexão sobre os fundamentos da ação e da escolha ou decisão; ou seja, o fundamento da obrigação moral), como *ensino* ou *doutrina* (= conjunto organizado, sistematizado, hierarquizado de regras ou valores de um povo, grupo humano ou mesmo de um indivíduo) ou como *prática* (= com um sentido negativo, quando evocada no seu sentido moralizante; ou positivo, quando se baseia na autenticidade, coerência e sinceridade).

2 Levar ao crescimento da pessoa

Isto tudo não teria sentido se não fosse para levar a pessoa a crescer. Nosso ideal é chegar à "plena maturidade de Cristo" (cf. Ef 4,13), numa comunhão tecida com Deus, consigo mesmo, com os demais seres humanos e com todas as criaturas (natureza). Faz-se necessário percorrer firmemente esse itinerário. É o ser humano crescendo em todas as dimensões, incluída a dimensão espiritual, pois é a totalidade do ser humano que o preenche e plenifica, dando estabilidade na vida.

Além disso, importa anunciar às pessoas de todas as idades uma proposta de vida concreta e atraente. O crescimento será contínuo e a conversão permanente, de tal forma que comprometa a vida das pessoas por inteiro, chamadas a desenvolver a própria dimensão humana e cristã, na vivência do Evangelho. Precisamos de uma moral que cative as pessoas a crescerem na graça de Deus, atraídas pelos valores, sustentadas pelas virtudes, na clareza de uma opção fundamental de vida. Antes de dizer "não", pronuncie-se o "sim" a ser buscado, levando as pessoas a crescerem porque se sentem cativadas, mesmo que algum "não" faça parte do caminho para a maturidade e a integração.

2.1 Processo dinâmico e vital: a importância da pessoa

Somos pessoas sempre a caminho, ou seja, este processo não é uma realidade estática, mas um processo de crescimento. A *caminhada para a maturidade* terá em conta "uma atitude de abertura para si mesmo, para compreender-se e aceitar-se, de abertura para o outro, para a sociedade, para o cosmos e para Deus" (OFM, 1995, n. 20).

Esse processo garante a formação de um *humus vital*, qual terra boa, alimentador do modo próprio de ser; gera todo um conjunto de disposições, qual *ethos*, ou seja, que se enraízam no mais profundo do humano; gera em nós um modo próprio de percepção, de apreciação e de ação. O caráter gerador desse *humus vital* tende a nos levar a um crescimento ético e cria em cada um de nós *evidências primitivas e comuns*, das quais emanam as predisposições que nos caracterizam desde o mais íntimo de nós mesmos.

É bom ter presente que nada substitui a *pessoa* em seu processo de amadurecimento (corporal, psicológico, afetivo, espiritual, intelectual). É claro que estamos diante de um processo interativo. Porém, é bom ter presente que a pessoa ela mesma é sempre o *protagonista principal* deste seu crescimento, responsável para assumir e interiorizar todos os valores da vida, capaz de autonomia e iniciativa pessoal.

Como protagonista ou personagem principal, a *pessoa*, que vislumbra um ideal de vida e busca realizá-lo, tem necessidade de estabelecer com clareza o *conhecimento de si*, sendo fiel à própria identidade. Vale destacar as palavras de Alceu Amoroso Lima:

> Para sermos o que devemos ser, o primeiro passo é ter coragem de ser o que somos... Cada ser humano é um universo à parte. É uma nova natureza, irredutível a todas as demais. Ser fiel à sua própria distinção é o primeiro dos seus deveres. Esta fidelidade a si próprio

é a condição primordial de suas virtualidades, isto é, de sua capacidade em desdobrar suas potencialidades de desenvolvimento e plenitude (LIMA, 1993, p. 370).

A essa necessidade que a pessoa tem de ser ela mesma segue-se ou soma-se a necessidade de "ser mais", como resposta à aspiração de desenvolver-se plenamente. Com isso, queremos identificar "aquele processo de crescimento que leva a pessoa [...] para atos, opções, decisões que estejam em harmonia com o próprio ser, a totalidade do organismo" (CIAN, 1990, p. 25-26).

Sabemos como o ser humano é habitado pela busca da plenitude e da verdade. Assim, ele busca, com incansável ardor, o *sentido da vida*. O desenvolvimento das ciências e da técnica, o testemunho de toda inteligência humana nunca puderam substituí-lo nessa busca/enfrentamento das questões últimas sobre a existência humana. A ele cabe a palavra, a decisão, a responsabilidade, discernir valores, perfazer caminhos, perscrutar a verdade, "enfrentar as lutas mais dolorosas e decisivas, que são as do coração e da consciência" (JOÃO PAULO II, 1993, n. 1).

É bom ter sempre em mente que "*a vida plena é portanto um processo, um caminho, uma direção*, uma realidade jamais completamente atingida, mas saboreada em certos momentos significativos para a pessoa, porque lhe revelam que está no caminho certo" (CIAN, 1990, p. 26). Assim, podemos dizer, em certo sentido, que o ser humano não nasce pessoa, mas vai se tornando pessoa.

Em resumo, podemos afirmar que "para alcançar o que 'devemos ser', temos que dar-nos conta do que 'somos' e descobrir o segredo, a chave da nossa realização", pois "educar sem conhecer suficientemente o homem é como caminhar no deserto sem bússola e sem meta" (GASTALDI, 1994, p. 61). A moral nos sustenta na caminhada do "ser o que somos" para "ser o que devemos ser".

2.2 Um processo contextualizado

O itinerário entre o "ser que somos" e o "ser que devemos ser" é sempre um processo contextualizado; não funciona no vazio ou nas nuvens. Por isso, precisamos ter em conta o momento presente e suas mudanças, sobretudo neste tempo de passagem entre a Modernidade e a Pós-modernidade. As influências sobre as nossas vidas são muito fortes; inclusive, interferem diretamente nos processos constitutivos da consciência.

A constatação das rápidas mudanças é correta. Elas têm, na Modernidade, como força-motriz *a fé no progresso*, que é devedora a quatro revoluções modernas: a revolução científica, a política, a cultural e a técnica (JEANNIÈRE, 1990, p. 499-510). No entanto, nas últimas décadas, sobretudo a partir do final dos anos 60 do século XX esta fé no progresso começou a *entrar em crise*. Mesmo sendo difícil situar o seu início, essa crise toma corpo com a *revolução de 68* na França, alastra-se com a crise do petróleo, com a entrada em cena da microeletrônica, a robotização das indústrias, o mercado mundializado, a força dos meios de comunicação social etc.

O ritmo acelerado das invenções, a mudança na escala de valores, as incertezas geradas, a perda de referenciais, entre outros elementos, provocam um desencanto frente à própria Modernidade. O ritmo da máquina moderna, com sua produção e consumo, não está preenchendo o mundo da vida. E, num movimento já de Pós--modernidade, vivemos uma reação existencial diante "do fracasso da pretensão reducionista da razão moderna, que leva o homem a questionar tanto alguns êxitos da Modernidade como a confiança no progresso indefinido" (CONFERÊNCIA GERAL DO EPIS-COPADO LATINO-AMERICANO – IV, 1992, n. 252).

Qual é mesmo o processo que estamos vivendo na Pós-modernidade? Ítalo Gastaldi, em seu livro *Educar e evangelizar na Pós--modernidade*, oferece um quadro bastante preciso de seus traços característicos. Vejamos:

- Desconfiança da razão e desencanto frente aos ideais não realizados pela Modernidade.
- Desaparição de dogmas e princípios fixos: agnosticismo, pluralidade de verdades, subjetivismo.
- Abolição dos "grandes relatos". Fragmentação das *"cosmovisões"*.
- Dissolução do sentido da história. A realidade também se dissolve em fragmentos.
- Pluralidade ideológica e cultural. Forte dose de ecletismo.
- Distância crescente entre as gerações.
- Crise aguda da ética: individualismo (narcisismo), hedonismo, flexibilidade de costumes, permissividade.
- Ateísmo prático e fragmentação religiosa (GASTALDI, 1994, p. 30).

Chama-nos a atenção, neste momento histórico de mudança de época, o grande pluralismo de valores, numa proliferação do relativismo, sob a égide do "não existe nada de absoluto", do "vale tudo". Com isso, mergulhamos "no campo do efêmero, do instável, do banal, do 'viver cada instante', do 'viver o aqui e agora' à margem de toda moral" (GASTALDI, 1994, p. 31). O pós-moderno dispensa a norma. Num mimetismo do que está na "crista da onda", embalado sobretudo pelos meios de comunicação social, introjeta como "valores" "o dinheiro, a juventude, o sexo, o culto ao corpo, o hedonismo e o narcisismo", e "são quase permanentemente silenciados a pureza, a virgindade, o esforço, o trabalho, a autoridade, a disciplina, o sacrifício ou a poupança" (GERVILLA, 1993, p. 137).

Vive-se num desencanto, num desinteresse, numa apatia, até mesmo diante do mundo da política, já que ela se converteu em espetáculo, e, não raro, em farsa, em corrupção, em representação teatral (LIPOVETSKY, 1991, p. 9-10, 227). A própria religião, sob o impacto do secularismo, "deixou de ser fundamento cultural: já não exerce a função de unificação cultural nem de coesão social" (GERVILLA, 1993, p. 102-110). Chega-se a uma religiosidade que não compromete, extremamente cômoda, mais ligada ao envolvimento emocional, distante da Igreja-instituição, carente de confiança nos seus líderes. A vida foi incorporada ao *videogame*, a realidade é virtual, importam os efeitos especiais e as experiências "pura adrenalina".

Acessamos a realidade através da mídia, ou seja, na "versão mediática"; temos a força da imagem, bem como um jogo forte de simulação. "Cada vez menos se consegue distinguir realidade e imagem, verdade e simulação, certeza e opinião" (LIBÂNIO, 1998, p. 23).

3 A necessidade da ética: bases para o crescimento da pessoa

Diante da crise de nossos dias, é urgente o despertar da ética (AGOSTINI, 2010). Isso representa um caminho a ser percorrido dentro de cada um de nós e um processo de retorno da ética na própria sociedade. Ética é uma capacidade humana a ser desdobrada e cultivada, num percurso pessoal e social. Somos seres éticos por excelência.

3.1 A crise ética deforma as consciências

É certo que vivemos num momento especial da história da humanidade. Ele é marcado por mudanças muito rápidas e por uma crise do humano. A vida em sociedade se ressente muito. Porém, este momento é igualmente uma chance de construirmos algo novo. Faz-se necessário encarar de frente a atual *crise ética*. Falta ética não só na política, mas nos diversos campos de atuação do ser humano. Isso aponta para um ser humano em crise; este se sente desgastado nele mesmo, nas bases que o sustentam enquanto pessoa, família, comunidade, sociedade, natureza e transcendência.

A crise atinge o ser humano em sua consciência. A própria CNBB já reconheceu que "chega-se à deformação das consciências, que aceitam como 'normal' ou 'inevitável' o que não tem nenhuma justificativa ética" (CNBB – 31ª Assembleia Geral, 1993, n. 1, p. 6). Isso significa que o ser humano está sendo atingido naquilo que ele tem de mais profundo, que é a sua consciência; ela está sendo condicionada e até manipulada para aceitar tudo o que "rola" como se fosse, de maneira fatalista ou manipulada, parte de uma realidade que seria assim mesmo. Deturpa-se nas pessoas aquilo que é a sua matriz de percepção, de avaliação e de ação; lá onde se constroem as "evidências primitivas" do viver.

Essa situação acaba repercutindo, é claro, na vida política, social, profissional, pessoal e até no modo de viver a fé. Tudo isso alia-se, em nossos dias, com uma visão fortemente centrada no indivíduo, deslizando fácil no individualismo. A referência passa a ser o indivíduo, e não a comunidade (família, escola, sociedade etc.); seus desejos e impulsos tornam-se a medida, numa visão utilitarista e subjetivista muito forte.

Essa visão centrada no indivíduo, típica da Modernidade e da Pós-modernidade, em versões com acentos próprios, alia-se àquela visão na qual tudo é visto e avaliado sob o ponto de vista técnico e científico. "Vale o que pode ser comprovado técnica ou cientificamente", dizemos até sem pensar. Esse paradigma acabou enfatizando por demais uma mentalidade calculista, tendendo a eleger de maneira exclusiva como "valores" o que é *útil*, o que é *eficiente* e o que dá *lucro*. Precisamos do cultivo da ética para crescer como pessoas e como sociedade.

3.2 O cultivo da ética nos faz crescer como seres pessoais e sociais

Não podemos viver sem o auxílio ou a intermediação da ética. Inclusive, qualquer forma de organização, não importa em que nível, pessoal ou social, necessita ser respaldada pela ética. Ela tem como que a função integrar e/ou permear os distintos níveis de organização, articulando-os em favor da vida. Assim sendo, a vida, em qualquer uma de suas dimensões, necessita da ética para corresponder ao desenvolvimento integral da pessoa humana. Para isso, é necessário prestar atenção aos passos que seguem em nossa exposição.

Comecemos pelas *raízes* do ser humano. Trata-se de nos perguntar quem *é* este ser humano em sua origem, ou seja, na sua essência. É como se disséssemos que o *fazer* brota do *ser* ou, ao menos, estão umbilicalmente ligados. Vejamos como isso é construído, como se compõe esta "arquitetura" do ser humano.

O ser humano tem na *vida* o valor máximo (AGOSTINI, 2011). Nela, ele investe os melhores esforços. Ela lhe é tão importante, que ele se sente desafiado a tudo fazer para organizá-la da melhor forma possível; com isso, ele quer ser feliz, realizar-se como *pessoa, família, comunidade, sociedade, natureza e transcendência*. Há um segredo que o ser humano deverá desvendar: Quais são realmente as bases sobre as quais deve se assentar a *vida*? O que não pode faltar?

Busquemos juntos a resposta. No nosso dia a dia, quando organizamos a nossa vida, em casa, no trabalho, na comunidade, na sociedade, no meio ambiente (ecologia), nunca podemos esquecer de quatro relações básicas: consigo mesmo, com os outros, com a natureza (a criação toda) e com a transcendência. São como que quatro fios que vão tecer as bases de sustentação do ser humano, como se fosse uma rede sobre a qual se assenta a vida. Pensemos no exemplo da rede. Ela se faz com muitos fios que, trançados/unidos, formam um conjunto firme sobre o qual nos sentamos, deitamos, descansamos etc. Assim é com a nossa vida. As relações *consigo mesmo, com os outros, com a natureza e com a transcendência* formam uma base de sustentação da vida, dando origem a um modo próprio de ser e de viver, gestando um caráter próprio do viver humano, que chamamos de *ethos*. Essa base prepara o ser humano para crescer, despertando nele as qualidades de um ser *relacional*, de um ser *próximo*, capaz de *comunhão*. Isso forma a base que sustenta a humanidade, seu viver humanizante, seu cuidado da vida.

O *ethos* se encarrega de amalgamar a identidade mais profunda o humano, estabelece a raiz que faz a vida florescer; nele e a partir dele é tecida uma unidade primitiva, com elementos implícitos ao modo próprio de ser e de viver das pessoas, das comunidades ou povos. O primeiro fruto do *ethos* costuma ser todo um conjunto de normas sociais implícitas ao modo próprio de ser e de viver de um grupo humano, de uma comunidade ou mesmo de um povo. Antes de qualquer moral explícita ou de um direito instituído, temos o surgimento de sistemas de regulações sociais. "São *modelos* ou *estruturas pessoais de comportamento implícito*, cuja violação implica sanções..." (CHIODI, 1991, p. 20).

Ocorre, porém, que muitas vezes a unidade primitiva é rompida, como vimos ao tratarmos da moral, e os comportamentos não são mais um consenso. Aparecem modos de vida até contraditórios dentro do que seria um mesmo *ethos*. Vive-se sem rumo; instala-se a dúvida; perde-se o sentido de pertença. Quando isso acontece, é a hora da ética, como capacidade humana, intervir para salvaguardar o consenso social, dando origem à moral explícita, ao direito, à lei (QUELQUEJEU, 1983, p. 78).

Até o próprio direito tem seu lugar. Sua função é a de exprimir de maneira mais explícita o que se faz necessário codificar ou instituir em nossa vida e na convivência social. Trata-se, neste caso, de um conjunto de "instituições objetivas". Estruturam e disciplinam a vida de um grupo ou sociedade; este é o caso das leis, da organização dos poderes, da economia, da política etc. O direito acaba tendo uma forte incidência política porque organiza o funcionamento e a repartição dos poderes na sociedade. "A partir do momento em que há um grupamento de seres humanos existe uma ordem jurídica que vai se estabelecendo. A ordem jurídica é uma exigência da sociedade" (FLATTET, 1980, p. 77).

Um papel específico cabe à ética; é ela que mobiliza o humano a cuidar da vida, organizando-a nos níveis pessoal e social. Os diferentes graus do instituído ou codificado necessitam estar respaldados na ética para que possam responder com adequação à função que lhes é própria. Afirmamos, por isso, a necessidade de uma "construção" ética de todo e qualquer instituído (AGOSTINI, 2002a, p. 15ss.). Toda vez que nos organizamos em associações, cooperativas, movimentos, sindicatos, partidos ou governo e/ou buscamos estabelecer metas, causas, valores, ideais, faz-se necessário acionar a capacidade ética do ser humano.

O tema da ética, na vida pessoal e na sociedade, pertence a todos. Sua importância e amplidão questionam os cristãos e pessoas de boa vontade, bem como as instituições e organizações da sociedade civil (CNBB – 31ª Assembleia Geral, 1993, n. 1, p. 6).

A constituição de uma ética visa a definição autorizada de delimitações protetoras do consenso, bem como a promoção de valores, de normas e de significantes geradores de mobilização e de adesão (QUELQUEJEU, 1983, p. 79).

O homem, quando ético, é o melhor dos animais; mas separado da lei e da justiça é o pior de todos (ARIS-TÓTELES, apud PEGORARO, 1997, p. 9).

A ética "protege o ser humano e a sociedade das malhas do arbítrio; salva-os da absolutização do que é apenas "relativo", da inflação do autoritarismo, das visões míopes, dos discursos esclerosados, da domesticação do "outro" e da cegueira ideológica (AGOSTINI, 2002a, p. 28).

A ética ocupa um lugar de destaque enquanto serviço de constante discernimento, análise, investigação e depuração. Há aí um rastreamento que é feito em todos os níveis da "produção" do instituído, bem como em todos os campos da vida humana. Uma vez acionada, a ética revela-se como capacidade de discernimento, e o ser humano torna-se capaz de fazer avaliações muito perspicazes, depurando o que for necessário.

A ética funda-se na justiça, sendo esta a sua virtude maior. Uma sociedade que se queira bem-ordenada não poderá prescindir dela. O Prof. Olinto Pegoraro afirma com clareza:

> A *justiça* está no centro de qualquer discussão ética. Viver eticamente é viver conforme a justiça. A justiça ilumina, ao mesmo tempo, a subjetividade humana (virtude da justiça) e a ordem jurídico-social (justiça como princípio ordenador da sociedade) (PEGORARO, 1997, p. 11).

3.3 Ética com alteridade!

Se a ética é hoje uma referência importante, não podemos perder de vista a *alteridade* como dinamismo que lhe dá real fecundidade (AGOSTINI, 2007, p. 42-44; RICOEUR, 1999; ARRUDA, 1998; COSTA, 2000). A alteridade é, resumidamente, a arte de bem-viver face a face com outro, que é diferente de mim. Nenhum discurso, mesmo o pretensamente ético, substitui o face a face com o próximo, numa relação práxica, e não puramente teórica. É pela dinâmica da alteridade que entramos realmente na ética, porque ela nos faz viver o encontro com o/a outro/a, superando qualquer forma de fechamento em si mesmo (RICOEUR, 1990, p. 199-236). Ela nos leva ao respeito do outro, "consiste na responsabilidade por outrem" (LÉVINAS, 2000, p. 73).

A alteridade nos faz entrar num dinamismo relacional que enriquece não só a ética, mas também toda a "construção" do instituído/codificado, não importa em que nível. O enriquecimento é contínuo, numa progressão que nos leva a horizontes sempre mais abertos e fecundos. O importante é que tal dinamismo nos salva da absolutização do que é apenas relativo e dos deslizes autoritários.

Ao nos salvar dos deslizes acima, a alteridade acaba permeando o comunitário e o social com um convívio fecundo e respeitador, com estruturas do codificado/instituído eticamente construídas. O comunitário estrutura-se com equilíbrio e o social funda-se na justiça em todos os âmbitos. O rico dinamismo da alteridade enraíza-se no *ethos*, capta a mediação da moral, deixa-se coadjuvar pelo direito, alimenta-se da ética. Forma-se, assim, uma base consistente, tanto para a formação das macroestruturas como para as microestruturas dentro da sociedade, sendo alicerce da pessoa humana e impulso para seu crescimento.

Capítulo 2
A proposta da Teologia Moral

A Teologia Moral entrelaça fé e vida, fé e razão. Ela é aquela parte da Teologia que lança as bases para uma vivência pessoal e comunitária da fé, num itinerário "rumo à maturidade em Cristo" (Ef 4,13). Os apelos éticos e os engajamentos morais provêm da adesão a Cristo e da pertença à Igreja. O elemento decisivo passa a ser o *seguimento de Jesus Cristo*; ser seu discípulo, acolher a Boa-nova, assumir o Reino de Deus, eis a grande convocação!

Em nossos dias, este itinerário realiza-se num contexto de rápidas mudanças, o que exige uma capacidade de responder à altura aos novos e numerosos desafios, como já vimos na unidade anterior. Iluminados pela fé e na escuta atenta das interpelações de Deus, saberemos dar respostas apropriadas, mesmo aos problemas mais difíceis. Auxiliam-nos, nesta ausculta, a inspiração das Sagradas Escrituras, a palavra do Magistério da Igreja e a sabedoria que foi se acumulando através dos tempos na Tradição da Igreja.

A ética e a moral são indispensáveis no amadurecimento da fé e no crescimento humano de todos os que, como cristãos, queiram traduzir na prática de suas vidas a inspiração originária que brota do Evangelho. Isto sem esquecer, é claro, das exigências da situação histórica concreta, tal como se apresenta em nossas vidas e em nossa sociedade.

Etimologicamente parecidas, a ética e a moral recebem hoje sentidos conotativos que as distinguem, ora para apontar à prática, no sentido da vivência de valores, ideais, princípios e normas (= moral), ora para melhor fundamentar a própria moral, assumindo um caráter reflexivo, crítico, de discernimento (= ética). Isto estabelece uma base de referenciais que forma o sujeito ético, capaz de avaliar tudo o que se refere à vida e, sempre que necessário, depurar os contravalores presentes.

1 Perspectiva eclesial e tarefa da teologia

Toda essa situação nos solicita um olhar atencioso e um trabalho intenso em termos de reflexão da Teologia Moral ou, se quisermos também chamar, da Ética Teológica. Isto é importante e até urgente porque nos encontramos numa situação nova, na qual dúvidas e objeções se difundem. Sabemos como essa postura atinge inclusive os ensinamentos da Igreja (JOÃO PAULO II, 1993, n. 4).

Vivemos num tempo de transição; nele, o individualismo tende a imperar com fortes doses de subjetivismo e utilitarismo. Vemos impor-se estilos de vida, coligados a modelos sociais e econômicos, que nos levam a identificar a raiz do problema como sendo uma crise do humano. Quebrou-se o consenso mais profundo do/no humano; tal fragmentação compromete hoje a vida nas relações fundamentais, quer consigo mesmo e com os outros, quer com a natureza (ou a criação) e com a transcendência.

Entretanto, uma sede de realização faz o ser humano lançar-se avidamente em busca de sentido para a vida. Aí reside a chance do momento presente, bem como o perigo. Temos nas mãos a oportunidade de reescrever belas e dignas páginas da história da humanidade à medida que soubermos mergulhar na radicalidade do mistério humano e no seu encontro com o divino. Podemos, igualmente, resvalar num aprofundamento da crise, ao adotar formas redutoras de vida, com suas banalizações comprometedoras da verdade e do bem integrais do ser humano.

Em meio a tal contexto, não raro nos perguntamos: Como podemos, enquanto cristãos e membros da Igreja, desempenhar nossa missão e acionar a ciência eclesial por excelência – a Teologia – de maneira perspicaz e proveitosa hoje? Lembro, inicialmente, que o próprio Magistério da Igreja Católica afirmou, reiteradas vezes, que, "para cumprir a sua missão, [a Igreja] deve esforçar-se por conhecer as situações..." em que se encontra o ser humano hoje; "este conhecimento é, portanto, uma exigência imprescindível para a obra de evangelização" (JOÃO PAULO II, 2003, n. 4).

Não podemos descuidar de olhar de frente a sociedade que temos diante de nós, ou na qual estamos mergulhados, hoje pluralista e policêntrica, marcada pela progressão e mobilidade; já não vivemos mais a unanimidade do passado, num quadro seguro e estável. Volta a questão de como acompanhar com adequação este ser humano, enquanto ser pessoal e social.

Um discernimento permanente dever ser realizado. O cuidado de ter presente as situações concretas, iluminá-las com a fé, abrir-se à palavra da Sagrada Escritura, ouvir a Tradição e o Magistério, cultivar valores que brotam do Evangelho e traduzem o modo próprio de ser de Jesus Cristo – qual *ethos* – são alguns dos passos que devem sempre nos acompanhar (AGOSTINI, 2007, p. 114). Tendo isto presente, sabemos que cabe à Teologia, em especial à Teologia Moral, acionar essa busca no beber das fontes, tendo em Jesus Cristo a centralidade, dado esse acrescido pela Revelação como um todo, apontando sempre para os valores aí existentes. Porém, mesmo naquilo que há e persiste como valores permanentes e universais, faz-se sempre necessário "procurar e encontrar [...] a *formulação mais adequada* aos diversos contextos culturais" (JOÃO PAULO II, 1993, n. 53). Eis outra tarefa da Teologia, em especial da Teologia Moral, acompanhando o esforço do Magistério da Igreja (JOÃO PAULO II, 1998, n. 68, p. 92-99).

Além disso, diante da grande variedade de ciências hoje existentes, deparamo-nos, por um lado, com o fenômeno da fragmentação do saber e, por outro lado, com a riqueza que cada ciência tem a oferecer ao ser humano e à sociedade. Isso faz com que a Igreja sinta-se impelida "a desenvolver constantemente a reflexão não só dogmática, mas também moral, num âmbito *interdisciplinar*, tal como é necessário especialmente para os novos problemas" (JOÃO PAULO II, 1993, n. 30).

Hoje, urge igualmente que a Teologia saiba captar o emergente e, não raro, captar o que transita pelo marginal, haja vista a realidade fraturada e em constante rearticulação. Isso implica interlocutores novos no âmbito da própria Teologia. O ser humano, mergulhado nesta realidade cambiante e multifacetária, necessita de um respaldo da própria Teologia Moral capaz de auxiliá-lo a realizar um discernimento nem sempre fácil. Por isso, "permanece sempre viva, na Igreja, a consciência do seu 'dever de investigar a todo momento os sinais dos tempos, e interpretá-los à luz do Evangelho' [...], Igreja que, 'perita em humanidade', se põe a serviço de cada homem e do mundo inteiro" (JOÃO PAULO II, 1993, n. 2, 3).

2 Fidelidade à nossa história

A fidelidade ao Evangelho, boa-nova de Jesus Cristo, requer a fidelidade à nossa história. O itinerário ético, que se queira igualmente evangelizador, não poderá descuidar disso. O ser humano é um ser histórico, marcado pelo tempo e pelo espaço. Vai se tornando pessoa, num processo lento, à medida que perfaz o caminho passo após passo, no tempo e no espaço que lhe são próprios. Assim, a historicidade é inerente ao processo do despertar ético e evangelizador. O desafio aqui passa a ser, então, o de integrar a escuta atenta dos "sinais dos tempos", sem medo do novo.

2.1 Capacitar para a escuta dos "sinais dos tempos"

Diante da atual situação histórica, poderíamos reagir de forma desesperançada, numa lamúria sem fim. Porém, a escuta atenta dos "sinais dos tempos" é portadora de um dado decisivo; leva-nos a entrever, neste tempo que nos é dado viver, o tempo da *graça* do Senhor; constitui-se para nós num veemente apelo, um *kairós* ou, como dizia *Medellín*, em 1968, "um lugar teológico e interpelações de Deus" (CONFERÊNCIA GERAL DO EPISCOPADO LATINO-AMERICANO – II, 1980, n. 7,13).

O itinerário ético e cristão está sempre em relação com os sinais dos tempos; não pode realizar-se fora do tempo e do espaço nos quais nos encontramos. Existe aí um enraizamento que é feito para dentro da história e, ao mesmo tempo, no próprio Deus. A partir da fé, realizamos o encontro com Deus, elemento fundante, e a experiência de todas as coisas contempladas à luz de Deus.

Entendemos, então, o que Sínodo dos Bispos sobre a "Vida Consagrada" afirmou: "a formação deve ser humana, progressiva, inculturada, aberta à comunhão eclesial e à missão, em contato com a vida real e também com a situação dos pobres" (SÍNODO DOS BISPOS, 1995, n. 91). Os Padres Sinodais chegam a enfatizar o seguinte: "A formação [...] exige um conhecimento progressivo da história, da espiritualidade [...], com formadores e formadoras autóctones, radicados na cultura nativa" (SÍNODO DOS BISPOS, 1995, n. 91). Acrescenta-se o necessário empenho na formação dos formadores (SÍNODO DOS BISPOS, 1995, n. 92).

Recusar-se a esse empenho, no refúgio das seguranças de um outro tempo ou por medo do "novo", é um desserviço prestado ao itinerário ético-formativo e evangelizador; pois, dessa forma, defasados e desajustados nós mesmos, acabamos por nos refugiar num momento e num mundo que não existem mais. Tornamo-nos capazes de, com isso, deixar o ser humano tomar um caminho sem o suporte adequado, passível a muitas quedas e capitulações, presa fácil de "forças" que buscam sugá-lo sem escrúpulos, manietá-lo em função de interesses escusos, ajustando-o e acomodando-o como "peça" de um sistema que faz dele um "joguete", puro "objeto" em suas mãos. Essa recusa representaria uma verdadeira capitulação. Colocar-nos-ia em dificuldade, senão bloqueados nós mesmos frente aos apelos do Espírito, já que "os pedidos e os apelos do Espírito ressoam também nos acontecimentos da história" (JOÃO PAULO II, 2003, n. 4).

2.2 Sem medo do novo

A sintonia com o Espírito do Senhor, a ausculta de seus apelos nos sempre novos sinais dos tempos nos levam a uma vigilância constante e a uma esperança sem limites. Sentimos ser parte de nosso modo de ser nos abrir "às sugestões interiores do Espírito" (JOÃO PAULO II, 1996, n. 73).

> Ele [o Espírito] chama [....] a elaborar novas respostas para os problemas novos do mundo atual. São solicitações divinas, que só almas habituadas a procurar em tudo a vontade de Deus conseguem captar fielmente e, depois, traduzi-las corajosamente em opções coerentes, seja com a inspiração primeira, seja com as exigências da situação história concreta (JOÃO PAULO II, 1996, n. 73).

Lidos os sinais dos tempos, queremos responder com *novos projetos ético-evangelizadores*, apropriados às novas situações atuais (JOÃO PAULO II, 1996, n. 73). Alimentamos a certeza, na fé, que "o Espírito sabe dar as respostas apropriadas mesmo às questões mais difíceis" (JOÃO PAULO II, 1996, n. 73). Não há nada que deixe de merecer a nossa atenção, porque tudo está atravessado pelo desígnio de Deus e banhado por seu Amor. Instaura-se a comunhão; tudo se faz ressonância; o universo inteiro emerge em sua eloquência; a história deixa-se ler, na transparência, até na mais secreta senda do Senhor. O itinerário ético e formativo deverá ser o *indispensável suporte* para crescer nessa via.

Nesta hora da graça de Deus que nos é dado viver, vemos perfilar-se diante de nós projetos alternativos (AGOSTINI, 1995, p. 140-154) e um mundo de aspirações e desejos que vão apontando para a construção de um homem e uma mulher novos. Redimensionam-se os valores vitais e os eixos básicos da vida humana. O novo irrompe por todos os lados. Já não é mais possível encobrir seus "sinais", nem passar ao largo, num "faz de conta" que não vimos. Estes constituem-se para nós "interpelações de Deus" e um "lugar teológico", como já nos sugerira *Medellín* (CONFERÊNCIA GERAL DO EPISCOPADO LATINO-AMERICANO – II, 1980, n. 7, 13).

Então, seremos capazes de surpreender Deus, presente em muitos lugares, e, de forma realista e crítica, não deixaremos de desmascarar os "falsos deuses" idolatrados em nossa época. Cultivaremos a densidade de "momentos" e "lugares" que, no nosso dia a dia, alimentam o ser espiritual que somos. Não deixaremos de dar a devida atenção ao fenômeno da "volta ao religioso" que, em nossos dias, está muito ligado à busca de "espaços de experiências"; calcado na subjetividade, esse fenômeno traz fortes traços afetivos e uma sede por experiências religioso-espirituais. São traços que identificamos como pertencentes a um movimento já de Pós-modernidade.

3 Por uma fundamentação da Teologia Moral

Uma fundamentação correta da Teologia Moral, como a desenvolvemos em nossos dias, terá presente vários pontos cruciais: a experiência de fé, o convite de Deus, a proposta de Jesus Cristo, a força do Espírito Santo, uma visão que integra a pessoa, valoriza a família, faz-se presença na comunidade e constrói a sociedade (AGOSTINI, 2011a, passim). São indispensáveis também a educação da consciência e a clareza na defesa da vida. Vamos ver esses pontos, mesmo que de maneira bem sucinta.

a) A experiência de fé

Segundo Santo Agostinho, depois retomado por Santo Anselmo, "nós cremos para entender". Isto faz com que a fé seja a substância viva que alimenta a vida das pessoas, das comunidades, da Igreja e da própria sociedade. A fé é a *condição de possibilidade* da vida; ela lhe é o alimento, bem como a substância primeira de todo saber teológico. A fé é uma realidade que tudo liga, unifica, une. É uma realidade muito rica, desdobrando-se em elementos *cognitivos* (fé que se faz palavra), *afetivos* (fé que se faz experiência) e *ativos* (fé que se torna prática) (BOFF, 1998, p. 197ss.). E, para o nosso estudo, podemos afirmar que a fé é a fonte da moral, é inspiradora da ética[2].

b) O convite de Deus

Segundo a Moral Renovada, enraizada no Concílio Vaticano II, *Deus é aquele que convida*, e não o que obriga. Soa forte o convite de Deus à Vida já no Antigo Testamento. Deus, fonte de Vida, cria o ser humano à sua imagem e semelhança, convidando-o a ser seu colaborador no cuidado da Vida, incluída toda a criação. Ressoa um grande SIM de Deus à VIDA; este percorre as páginas bíblicas, como experiência do "povo eleito". Progressivamente, esse povo toma consciência desse chamado, num itinerário entre acertos e desacertos.

---

2. Há autores que fazem uma distinção entre *moral* e *ética*; trata-se de uma diferenciação *conotativa*, e não *etimológica*.

c) A proposta de Jesus Cristo

Ainda, segundo a Moral Renovada, inspirada no aporte do Concílio Vaticano II, *Jesus Cristo é aquele que propõe*, e não o que impõe. Essa imposição positiva funda-se no seguimento de Cristo, pastor que guia e alimenta as ovelhas (cf. Jo 10,11-16), Luz do mundo, Luz da vida (cf. Jo 8,12), Caminho, Verdade e Vida (cf. Jo 14,6). Seu Evangelho, como "boa notícia", faz-se presente no coração da história, como vida nova no mundo (cf. Jo 3,5-8; Rm 8,1-13). Os valores cristãos são oferecidos como "boa-nova", cativando as pessoas e suscitando uma resposta generosa e um empenho perseverante.

d) A força do Espírito Santo

A partir do Concílio Vaticano II vimos tomar forma inicialmente uma fundamentação cristológica e antropológica da moral. Pouco tempo depois, buscou-se igualmente uma impostação pneumatológica[3], valorizando a presença viva e ativa do Espírito Santo. Paulatinamente, toma corpo a dimensão pneumatológica da própria antropologia cristã[4]. Ele – o Espírito – é o "Senhor e dá a vida" (JOÃO PAULO II, 2000, n. 1, p. 5), acompanha a vida da Igreja e de cada cristão, comunica o Deus uno e trino, expressa o Amor, faz-se dom, derramando-o em toda a criação e dotando todo batizado de uma graça contínua e santificante. Aflora a partir daí um dinamismo todo próprio que enriquece a Teologia Moral; este ainda não deu todos os seus frutos.

---

3. O Papa Paulo VI chegou a acenar para o seguinte: "À cristologia, e especialmente à eclesiologia do Concílio, deve seguir-se um estudo renovado e um culto renovado do Espírito Santo, precisamente como complemento indispensável do ensino conciliar" (PAULO VI, 1973).

4. Esta impostação aparece na *Gaudium et Spes* de um modo ainda muito limitado e introdutório, permanecendo o acento cristocêntrico (VIER, 1991, LG 22, 32, 37-39, p. 164-166, 175-176, 180-183).

e) A pessoa, a família, a comunidade, a sociedade, a natureza

Uma concepção consistente e reta da moral requer uma concepção antropológica integral desdobrada. Além de valorizar a pessoa humana em suas várias dimensões, inclui o cuidado da criação, a natureza toda. Cultiva-se uma unidade de fundo advinda de uma antropologia integral do humano que inclui a ética, valoriza a liberdade e a responsabilidade como próprias do ser. Essa visão integral desdobra-se na valorização da família, da comunidade, da sociedade e do cuidado de toda a natureza, a criação.

f) A consciência moral

Os pontos acima desembocam no que é hoje um grande desafio, ou seja, a consciência moral. Cabe aqui levar a pessoa a perfazer um itinerário de fé, devidamente situada no tempo e no espaço. O tema da consciência, enquanto cristãos, nos remete a Jesus Cristo, pois a medida é "crescer rumo à maturidade em Cristo" (Ef 4,13), abertos à graça de Deus que opera em nossas vidas. Fundados na fé, cultivamos uma consciência reta e verídica, ou seja, que busca o bem e a verdade; esta é a base para um bom discernimento; este levar-nos-á a examinar tudo e ficar com o que é bom (cf. 1Ts 5,21), sendo uma presença viva no coração do mundo, defendendo sempre a vida humana e cuidando da criação, a natureza toda.

g) Chamado de Deus à vida

A escolha da vida está no centro do chamado de Deus. "O *evangelho da vida* está no centro da mensagem de Jesus" (JOÃO PAULO II, 1995b, n. 1). No Antigo Testamento, em Dt 30, 19b.20b, ressoa explícito o apelo de Deus: "Escolhe a vida para que vivas com tua descendência. Pois isso significa vida para ti e tua permanência estável sobre a terra..." No Novo Testamento, Jo 10,10 apresenta-nos o núcleo central da missão de Jesus Cristo, quando Ele mesmo diz: "Eu vim para que todos tenham vida e a tenham em abundância". Estes textos apontam para a "vida nova" e "eterna"; porém, incluindo todos os aspectos e momentos da vida do ser humano, dando-lhes assim pleno significado (JOÃO PAULO II, 1995b, n. 1).

Destaca-se, sem dúvida, o valor incomparável da vida humana, o que faz do ser humano "o primeiro e fundamental caminho da Igreja" (JOÃO PAULO II, 1995b, n. 1; 1979, n. 10). A vida humana tem um valor *incomparável* e *inviolável*, por isso ela é *inalienável* (JOÃO PAULO II, 1995b, n. 5; CONGREGAÇÃO PARA A DOUTRINA DA FÉ, 1987, n. 2). Importa buscar o seu "bem verdadeiro e integral" (CONGREGAÇÃO PARA A DOUTRINA DA FÉ, 1987, n. 2), o que nos faz concluir, por exemplo, que ela é muito mais do que um "material biológico" (JOÃO PAULO II, 1993, n. 63), um código genético ou um simples programa a ser planejado por engenheiros genéticos. O fundamento aqui é a pessoa humana considerada em sua essência, em sua natureza e em sua verdade. Urge superar toda forma de individualismo, de hedonismo e de utilitarismo.

Hoje, esse horizonte de inigualável importância inclui "a atenção crescente à *qualidade da vida* e à *ecologia*" e toda a reflexão e o diálogo favorecidos pelo "despertar da reflexão ética a respeito da vida", sobretudo através da "aparição e o desenvolvimento cada vez maior da *bioética*" (JOÃO PAULO II, 1995b, n. 27). Sabemos que é indispensável chegar a uma leitura "personalista" que valorize a pessoa humana em toda a sua dignidade e sacralidade. No entanto, mesmo se nessa leitura a pessoa humana seja uma unidade, um todo, ela ainda não é vista como parte de um todo maior. É justamente aí que se alargam em nossos dias os horizontes. A vida humana faz parte de toda uma criação, da qual ela é um dos elos existentes; isso nos faz *seres em constante relação* com outros seres vivos e não vivos. A matéria, as energias, os corpos e as forças que se conjugam no grande universo também fazem parte deste *oikos*, a "casa" de tudo e de todos.

Faz-se necessário resgatar o sentido bíblico de "tomar posse" da criação, deixando emergir o sentido de "amparar" e "proteger", pois este é o sentido original de "*kabas*" em Gn 1,28, comumente traduzido como "subjugar" e "dominar". Resgata-se, assim, a nossa corresponsabilidade na preservação do equilíbrio ecológico de toda a criação. No horizonte, vislumbramos a necessidade de redenção da criação inteira que "geme e sofre as dores de parto até o presente", segundo Rm 8,22. Para isso, faz-se necessário reorientar nosso *ser-e-estar-no-mundo* no equilíbrio de uma comunhão não centrada apenas no ser humano, mas no *oikos* ("casa" de tudo e de todos, a criação toda), ou seja, numa comunhão "ecocêntrica" (eco = *oikos*, criação). Nessa comunhão, sentimo-nos parte de uma rede de relações, na qual o próprio Criador faz-se presente como *hálito* ou *sopro* que tudo habita com sua força vital (cf. Gn 1,1; 2,7).

4 A Moral Cristã católica: desdobramentos no pós-Vaticano II

Com o Concílio Vaticano II (1962-1965), acordamos para um novo tempo na Teologia Moral. Isso não desmerece os valores que nos vêm do passado, mas representa acolher a riqueza do passado e investir em novos desdobramentos, capazes de responder com adequação e perspicácia aos desafios de nosso tempo. Vejamos alguns desses desdobramentos:

A ideia de que tudo estava fixado uma vez por todas, de antes do Concílio, recebeu o desdobramento de que afinal fazemos parte do tempo e do espaço, marcados pela história; portanto, depois do Concílio, ficou claro que há na nossa vida, na Igreja e na sociedade elementos que mudam constantemente, enquanto outros são permanentes. Precisamos acompanhar a história de nosso tempo, sem medo do novo, porém ciosos também dos valores que vêm do passado. Por um lado, verificamos uma renovação constante; por outro lado, estabelece-se uma continuidade. A Teologia Moral nos leva a viver o equilíbrio entre os valores do passado (continuidade) e a renovação constante.

De uma visão pessimista do mundo, do humano e do corpo (inclusive da sexualidade), baseada numa visão dualista, despertamos, depois do Concílio Vaticano II, para uma visão integral, na qual a distinção, por exemplo, entre a alma e o corpo não representa que uma presta e o outro não presta, nem que uma se opõe ao outro, mas que ambos são chamados a se integrar, formando uma totalidade unitária, uma unidade corpóreo-espiritual; deixamos de lado a visão dualista e pessimista dos gregos e dos persas para voltar à visão semita, aquela da Bíblia, na qual Deus viu que era bom tudo o que havia criado.

A visão intimista e privatista da moral do passado foi dando espaço para uma visão mais aberta à comunidade e à sociedade. Em vez do acento por demais individual, passou-se a sublinhar a pessoa como ser de relações, que cresce na família, na comunidade, na sociedade, chamada inclusive a se relacionar responsavelmente face à criação. Não estamos fechados e isolados neste mundo. Somos chamados a conviver. Eu me aperfeiçoo à medida que ajudo os outros a crescerem.

Em vez de fugir do mundo, vendo nele toda sorte de maldades, passou-se, com o Concílio Vaticano II, a olhar este mundo como o lugar onde fazemos a experiência amorosa de Deus, lugar onde Deus manifesta o seu plano de Amor. Somos, então, chamados, não desviados, a colaborar com os projetos de Deus na construção deste mundo, para que cresça a vida, fundada na justiça, no direito e no amor.

A ética cristã do pós-concílio abre caminho para a superação do medo e da fuga do mundo, bem como das mentes escrupulosas.

O ser humano passa a sentir o convite de Deus, o chamado de Jesus Cristo e a força do Espírito Santo agindo em sua vida. Ele se sente, então, cativado; responde, querendo participar, colaborar nos desígnios de Deus; sente-se parceiro de Deus. Que exclamar: "Eis aqui, hoje também, os servos, os colaboradores do Senhor. Faça-se em nós também segundo a sua palavra" (cf. Lc 1,38).

De uma moral por demais ancorada nas normas, tendo exagerado no legalismo e na casuística, a ética pós-conciliar acentua o chamado à aliança com Deus, o seguimento de Jesus Cristo e o vigor de uma vida no Espírito Santo. E, mergulhados na Trindade, sentimos que Deus Trino e Uno é fonte e meta de toda a moral cristã. Toca-nos muito forte as bem-aventuranças. O ser humano sente-se um dom de Deus, formando comunidades de fé (Igreja), chamado ao serviço do mundo, construindo o Reino de Deus. Somos um dom de Deus, na Igreja, a serviço da humanidade.

5 Responder aos desafios de nosso tempo

Não temos medo do novo, nem receio diante dos muitos desafios de hoje. A partir da moral cristã, temos os fundamentos (AGOSTINI, 2006a; 2007) para dizer uma palavra clara e firme sobre cada uma das realidades de nossa vida. Por exemplo, sexualidade humana, matrimônio e família, bioética e ética social são, em nossos dias, campos da vida humana nos quais se localizam as grandes e decisivas buscas e chances de realização (AGOSTINI, 2006b). Nenhuma questão, nenhum tema de nosso dia a dia pode ficar sem ter o embasamento da moral que brota de Jesus (AGOSTINI, 2011b; 2002a). Temos o que dizer, captando os apelos éticos e apontando para os engajamentos morais. E, sempre que necessário, buscaremos uma fundamentação consistente, sistemática e aprofundada; passamos, então, a vislumbrar que, na verdade, Deus pronuncia um grande sim à vida (AGOSTINI, 2011a, passim).

No tocante à sexualidade, a ética cristã traz-nos hoje uma visão positiva, buscando integrá-la como dom de Deus e tarefa do ser humano. Supera-se, assim, a visão negativa e repressiva de um passado ainda recente. Importa integrar a sexualidade no todo de nossa vida e amadurecer nos aspectos somáticos, psicoafetivos, sociais e espirituais. Então, a sexualidade aparece em toda a sua grandeza e potencialidade, não se resumindo aos órgãos genitais, mas atravessando todo o nosso ser como dom que Deus inscreveu no homem e na mulher, capacitando-nos ao amor. Sustentada no amor, ela mostra o seu rosto verdadeiramente humano, leva-nos a fazer-nos um dom, buscando o bem das pessoas, das famílias, da comunidade e da sociedade.

O matrimônio e a família recebem da ética cristã uma atenção e um apoio todo especiais. Lugar da gratuidade e da graça de Deus, o matrimônio é o fundamento da família; esta constitui-se num dos bens mais preciosos da humanidade. Na família está a chance para a humanidade crescer de maneira estável, encontrando nela uma comunidade de vida e de amor. A família é o lugar onde crescemos como comunidade de pessoas, constituindo-se num santuário da vida; ela é a célula principal da sociedade; ela é Igreja doméstica. A família tem por missão "guardar, revelar e comunicar o amor, qual reflexo vivo e participação real do amor de Deus pela humanidade e do amor de Cristo pela Igreja" (JOÃO PAULO II, 2003, p. 30). Importa sustentar a família no dia a dia para que ela possa realizar a sua missão. Na pastoral, urge dar-lhe prioridade, abarcando-a em todos os seus aspectos, amando-a de maneira toda especial.

Cresce em nossos dias a consciência de que necessitamos de uma ética da vida; ou seja, de uma bioética. As ciências e as técnicas avançam; aí estão os avanços da medicina, da biologia e da genética. A ética aponta para a grande chance que temos de promover a vida. A ética alerta-nos para a possibilidade de colocar a vida em perigo, ameaçá-la, comprometendo toda a humanidade. Tudo depende dos fins que buscamos e de como usamos os meios de que dispomos. Para a ética cristã, destaca-se o valor da vida humana, que necessita ser respeitada sempre, nunca descartada; ela contém um valor incomparável e inviolável; por isso, ela é inalienável. Hoje, a bioética inclui uma atenção crescente da ecologia. Alargam-se os horizontes; sentimo-nos parte de toda a criação.

A ética ocupa-se também do social, buscando acompanhar a sociedade na sua organização, apontando para as responsabilidades humanas e para as dimensões éticas de toda atividade desempenhada pelo ser humano. Encontramo-nos diante de grandes e rápidas mudanças, impulsionadas sobretudo pelo processo de urbanização e de industrialização, bem como alimentadas pela Modernidade e a Pós-modernidade. Muitas são as melhorias, outros tantos os ganhos. Importa, no entanto, superar as disparidades que teimam em marcar a nossa realidade, desigual, excludente e depredadora. A ética social de inspiração cristã é ciosa em apresentar valores que possam nortear a nossa vida em sociedade, tais como o princípio da dignidade da pessoa humana, a primazia do bem comum, a destinação universal dos bens, a primazia do trabalho sobre o capital, o princípio da subsidiariedade, o princípio da solidariedade, o fundamento da caridade e da verdade, entre outros.

Capítulo 3
Moral, religião e fé cristã: experiência de Deus, adesão a Jesus Cristo

A moral cristã está profundamente ligada à experiência de fé, numa religação (religião) profunda com a experiência de Deus. A adesão a Jesus Cristo e a pertença à comunidade eclesial são igualmente referenciais indispensáveis. Necessitamos, na verdade, de um itinerário ético-moral, nutrido da fidelidade ao Evangelho, da fidelidade à nossa história, da centralidade de Jesus Cristo, da experiência de Deus, não nos abstendo de responder com adequação e perspicácia aos atuais desafios da Igreja e do mundo. Faz-se necessário apoiar a pessoa humana em seu processo educativo e no despertar da fé e da consciência. Trata-se de um processo vital para o qual concorre a totalidade da pessoa humana, sem descuidar de ter claro os *referenciais* que lhe dão suporte para que possa crescer em *espírito e vida*.

1 Cultivo da experiência de Deus

Sentimos, hoje, ressurgir uma busca intensa pela *experiência religiosa*. O pós-moderno, por exemplo, busca uma fé nutrida de sensações e sentimentos; a mística é a da interioridade e de sintonia com o cosmos. A racionalidade, os conhecimentos, academicamente absorvidos, como enfatizou a Modernidade, tendem a ficar em segundo plano. Agora, o que se busca é uma *experiência pessoal profunda*, numa busca que é também estética. Vejamos como um *itinerário ético-teológico* responderá a este desafio e quais os caminhos que a Teologia Moral nos aponta.

1.1 Jesus Cristo no centro

A crise que vivemos pode ser vista como uma ameaça de morte ou como um momento de graça, sendo, neste caso, uma descoberta de novas possibilidades e um convite a uma maior fidelidade criativa ao Evangelho e à nossa história. Há, no entanto, a necessidade de *colocar Cristo no centro* de nossa existência, de nossas comunidades, de nosso testemunho. Nosso futuro dependerá da capacidade de sermos testemunhas do Absoluto (OFM, 1998a, n. 5).

Devemos reconhecer, no entanto, que há uma dificuldade bastante generalizada, nas gerações que se encaminham para a Pós-modernidade ou que nela já se encontram, de assumir compromissos duradouros.

> Tudo é provisório, estamos sempre à espera de algo novo. Não interessa adquirir alguma coisa *para toda a vida*. Menos ainda condiz com a mentalidade atual assumir um compromisso para sempre... Já sabemos que este é o clima da Pós-modernidade: respira uma moral provisória, sem nada de estável e definitivo. Uma sensibilidade que dá primazia ao sentimento, à afetividade e ao prazer, rendendo culto ao corpo (GASTALDI, 1994, p. 69-70).

Para os indivíduos pós-modernos, importa viver o presente! Ao dizer isso, atrofia-se tanto a *memória*, o que o coloca em crise de identidade, quanto as *utopias* (ideais), sem as quais seu futuro fica comprometido. O ser humano, nesta situação, encontra-se sem estímulo ou em dificuldade para realizar uma *opção fundamental* em sua vida. Com isso, deixa de ser capaz ou sente extrema dificuldade para fazer "essa opção definitiva, vinculante, capaz de lhe dar unidade, orientação, validade à existência e definir a identidade da pessoa" (GASTALDI, 1994, p. 69).

Entra aqui a perspicácia do itinerário ético-teológico. Numa caminhada *projetiva*, importa favorecer nas pessoas a personalização (tornar-se pessoas...), supondo a busca de um *ser mais*, colocando-os a caminho, já que o caminho se faz caminhando. É claro que a ânsia de realização vai logo contrastar com a insatisfação; o ideal (utopia) entra em tensão com a realidade; o desejo de superar de imediato essa distância esbarra na experiência de um "déficit" existencial... até tomar consciência de que o arranjo pós-moderno da realidade está longe daquilo que sonha, crê e aspira. É, então, que surge, talvez primeiro, a indignação, mas, em seguida, desponta a necessidade de um compromisso.

Importa seguir de perto as motivações, as crises, o desânimo, averiguando as causas e buscando os remédios adequados. Há, sem dúvida, a necessidade de "estruturar as tendências dispersas, orientando-as para um valor escolhido como norma, como lei da própria vida, e, em seguida, integrando gradualmente as forças contrastantes, em função daquele polo escolhido livremente" (GASTALDI, 1994, p. 73). É claro que não basta escolher qualquer valor, sobretudo nada que seja relativo enquanto ponto último de referência. Quando se absolutiza uma realidade contingente ou relativa (o dinheiro, uma ideologia, uma ciência, a técnica, uma raça, uma dimensão apenas do humano...), cai-se na *unidimensionalidade* do humano, o que representa cair num *reducionismo*, o que acaba tolhendo a pessoa, banalizando a sua vida, sufocando-a e, às vezes, destruindo-a sem mais.

Além disso, faz-se necessário passar do egocentrismo à dinâmica da alteridade, numa passagem do "eu" ao "nós". Essa passagem deverá estar lastreada na confiança, na adesão total e num amor oblativo; só assim seremos capazes de uma resposta positiva ao chamado do totalmente Outro, Deus.

O homem *se constrói* saindo de si, aceitando totalmente o outro na sua radical *alteridade* (igualdade na diferença), esvaziando-se, criando um espaço interior para deixar que a riqueza do outro o invada e enriquecendo o outro com sua própria riqueza pessoal. Somente assim poderá chegar a ser *ele mesmo* (GASTALDI, 1994, p. 75).

É certo, igualmente, que "o homem não pode realizar-se sem abrir-se ao Tu Absoluto e comprometer-se com Ele" (GASTALDI, 1994, p. 74). Não basta contentar-se com um *cristianismo implícito* e até anônimo. Não podemos prescindir da perspectiva de fé. Faz-se necessário um encontro com o Deus que em Jesus de Nazaré nos convida a construir o seu Reino, o que exige uma *opção fundamental* que oriente a nossa vida; enraíza-se, então, em nós um compromisso que é fruto de uma *opção de fé*.

Jesus Cristo passa a ser o *centro*, o *guia*, Ele que é o Caminho, a Verdade e a Vida, realizador das virtudes e fonte de todas as graças. Temos em Cristo o único Mestre e Doutor[5]. Ele é o *medium ético*, segundo São Boaventura, no sentido de ser Jesus Cristo aquele que está todo ao mesmo tempo em Deus e no mundo, constituindo-se num centro *ascendente*, porque, sendo Deus, Ele nos atrai para o alto, na direção da virtude superior (NGUYEN VAN SI, 1991, p. 152s.). O limite é a íntima união e o verdadeiro conhecimento em Deus, como afirma São Boaventura em seu *Comentarius in III librum sententiarum* (BOAVENTURA, tomo III. 1882-1902, d. 24, dub. 4, p. 531b), cujo fundamento é a fé em Cristo Jesus. O fundamento ético passa, então, a ser o seguinte: "Agir como Cristo agiu, viver como Ele viveu, sofrer como Ele sofreu e morrer como Ele morreu" (BOAVENTURA, tomo IX, 1882-1902, p. 107b).

---

5. No tomo V, da *Opera omnia* de Boaventura de Bagnoregio, n. 19, p. 572b, lemos: "[Christus] fuit principalis legislator et simul perfectus viator et comprehensor; et ideo ipse solus est principalis magister et doctor" (BOAVENTURA, 1882-1902).

1.2 Encontro com Deus

Somos chamados a viver o *encontro com o mistério de Deus* e formar comunidades que sejam *células de fé vivida*. Então, poderemos perceber "os desafios do mundo e neles ler a presença e a bondade de Deus, sobretudo num tempo de grandes mudanças socioculturais, de contrastes, de luzes e sombras" (OFM, 1998b, n. 6).

Em nossos dias, as mudanças socioculturais levam-nos a situar a experiência de Deus dentro de um contexto novo, com sinais claros em direção de uma *revalorização da experiência religiosa*, num resgate do sentido religioso da vida. Porém, neste tempo de passagem do moderno ao pós-moderno, sabemos como as pessoas buscam "uma fé que se nutra mais de sensações e de sentimentos do que de conhecimentos", numa "mística da interioridade" e até de "sintonia com o cosmos" (GASTALDI, 1994, p. 81). Busca-se uma experiência pessoal profunda. Neste início de século e milênio, deparamo-nos "com um homem inquieto, em busca de 'sentido religioso', desencantado com os resultados da ciência e da técnica" (GASTALDI, 1994, p. 53). Quer razões para "viver" e "esperar".

Neste novo contexto, faz-se indispensável "integrar o prazer e o esforço, a diversão e o compromisso, o permanente e o transitório, o sexo e o amor" (GERVILLA, 1993, p. 178). Urge uma reconciliação com os sentimentos, sabendo que a realidade nós a medimos muito mais pelo eco que ela desperta na esfera afetiva (GONZALEZ CARVAJAL, 1993, p. 250), estabelecendo-se uma *ligação afetiva* com tudo o que nos cerca e nos habita (AGOSTINI, 1997, p. 160s.). Ítalo Gastaldi apresenta os jovens pós-modernos, tecendo o seguinte quadro:

> Estão ávidos de experiências concretas, de relação e convivência, de espontaneidade. Querem que se valorize o corpo, o sentimento, o desejo, e que se lhes abra o horizonte de um novo estilo de vida. Querem sentir-se acolhidos dentro de um grupo que possam chamar de "seu". Como muitos carecem de relações

pessoais e seus amigos se reduzem à televisão e aos jogos eletrônicos, necessitam profundamente de refúgios *personalizados* aonde possam ser alguém para outra pessoa (GASTALDI, 1994, p. 83).

Com a crise das ideologias políticas, das crenças religiosas, das grandes instituições e dos valores tradicionais, urge "renovar a espiritualidade cristã, cujo ponto de apoio deveria situar-se na experiência que se faz de Deus na oração e contemplação... Rahner dizia: "O cristão de amanhã ou será místico ou não será cristão". Sem sentir a Deus como aquilo que de mais real existe, será difícil manter a fé e, mais ainda, chegar a crer" (GASTALDI, 1994, p. 81). Faz-se necessário investir numa atitude acolhedora, em comunidades sadias e calorosas, onde se cultive a fraternidade, a solidariedade, até a assistência mútua, num processo de personalização. As comunidades terão que ser abertas, no sentido missionário também, seja onde estiverem situadas. Não se economize nos *sinais* visibilizadores, nos *ritos* com seus símbolos e expressões corporais, bem presentes na própria liturgia, na *mística* que vivencia o gratuito que escapa à razão e nos abre ao transcendente.

Por isso, creio que sejam muito oportunas as palavras de Ítalo Gastaldi em seu livro *Educar e evangelizar na Pós-modernidade*:

> É preciso que os jovens percebam tudo isto como *próprio*, como característico de um grupo de *escolhidos*, diferente dos outros jovens, não tanto para viver como "seitas", mas para inserir-se como "Igreja doméstica" na comunidade local e na Igreja universal. Afinal, a Igreja não é uma comunidade de comunidades? (GASTALDI, 1994, p. 83).

2 Adesão a Jesus Cristo

Desde as primeiras páginas da Sagrada Escritura, Deus não é apenas objeto de especulação e interrogação por parte do ser humano. Deus afirma-se como seu interlocutor e parceiro, capaz de diálogo, alimentado por uma Aliança. Deus emerge como Aquele que toma a iniciativa de um diálogo e que busca mantê-lo vivo, relançando-o sempre que necessário. Não estamos diante de uma filosofia, mas de uma *Revelação*. Jesus constitui-se no seu ponto alto, pela sua encarnação.

2.1 Fonte inspiradora do agir ético

A *revelação* de Deus à humanidade dá-se inicialmente no Antigo Testamento (AT). Como parte integrante da revelação, os livros do AT, "embora contenham coisas imperfeitas e transitórias, manifestam, contudo, a verdadeira pedagogia divina" ao "preparar a vinda de Cristo" (VIER. *Dei Verbum* n. 15, 1991, p. 132). "Ao longo dos séculos, Deus preparou o caminho para o Evangelho" (VIER. *Dei Verbum* n. 3, 1991, p. 123). Isto é realizado num caminhar de crescimento progressivo entre acertos e desacertos. A *revelação de Javé* vai se traduzindo em apelos morais cada vez mais próximos aos da *revelação cristã* em Jesus Cristo.

Jesus, a rigor, não fornece aos seus ouvintes um *catálogo* de comportamentos éticos. Não encontramos em suas palavras um *resumo sistemático* de ensinamentos morais. Porém, encontramos nos Evangelhos o que é certamente a *inspiração de todos eles*. "Jesus anuncia uma mensagem religiosa, da qual brota também as suas exigências morais... Não desenvolve um 'sistema' teológico-moral" (SCHNACKENBURG, 1959, p. 5).

De maneira semelhante à tradição do AT, Jesus anuncia a intervenção de Deus na história. No entanto, não se trata mais de uma mediação passando pela Lei, como tanto chegaram a enfatizar os fariseus, no tempo de Jesus; agora, é Jesus mesmo o elemento catalisador (= que coloca tudo em movimento). O centro de tudo e o elemento decisivo passa a ser o *seguimento de Jesus*; ser seu discípulo, acolher a Boa-nova, entrar e assumir o Reino de Deus, eis a grande convocação! Como consequência disso vêm os apelos éticos e os engajamentos morais.

Jesus é a fonte inspiradora enquanto une o humano e o divino, abrindo-lhe o caminho da realização plena. Jesus é mais do que Moisés, o mentor da Lei; Ele é mais do que Elias, o profeta; Ele é mais do que Salomão, o sábio; Ele é mais do que um simples arauto de Deus; Ele é mais do que um puro mensageiro de Deus. Ele é o Deus encarnado num lugar, num tempo, no seio de um povo. Ele é o Verbo feito carne, luz verdadeira, que ilumina todo homem, fonte da graça e da verdade (cf. Jo 1,1-18), caminho da salvação.

Jesus é a certeza de que o ser humano não foi abandonado numa história solitária, largado sem rumo neste mundo, à mercê do próprio egoísmo, orgulho, desprezo, ódio, injustiças; enfim, o pecado. Convidado a entrar numa vida nova, iniciativa amorosa e gratuita de Deus, o ser humano mergulha num dinamismo divino que abraça o humano. Cristo, pela sua ressurreição, é garantia desta realização plena (de alegria, de realização, de perfeição) ao alcance de todo ser humano.

Esse dinamismo divino nos chama à conversão permanente – *metanoia* – que se traduz em transformação de todo o nosso ser, com repercussão direta e imediata sobre todo o nosso agir. "Não vos conformeis com os esquemas deste mundo, mas transformai-vos pela renovação do espírito, para que possais conhecer qual é a vontade de Deus, boa, agradável e perfeita" (Rm 12,2). Isso nos introduz na dinâmica dos *filhos de Deus*, enquanto animados pelo Espírito de Deus (cf. Rm 8,14), susceptíveis à divinização. "Preciosas e ricas promessas vos foram dadas para que vos torneis participantes da natureza divina" (2Pd 1,4).

Enquanto já criados à imagem e semelhança de Deus, temos em nós não só a possibilidade da *adoção divina*, bem como a da própria divinização (*capax Dei*), sem ter que renunciar ao que somos, a não ser o pecado. As implicações éticas e as repercussões morais são fortes e profundas.

Tais implicações e repercussões têm seu fundamento primeiro no preceito do amor (Jo 13,34), que se desdobra no amor a Deus e ao próximo (Mt 22,34-40; Mc 12,28-34; Lc 10,25-28); ele abre o caminho para o Reino de Deus e o da vida eterna (Mt 25,31-46). A isto se acrescenta o amor dos próprios inimigos e perseguidores (Mt 5,44-45), que é mais do que simplesmente perdoar. Com isso, a Sagrada Escritura nos diz que a fidelidade a Deus e à sua Aliança só é possível quando passar pela reconciliação com o próximo (Mt 5,23-24; 1Jo 2,9-11). Esse preceito constitui-se no novo e maior mandamento (Jo 15,12); ele nos faz entrar na luz verdadeira do Verbo encarnado (1Jo 2,8); resume toda lei e os profetas (Mt 7,12). *"Assim como eu vos amei*, amai-vos também uns aos outros" (Jo 13, 34). "Ninguém tem maior amor do que aquele que dá a vida por seus amigos" (Jo 15,13).

Com Jesus, chegou o tempo decisivo. É necessário que cada um se decida, pois com Ele o "Reino se aproxima" (Mt 4,17; 10,7; Lc 10,9-11). "Completaram-se os tempos, está próximo o Reino de Deus, convertei-vos e crede no Evangelho" (Mc 1,15). Deus quer a salvação dos homens; para isso, os cristãos dos primeiros tempos esforçam-se em mostrar as opções concretas que provêm de sua fé no Cristo Salvador. São Paulo, nas suas diferentes cartas, não mede palavras para mostrar as implicações éticas e as recomendações morais provenientes do grande acontecimento da vinda de Cristo, de sua ressurreição e do surgimento da Igreja.

A adesão a Jesus Cristo e a pertença à Igreja passam a ser verdadeiras quando autentificadas por uma conduta, unindo fé e vida. São Paulo traduz isso ao apresentar as listas de vícios (1Cor 5,11; 6,9-10; 2Cor 12,20-21; Gl 5,19-21; Rm 1,29-31; Cl 3,5-8; Ef 4,31; 5,3-5) e de virtudes (2Cor 6,6; Gl 5,22-23; Ef 4,2-3), bem como as listas de deveres domésticos (Cl 3,18-4,1; Ef 5,21-6,9). Além disso, ele apela para a consciência dos cristãos, ao aconselhá-los com estas palavras: "Irmãos, ocupai-vos com tudo o que é verdadeiro, nobre, justo, puro, amável, honroso, virtuoso ou de qualquer modo mereça louvor" (Fl 4,8). "Examinai tudo e ficai com o que é bom. Abstende-vos de toda espécie de mal" (1Ts 5,21-22). "Tudo me é lícito, mas nem tudo convém. Tudo me é lícito, mas não me deixarei dominar por coisa alguma" (1Cor 6,12). São Paulo está preocupado em apresentar a *vida nova* em Cristo. Ao usar os termos *carne* e *espírito, velho homem* e *homem novo,* situa-se neste dinamismo que se inaugura no cristão, tornando-o co-herdeiro de Cristo (Rm 8,17). Nele temos tudo plenamente (Cl 2,10). Esses termos não estão indicando uma visão *de per si* dualista, projetando sobre o *corpo* tudo o que há de negativo. Antes, o termo "carne" designa o ser humano como um todo submetido à concupiscência, todo tomado pelo desequilíbrio de seus desejos. "Espírito", da mesma forma, aponta para o ser humano como um todo (corpo e alma) que está vivendo a vida nova de Deus em Jesus Cristo. Vamos ilustrar isso com alguns textos:

• Quando estávamos na carne, as paixões do pecado... agiam em nossos membros e davam frutos de morte" (Rm 7,5).
• "Não são os filhos da carne que são filhos de Deus, mas os filhos da promessa é que são considerados descendentes" (Rm 9,8).
• "Vós não viveis segundo a carne, mas segundo o espírito, se de verdade o Espírito de Deus habita em vós" (Rm 8,9).
• "Devereis abandonar vossa antiga conduta e vos despojar do homem velho, corrompido por concupiscências enganosas, para uma transformação espiritual de vossa mentalidade, e revestir-vos do homem novo, criado segundo Deus em justiça e verdadeira santidade" (Ef 4,22-24; cf. 3,1-17).
• Portanto, "sirvamos em espírito novo, e não na letra velha" (Rm 7,6b).

2.2 Seguimento de Jesus Cristo

A renovação da Teologia Moral no pós-Vaticano II deveu-se muito à clareza de sua renovação bíblica e da centralidade de Jesus Cristo. Antes mesmo do Concílio, Fritz Tillmann apontava para a importância do *seguimento de Cristo*; como exegeta, captando a visão dos Evangelhos sinóticos, assinalava para um seguimento de Cristo, tanto em seu caminho para o calvário como no sentido de uma íntima comunhão de vida com Ele, Evangelho vivente. Bernhard Häring, seguindo Tillmann, procurou, por sua vez, fazer uma síntese entre a visão sinótica, joanina e paulina, enfatizando o ser e o viver em Cristo (HÄRING, 1991, p. 25-26). Publicou, inclusive, um livro com o título *A lei de Cristo*[6], referindo-se à Gl 6,2: "Ajudai-vos reciprocamente a carregar o peso uns dos outros, e assim cumprireis a Lei de Cristo".

O próprio Bernhard Häring explica este intento:

> Trata-se, pois, da grande perspectiva da "aliança-solidariedade de salvação" como expressão e condição da verdade e da liberdade à qual Cristo nos chamou. Pensei, igualmente, na expressão clássica *énnomos Xristoú* (1Cor 9,21); *portanto, na "ennomia crística"*, na vida em Cristo, como norma suprema da moral. Este *leitmotiv* ocorre também no título *Livres e fiéis em Cristo* (HÄRING, 1991, p. 26).

A obra *Livres e fiéis em Cristo*, em três volumes, foi publicada depois do Concílio Vaticano II. Nela, o autor sela a ênfase "na verdade mais central na moral, a *vida em Cristo*", acrescida das noções de *liberdade* e *fidelidade* (HÄRING, 1991, p. 27).

---

6. Ao utilizar a palavra "lei", este teólogo da moral teve a intenção de resgatar o sentido paulino, para o qual "a Tora é expressão da *berith*, da aliança, que se torna lei escrita em nossos corações, lei de liberdade, libertação da solidariedade do pecado" (HÄRING, 1991, p. 26).

Para o teólogo da moral Josef Fuchs, a leitura é a seguinte:

A moral cristã é a do homem que crê em Cristo... Crer significa: colocar nele nossa última esperança de vida e a espera de salvação. Isso significa de outra forma: volver para Ele todo o amor e a dedicação de que somos capazes. O homem que crê e ama assim, e portanto segue o Cristo de todo o seu ser pessoal e do mais íntimo de si mesmo, coloca a questão de saber qual forma vai e deve assumir uma vida voltada à imitação de Cristo na fé e no amor (FUCHS, 1973, p. 11).

Jean-Marie Aubert, discorrendo sobre a salvação em Cristo e sua dimensão ética, acentua o sentido de "boa-nova" do Evangelho, enfatizando a realização tornada acessível a todos os homens pela vitória de Cristo sobre o pecado. A ressurreição de Cristo passa a ser o caminho aberto no qual todos podemos esperar e realizar a plenitude. Essa boa-nova implica o anúncio de uma vida nova, que supõe mudança radical de vida, uma conversão permanente – *metanoia*. Existe aí um convite que é fruto da iniciativa de Deus em seu amor, verdadeiro dinamismo divino em ação no seio da humanidade, do qual a Igreja quer ser sua presença efetiva e real (seu corpo místico) e seu prolongamento na história.

Um tal anúncio concerne o campo ético e moral, a partir do momento em que ele convida a uma conversão do coração, devendo traduzir-se numa transformação de todas as dimensões da existência e do agir humanos. A mensagem evangélica vem então colocar em xeque a autossuficiência humana, fazendo o ser humano sair do seu egoísmo e dar um sentido novo à sua existência. Então, um discípulo de Cristo não pode mais viver como se o Evangelho não tivesse implicações sobre o agir humano quotidiano (AUBERT, 1992, p. 12).

Existe um primado efetivo do Evangelho, constituindo consequentemente a inspiração primeira da ética cristã (PINTO DE OLIVEIRA, 1977, p. 145s.). Isso nos remete, é claro, à centralidade de Cristo, que tão claramente soube enfatizar uma Moral Renovada no pós-Vaticano II. O "vem e segue-me" de Jesus torna-se o chamado gratuito para a salvação; cabe de nossa parte uma resposta correspondente. Entendemos que, por chamado do próprio Concílio, a Teologia Moral tem a missão de evidenciar "a sublimidade da vocação dos fiéis em Cristo" (VIER. *Optatam Totius* 16, 1991, p. 521), pois Jesus Cristo, nova e eterna aliança, encarna a proposta salvífica de Deus e a resposta perfeita e total do humano. Disso nasce, evidentemente, toda uma ênfase no seguimento de Jesus, fundamental para a renovação em curso (AGOSTINI, 2007, p. 92).

Rudolf Schnackenburg, buscando captar o sentido que Jesus dava à palavra "seguir", identifica na passagem de Mc 1,17 o texto mais significativo para esse intento. Ao chamar Simão e André, junto ao Lago de Genesaré, Jesus disse-lhes: "Segui-me, e eu farei de vós pescadores de homens". Seguir aponta aqui para o sentido "ir atrás de Jesus", acompanhá-lo em seus caminhos, ser testemunha de suas obras e ajudá-lo em seus afazeres (SCHNACKENBURG, 1971, p. 84-85). Existe nesta perícope toda uma teologia sobre a maneira de seguir Jesus.

> A ação parte de Jesus, e três momentos explicam o que se passa: o olhar de Jesus se dirige para estes homens e imediatamente Ele os *chama* para junto dele. Seu chamado é aquele de Deus mesmo; quando é Deus quem chama não há como hesitar. Quanto ao conteúdo do chamado, ele exige que se *caminhe atrás de Jesus*, o que justamente na origem significa "seguir". Enfim, Ele quer fazer deles *pescadores de homens* (SCHNACKENBURG, 1971, p. 85).

3 Apelos de uma ética cristã

Num pequeno estudo dos inícios dos anos de 1950, C.H. Dodd apontava a religião cristã como uma religião moral no sentido próprio da palavra, visto que não faz distinção entre servir a Deus e servir ao próximo. "Estes dois aspectos são essenciais ao cristianismo", arrematava ele (DODD, 1979, p. 6), insistindo na necessidade de cavar mais profundamente na mina que é o Novo Testamento, pois nele se encontra o conteúdo do *querigma* original que, em seguida, torna-se *didaqué*, ou seja, temos primeiro a *proclamação* e, depois, os inícios do *ensinamento* moral. Com isso, queremos enfatizar que o ensinamento moral cristão não tem uma autonomia em si, como no esquema grego, mas está sempre referido ao Evangelho e *a fortiori* ao próprio Jesus Cristo (LOHSE, 1987).

3.1 Os Evangelhos

O modo próprio de ser e de viver que emana do Novo Testamento – qual *ethos* cristão – está claramente explicitado, quer na atitude de fé em Jesus Cristo e correspondente opção fundamental, quer na catequese das primeiras comunidades cristãs. É indiscutível o apelo ético que emerge da mensagem neotestamentária, que engaja os cristãos num modo próprio de ser e de viver.

O cerne da mensagem de Jesus, presente nos Evangelhos, é a proclamação da *basileia*, ou seja, do reinado ou domínio atual de Deus, o que nos leva à proclamação do Reino de Deus. "A mensagem ética de Jesus é parte desse anúncio do Reino de Deus" (BÖCKLE, 1984, p. 194). Neste anúncio, unem-se presente e futuro. O caráter escatológico não tira a atualidade da proclamação e as exigências correspondentes.

"Completou-se o tempo! Está próximo o Reino de Deus! Convertei-vos! Crede no Evangelho" (cf. Mt 4,17; 10,7; Lc 10,9-11; Mc 1,15). Vemos como o anúncio de salvação coliga-se aqui à exigência de conversão. Irrompe a consumação do tempo (cf. Mc 1,15a). O *escaton*, o tempo da salvação, está em ação na pessoa de Jesus, suas palavras e obras, sendo Ele *"a grande obra salvadora de Deus* neste mundo. [...] O conjunto de toda a sua vida, o seu falar, seu agir e o seu deixar de fazer" deve ser entendido nessa perspectiva (BÖCKLE, 1984, p. 196).

Arrepender-se significa afastar-se do antigo modo de vida para abraçar novo modo de vida sob o reinar de Deus. Nesse novo modo de vida, a fé no Evangelho ou a Boa-nova de Deus referente ao reinado desempenha papel central. Essa fé, porém, não é uma virtude entre outras; é a virtude omniabrangente pela qual a pessoa percebe a presença oculta do governo régio de Deus (MATERA, 2001, p. 49).

Algumas atitudes começam então a perfazer a vida dos seguidores de Jesus, como por exemplo: acolher a sua mensagem, entregar a sua vida para salvá-la, tomar parte da comunidade instruída por Jesus, tornar-se servos uns dos outros, vigiar sempre, permanecer fiéis, ser compassivo, humilde, misericordioso, fazer a vontade de Deus, produzir frutos em ações e obras de justiça.

Destacam-se a mensagem e a práxis de Jesus, bem como sua "mordência" profética. Isto, acrescido de sua consciência de "ser filho" ("Filho de Deus"), introduz para a comunidade cristã uma forte impregnação ética, fundada numa relação fundamental que se estabelece com a pessoa de Jesus. Todo o seu anúncio e sua pessoa encontram-se aí unidos, não podem ser separados. Eis o "tempo propício"! Esta é a oportunidade. Não podemos desperdiçá-la. O próprio Jesus é o exemplo da vida moral que chega a propor o amor aos inimigos, inclui os pobres, chama os pecadores, encontra-se com gente desqualificada e toma refeição com ricos. Todos os que se arrependerem terão parte no reinado de Deus.

Um traço característico da vida de Jesus é a difusão do Evangelho sem distinção.

Em vez de se segregar com um par de sequazes, manda-se através do país inteiro para difundir a todos a mensagem. Não ameaça com um juízo iminente, mas anuncia a boa-nova do amor universal de Deus aos homens. Esse amor destina-se a cada um, que agarra o agora como presença de Deus e como hora da salvação (BÖCKLE, 1984, p. 198).

Esse amor não é sentimento e emoção, e sim Dom gratuito de Deus... Se o mundo crer que o Pai enviou o Filho ao mundo, participará do amor de Jesus. O amor que manda Jesus só exclui o mundo se o mundo recusar-se a crer. Fé e amor são, portanto, complementares (MATERA, 2001, p. 149).

Como vemos, o anúncio do Reino de Deus supõe uma exigência fundamental: a fé. Palavras e sinais, que provocam admiração, buscam suscitar uma irrestrita fé no Deus que se revela por amor e nos convida a corresponder. Eis a proposta, a convocação de Jesus. Convite de Deus, proposta de Jesus Cristo: eis o que sela a nova aliança, alimentadora da vida dos discípulos e de todos os batizados, num convite que é universal. Ao mesmo tempo, esse anúncio de Jesus convoca os discípulos a uma vida de amor, formando uma comunidade que crê, de convertidos, que testemunha Jesus ao mundo, guiada pelo Espírito de verdade.

3.2 Escritos paulinos

Voltamos nosso olhar para o ensinamento moral de Paulo, pois sua posição ética, somada à de Jesus, forma o legado ético que causa impacto nas gerações posteriores. O pensamento moral de Paulo reúne um bom número de exortações, tendo em conta situações diversas. Para os neoconvertidos, como na Carta ao Tessalonicenses, ele ressalta a eleição, bem como o chamado à vida de santificação. Por isso, devem evitar toda imoralidade e impureza, perseverar na fé, no amor e na esperança. Busca dar conselhos para edificar a comunidade no amor, como nas cartas aos coríntios, enfatizando o "imitai-me", num paralelo ao "segui-me" de Jesus. Paulo lembra à comunidade que "ela é o templo de Deus e o povo santificado de Deus no qual o Espírito de Deus habita" (MATE-RA, 2001, p. 211).

Nas situações de polêmica, como na Carta aos Gálatas, Paulo dá instruções morais, lembrando que os justificados pela fé não estão sob a lei e, portanto, podem estar livres da circuncisão. Há uma liberdade em Cristo, centrada no amor, expressão perfeita da fé e do cumprimento da lei. Estas menções juntam-se a outras, o que faz com que a Carta aos Romanos explicite "a centralidade do amor, a importância da unidade na comunidade cristã, o exemplo de Cristo e a vida moral que deve distinguir os eleitos justificados gratuitamente pela graça de Deus" (MATERA, 2001, p. 267).

Nas cartas aos Colossenses e aos Efésios, temos enfatizada a dignidade da eleição, interligando, por isso, o indicativo da salvação e o imperativo moral. Temos, então, as virtudes a serem abraçadas, os vícios a serem evitados. "Os fiéis devem evitar tudo o que é imoral e impuro, devem distinguir-se pela gentileza, compaixão e perdão" (MATERA, 2001, p. 294). Paulo ressalta a centralidade do amor, vínculo da perfeição, e tem interesse pela unidade da Igreja, em cuja comunidade os fiéis vivem a vida moral.

As cartas pastorais (1 e 2 Timóteo e Tito) esboçam uma ética propriamente teológica. Deus salvador "quer que todos os homens sejam salvos e cheguem ao conhecimento da verdade" (1Tm 2,4). O mediador entre Deus salvador e a humanidade é Jesus Cristo. Fundamentalmente, essa salvação faz-se sentir por uma vida moral assumida já na Igreja, sendo esta o ambiente adequado para cultivar uma vida virtuosa. Temos, assim, toda uma lista do que é contrário ao ensinamento sadio (1Tm 1,9-11). Na Carta a Tito, Paulo ressalta que o presbítero deve ser fiel na exposição da Palavra e capaz de ensinar a sã doutrina e refutar os que a contradizem (cf. Tt 1,9; 2,1). A instrução moral faz parte desse ensinamento, sempre em harmonia com o Evangelho. O resultado é a realização de boas obras (cf. 1Tm 2,10; 6,10). Assim, a educação das crianças, a hospitalidade, o auxílio aos aflitos, o uso da riqueza para o bem dos outros (ser ricos em boas obras) e a purificação de todo mal são alguns exemplos daqueles que, treinados na justiça pela Escritura, estão equipados para toda boa obra (2Tm 3,17).

Nas cartas pastorais há uma visão positiva do casamento e da educação dos filhos, como também é positiva a visão da criação. "Para os puros todas as coisas são puras" (Tt 1,15). Importa levar uma vida virtuosa. A Timóteo, Paulo fala da justiça, piedade, fé, amor, perseverança, gentileza e paz (1Tm 6,11; 2Tm 2,22). Aos homens mais idosos pede sobriedade, seriedade, sensatez e que sejam sadios na fé, no amor e na perseverança. As mulheres mais jovens sejam "autodisciplinadas, castas, boas donas de casa, amáveis" (Tt 2,5). Se as virtudes da autodisciplina, piedade, seriedade e justiça eram também valorizadas pelos gregos, destacam-se, nessas cartas, a fé e o amor, pois Paulo quer instruir no "amor, que procede de coração puro, de boa consciência e de fé sincera" (1Tm 1,5).

4 Seguimento e imitação de Cristo

Para a Teologia Moral, o conteúdo desta unidade é essencial. Para a vivência da ética, identificamos várias posturas ou até situações complementares no Novo Testamento, centradas em dois eixos: o seguimento de Cristo e a imitação de Cristo. Os evangelhos sinóticos utilizam os termos "seguir" ou "caminhar no seu seguimento", destacando a ligação histórica fundamental com a pessoa de Jesus. A concepção joanina, bem como a paulina, capta, por sua vez, a ideia de uma caminhada progressiva na descoberta do mistério de Cristo, na qual a imitação torna-se a pedra de toque, mesmo que também tenha presente a ideia de seguimento (WATTIAUX, 1979, p. 187-201).

O seguimento implica uma relação muito estreita com o Mestre. A iniciativa é sempre de Jesus, pois, neste caso, é Ele quem convida. Estar junto dele é partilhar sua vida, como servidor (Lc 22,47), e participar de sua função messiânica (Mc 3,14). Seguir Jesus comporta exigências: renúncia dos bens e de todo desejo de prestígio, e estar disposto a perder a sua vida. Para estar com Jesus, os que o seguirem conhecerão provações (cf. Mc 8,34; Mt 16,24). No entanto, o tema do seguimento de Jesus não esgota as expressões de adesão à sua pessoa. Abre-se aqui o tema da imitação do Cristo, presente no corpo joanino e paulino. No gesto do lavar os pés, Jesus é claro ao pedir que se faça *como* Ele (cf. Jo 13,14b-15; 1Jo 3,16). É nesse amor, que imita o de Jesus, que todos reconhecerão quem são seus discípulos (Jo 13,34b-35). A teologia paulina estabelece, por sua vez, a conexão entre a ética da imitação e a vocação cristã de "ser conformes à imagem do Filho" (Rm 8,9). Paulo, ele mesmo, coloca-se não poucas vezes como o exemplo a ser imitado (cf. 1Cor 4,16). A imitação não significa reproduzir gestos materiais, mas viver o amor e todas as atitudes correspondentes, a exemplo de Cristo.

A proposta ética que urge propor, também em nossos dias, tem na conformidade do amor de Cristo o critério de autenticidade moral. "Este 'como o Cristo' não é um convite ao mimetismo, o que seria continuar fechados entre os muros do mesmo, mas é provocação, sob a criatividade do Espírito, a inventar uma história sempre nova (Jo 16,13) e, no entanto, sempre coerente com a que Cristo viveu" (THÉVENOT, 1992, p. 314). "Cristo é consequentemente o centro e o ponto de referência da moral cristã" (MELINA, 1995, p. 40), o que faz do seu Evangelho a fonte da moral (VIER. *Dei Verbum* 7, 1991, p. 125).

Para encerrar com um ponto de suspensão, num convite a continuar a reflexão, trago de São Paulo o texto que segue:

> Os judeus pedem sinais e os gregos andam em busca de sabedoria; nós, porém, anunciamos Cristo crucificado, que para os judeus é escândalo, para os gentios é lou-

cura, mas para aqueles que são chamados, tanto judeus como gregos, é Cristo, poder de Deus e sabedoria de Deus [...] a fim de que vossa fé não se baseie sobre a sabedoria dos homens, mas sobre o poder de Deus. No entanto, é realmente de sabedoria que falamos [...], a sabedoria de Deus, misteriosa e oculta [...] que a nós Deus revelou pelo Espírito (1Cor 1,23-24.2,5-7.10).

Com estas palavras está claro que existe um fundamento para o edifício da moral e para a vivência da ética em nossos dias. Ele é afirmado com toda clareza e vigor. "Fazendo isso, São Paulo manifesta a condição de toda moral cristã: ela tem seu fundamento único na fé em Jesus Cristo" (PINCKAERS, 1985, p. 124).

PARTE II

FUNDAMENTAÇÃO BÍBLICO-TEOLÓGICA

CAPÍTULO 1
A experiência de fé

Segundo Santo Agostinho, depois retomado por Santo Anselmo, "nós cremos para entender". Isto faz com que a fé seja a substância viva que alimenta a vida das pessoas, das comunidades, da Igreja e da própria sociedade. A fé é a *condição de possibilidade* da vida; ela lhe é o alimento, bem como a substância primeira de todo o saber teológico. A fé é uma realidade que tudo liga, unifica, une. É uma realidade muito rica, desdobrando-se em elementos *cognitivos* (fé que se faz palavra), *afetivos* (fé que se faz experiência) e *ativos* (fé que se torna prática) (BOFF, 1998, p. 197s.). E, para o nosso estudo, podemos afirmar que a fé é a fonte da moral, é inspiradora da ética.

1 Antigo Testamento

A fé é o elemento qualitativo, a substância mesma de toda moral. Desde o Antigo Testamento, ela impregnou o próprio *ethos* bíblico. Desde os patriarcas, a fé em Javé se estabelece como elemento norteador e estruturante, fundada numa promessa divina e num permanente "ser e estar com Deus". A situação de itinerância do povo seminômade, na sua situação de provisoriedade, liga-o profundamente a Deus; Ele garante e promove a sua vida. Ser e estar com Deus representa colocar-se sob a sua força, sob sua dinâmica; Ele é um Deus que liberta o seu povo do Egito e segue com ele pelo deserto até a terra prometida. Nota-se uma coitinerância de Deus e com Deus, o que para o povo implica sempre estar a caminho, seguir adiante, dispor-se a buscar a terra da promessa.

Êxodo, Aliança, Sinai são pontos de referência que lançam raízes profundas no povo, unindo tradições diferentes, como a do "êxodo e a conquista da terra" e a do "Sinai". Todas estão ligadas pela noção de Aliança, cuja fórmula é esta: "Eu vos tomarei como meu povo e serei o vosso Deus" (Ex 6,7). Esta fórmula será retomada em várias circunstâncias e representará a "graça" (do êxodo e da conquista) e o "mandamento" (do Sinai), cuja consequência é reconhecer Javé como o único Deus e realizar a sua vontade. Nisso reside o eixo portador da fé e da moral do povo de Israel (BASTIANEL; DI PINTO, 1983, p. 77-174; GILBERT; L'HOUR; SCHARBERT, 1976).

> A moral de Israel [...] tem a sua fonte em relações nunca antes pensadas entre Deus e o ser humano, para a qual a Aliança é a expressão privilegiada. Essa Aliança define-se inicialmente por Aquele que é seu iniciador e o regulador: Deus. O que é Israel e o que ele deve *fazer* decorre imediatamente do que é Deus para Israel e do que Ele *faz* em favor dele (L'HOUR, 1985, p. 13).

No Antigo Testamento, fica claro que uma pessoa eticamente honesta é aquela que se funda na fé. "Consequentemente, a religião do Antigo Testamento só pode ser uma *religião ética*... Porque Deus libertou o seu povo da escravidão, porque Ele é o seu Deus e o escolheu como seu povo, tendo, por isso, que observar o Decálogo (cf. Ex 20,1-17; Dt 5,6-21). Por essa razão, a moral do Antigo Testamento é baseada na teologia; a ética, na revelação e na fé" (TESTA, 1981, p. 35).

Deus manifesta a sua vontade e constitui-se no único modelo a ser imitado e traduzido nos comportamentos da vida cotidiana (Lv 11,14-45; 19,2). A pessoa de fé sabe que é chamada a "caminhar na presença de Deus" (Gn 17,1), na escuta atenta de sua vontade, traduzida na obediência de suas palavras (cf. Gn 5,24; 6,9; 17,1; Dt 11,22; 24,40; Os 11,10; Mq 6,8; Is 48,17; Sl 81,14; 119,1; 128,1). Isso representa, no Antigo Testamento, a perfeição. Como suporte dessa moralidade, temos três grandes fontes: a *eleição*, a *aliança* e o ser humano criado à *imagem de Deus*.

Pela *eleição*, Deus elege o povo hebreu como seu povo, sendo Ele o seu Deus. Essa eleição faz de Israel um povo particular, sendo uma possessão exclusiva de Deus. Esse fato estabelece entre Deus e Israel uma relação religiosa e moral toda especial. Importa, então, auscultar a voz de Deus e guardar o pacto (cf. Ex 19,5) para que Deus não "visite" o seu povo por causa de suas iniquidades (cf. Am 3,2). Por causa dessa *eleição* amorosa é que Deus liberta o povo do Egito (cf. Dt 4,37) e estabelece a aliança (cf. Dt 7,7s.).

A *aliança* representa um dado essencialmente moral, fundamento do que se deve crer e do que se deve viver. Temos, por isso, os *códigos legais*, estreitamente ligados à Aliança do Sinai. Nessa linha, podemos enumerar o *Decálogo* (cf. Ex 20,1-17; Dt 5,6-22), o *Código da Aliança* (Ex 20,22–23,33), a *Lei de Santidade* (cf. Lv 17–26), o *Código Deuteronomístico* (cf. Dt 12,1–26,19) e o *Código Sacerdotal* (cf. Ex 25–31; 35–40; Lv 1–16; Nm 1–10; 33–36). A *moralidade* pode ser captada com clareza como a resposta do homem à iniciativa de Deus, assim expressa: "Eu sou o Senhor teu Deus, que te libertou do Egito, do antro de escravidão" (Ex 20,2). Como pronta resposta, o povo exclama: "Faremos tudo o que o Senhor nos disse" (Ex 24,3).

A noção do ser humano como *imagem de Deus* torna-se, mesmo que mais tardiamente, também fonte da moralidade no Antigo Testamento. Esse conceito, que emerge da *criação*, carrega em si o convite a reconhecer indistintamente a *imagem de Deus em si mesmo e nos outros* (cf. Gn 1,26-27; 9,6). Isso cria a referência fundamental que aponta para uma *fraternidade universal*, que liga todos os seres humanos e os povos entre si (cf. Mq 4,3-4; Is 2,1-22; 19,24-25).

Dessas três fontes da moral no Antigo Testamento (*eleição, aliança e imagem de Deus*), decorrem alguns pressupostos fundamentais:

Deus exerce um *senhorio* ou *domínio* absoluto sobre o mundo, o ser humano e o povo eleito (cf. Ex 19,5; Dt 10,14; Is 43,1; 66,1-2; Sl 24,1-2). O ser humano reconhece esse fato e exprime-o pelo respeito e pelo temor de Deus (Cf. Gn 20,11; 22,1; 42,18; Ex 1,17-21; Sl 111,10; Pr 1,7.29; 8,13; 9,10; 10,27; Jó 28,28; Eclo 1,14.16).

A *vontade de Deus* torna-se a norma suprema da moral para Israel. Essa vontade é sempre santa e boa (cf. Pr 3,5-8; 16,3; 28,25-26). Ela foi historicamente captada de múltiplas formas, em especial na forma de leis gerais e particulares, consideradas como expressão divina, encabeçadas pelas palavras "Eu sou Javé..."

Israel como comunidade de irmãos, povo de Deus, é o terceiro pressuposto da conduta moral, fundado nas noções da *eleição* e de *aliança*, com repercussões religiosas. Decorre disso que Israel é um povo à parte, que não assume, sem mais, os costumes dos outros povos (cf. Lv 18,3.24-25; 20,33); é um *povo santo*, que não se comporta como os povos profanos (cf. Lv 19,2; 11,44-45;20,7.8.26; 21,6.8.15-23; 22,9); é uma *reunião de irmãos*, ligados estreitamente entre si, respeitando e venerando cada um e o grupo ou povo (cf. 2Sm 13,12; Gn 34,7; Js 7,15; Jz 19,30; 20,6.10; Jr 29,23).

O respeito de cada indivíduo, imagem de Deus, é o quarto pressuposto moral. Máximo deve ser o respeito da vida de cada um (cf. Gn 9,6); máxima será a responsabilidade moral de quem fere ou mata alguém. Caim teve que prestar conta do sangue de seu irmão, ferido e morto por ele (cf. Gn 4,9-12). Davi é castigado pelos seus pecados, em especial pela morte do itita Urias, quando

80

quis casar-se com a sua mulher (cf. 2Sm 12). Resumindo: "Amarás a teu próximo como a ti mesmo" (Lv 19,18).

Podemos concluir, com Jean L'Hour, que "a originalidade da moral de Israel decorre da originalidade mesma de sua fé: Javé e Israel se definem um face ao outro, e a moral em Israel é uma moral da Aliança" (L'HOUR, 1985, p. 7); esta supõe uma ética (fundada nos temas da eleição e da promessa) que repercute na vida do povo e de cada indivíduo, supondo uma resposta da parte destes, um diálogo permanente e a consciência de que a vontade de Deus é uma vontade a ser realizada na história.

2 Novo Testamento

O dado fundamental do Novo Testamento é a fé na *revelação* de Deus em Jesus Cristo, à qual estão ligados os que creem. Em Jesus, a vontade de Deus torna-se manifesta. Sua *missão* vem realizar e completar a revelação da vontade de Deus, levando a salvação ao mundo inteiro. É deste dado que brota toda e qualquer ética ou moral cristã. Além disso, há uma condição para esta ética tornar-se visível; é a existência da *Igreja*. Trata-se de uma ética dirigida concretamente às comunidades dos cristãos, buscando *edificar* a comunidade. A proclamação do Cristo é o fundamento e o *limite* da ética; seu valor reside na salvação trazida/manifestada em Cristo, cujo *limite* é escatológico, até que se realize o Reino de Deus. A ética do Novo Testamento reflete as comunidades cristãs situadas no seu tempo e espaço, em contato muito direto com o judaísmo e o helenismo. "Trata-se de uma moral popular da vida cotidiana, de uma ética social mediana, aquela da época em questão, e não de uma ética refletida e filosoficamente elaborada" (WENDLAND, 1972, p. 13).

Com relação à moral do Antigo Testamento, não convém falar em termos de oposição (L'HOUR, 1985, p. 7). "Poder-se-ia falar de maturação, cumprimento, plenitude" (BASTIANEL; DI PINTO, 1983, p. 138). O Novo Testamento tem raízes claras no Antigo Testamento, levando-nos a falar de uma continuidade. No entanto, há uma nítida *novidade*; agora, a intervenção de Deus aponta para um "nascimento do alto", para uma real pertença ao Reino de Deus (cf. Jo 3,3-8), cujo elemento *novo* é a aliança, agora definitiva, em Jesus Cristo.

O objeto central do querigma apostólico (At 2,14-41; 3,12-26; 4,8-12; 5,29-32; 10,34-43; 13,16-41; 17,22-31) é anunciar a plenitude dos tempos na ação salvífica realizada por Deus na morte e ressurreição do Cristo e a efusão do Espírito. O livro dos Atos dos Apóstolos oferece o testemunho dos primeiros desdobramentos dessa proclamação do tempo do cumprimento (realização), que é também um tempo de ruptura (WATTIAUX, 1979, p. 121; LOHSE, 1987, p. 17-21).

O *ethos* bíblico renasce como fruto resultante do encontro com Cristo. Nele é novamente interpretado e unificado todo o sentido profundo de uma experiência histórica, humana e guiada por Deus desde os inícios: tem início uma nova história da responsabilidade humana, desdobrada entre o já e o ainda não, porém enraizada na presença do Senhor, no "sim" definitivo de Deus (BASTIANEL; DI PINTO, 1983, p. 138).

Descortinam-se três momentos alimentadores da moral do Novo Testamento. Primeiramente, temos a pregação mesma de Jesus, na qual encontramos, segundo os Evangelhos sinóticos, os elementos essenciais e gerais de uma ética cristã. Em segundo lugar, encontramos todo o esforço de explicitação em múltiplas regras de conduta, buscando responder às questões que surgiam nas primeiras comunidades cristãs, como acontece em São Paulo e Lucas. Em terceiro lugar, nos deparamos com a tradição joanina, que propõe uma síntese teológico-cristológica da ética, buscando concretizar elementos fundamentais.

Todos esses elementos recebem real vitalidade e expressividade quando vinculados à *confissão de fé* e o correspondente *comportamento humano responsável*. Isso implica ter em conta a estreita relação entre fé e ética ou moral. Sabemos que o Novo Testamento tem apresentado como indispensável a relação *fé-obras*, o que vem em paralelo à questão *verdade-amor*, *crer-amar*. Além disso, verifica-se que o ato de crer funda-se numa "estrutura antropológica" (FLECHA ANDRÉS, 1999, p. 117), assentado em elementos como confiança, atenção, dedicação, entrega, assentimento, colaboração, com uma direta repercussão no comportamento ético.

No Novo Testamento encontramos textos que se revelam fundamentais para estabelecer as implicações entre a fé e o compromisso prático dos que creem. Vamos ver os principais:

• *Mc 1,15: "Completaram-se os tempos, está próximo o Reino de Deus, convertei-vos e crede no Evangelho"*. Vemos como o chamamento de Jesus implica a fé; ela abre espaço para a confiança, o conhecimento, a decisão, a conversão, a obediência. A exortação de "crer no Evangelho" está clara, bem como a sua decorrência prática, aplicada diretamente à vida. Portanto, nada de abstrações!

• *Fl 3,3: "Os circuncidados somos nós que servimos no Espírito de Deus e nos gloriamos em Cristo Jesus"*. Esta perícope está na linha de toda uma tradição paulina, segundo a qual a novidade da vida do cristão está determinada pela fé em Jesus Cristo. A oferta da salvação e o comportamento que isso requer estão caracterizados por termos-chave, tais como "justificação", "vida em Cristo", "vida ressuscitada" e outros, a partir dos quais é incompreensível separar a fé do comportamento diário, dos que são chamados a servir a Deus mediante o Espírito.

• *Jo 6,29: "A obra de Deus é que acrediteis naquele que Ele enviou"*. Disso decore, em São João, a aceitação da pessoa de

Jesus, como o Messias, constituindo-se numa graça de Deus. Ao mesmo tempo, esta fé vem explicitada numa vivência moral, querida e projetada por Deus, o que está na origem de comportamentos muito concretos: os que creem devem permanecer na Palavra de Jesus (cf. Jo 8,31), nele (cf. Jo 15,4-7), em seu amor (cf. Jo 15,9), devem guardar os seus preceitos (cf. Jo 15,10), amá-lo (cf. Jo 14,15-21); caso contrário, o ramo secará e será desligado da vida (cf. Jo 15,6). Nas cartas de São João é sublinhada a relação entre a fé e o amor (1Jo 3,14; 4,16; 3Jo 5). No Apocalipse, o ato de fé, segundo a mais genuína tradição semita, implica uma postura de fidelidade (Ap 2,2-9). A fé precisa, sim, traduzir-se em obras concretas. Ela necessita ser provada (Tg 1,3; cf. 1Pd 1,7). Combate-se todo comportamento contrário à fé professada (cf. 1Pd 1,6-8). "Parece que todos os testemunhos das tradições cristãs primitivas trataram de inserir o campo da práxis no foco de projeção da fé que orienta à conversão [...]. Tanto a Teologia como a Cristologia haveriam de desembocar necessariamente numa praxeologia, ou seja, numa orientação ética e numa reflexão sobre a mesma" (FLECHA ANDRÉS, 1999, p. 119).

3 O "teologal": quando a fé ilumina a realidade e se torna prática

Sem dúvida, a escuta da fé é o primeiro momento do ato teológico. Segue-se o momento da explicitação do conteúdo interno da fé, com um caráter especulativo/teórico. Estes devem desembocar necessariamente no momento prático, da aplicação da fé à vida concreta. Nós vamos nos ocupar aqui deste terceiro momento, que busca *atualizar a fé* na vida. É, na verdade, o encontro da fé e da moral, cuja dicotomia (separação) deve ser superada sempre.

O Papa João Paulo II, na Encíclica *Veritatis Splendor*, faz um chamado todo especial em favor deste terceiro momento da fé. Diz-nos ele:

> Urge recuperar e repropor o verdadeiro rosto da fé cristã, que não é simplesmente um conjunto de proposições a serem acolhidas e ratificadas com a mente. Trata-se, antes, de um conhecimento existencial de Cristo, uma memória viva dos seus mandamentos, uma *verdade a ser vivida*. Aliás, uma palavra só é verdadeiramente acolhida quando se traduz em atos, quando é posta em prática (JOÃO PAULO II, 1993, n. 88, p. 113-114).

> A fé possui [...] um conteúdo moral: dá origem e exige um compromisso coerente de vida [...]. Através da vida moral a fé torna-se "confissão" não só perante Deus, mas também diante dos homens: faz-se *testemunho* (JOÃO PAULO II, 1993, n. 89. p. 114).

Ao mesmo tempo em que a fé se traduz em prática, ela leva o cristão a perscrutar todas as coisas e os acontecimentos, contemplando-os à luz de Deus. Nada escapa dessa ausculta. Essa experiência de fé abre os ouvidos para a escuta atenta das interpelações de Deus na nossa história. Igualmente, o cristão torna-se capaz de captar o sentido *teologal* presente nos acontecimentos e nas mais diversas realidades de sua vida. "Isso significa saber captar a densidade da *graça* ou do *pecado* que tais realidades ou acontecimentos possam conter" (AGOSTINI, 2002a, p. 204).

A fé, que deve se traduzir na prática, precisa do confronto com a realidade, já preconizada pelo Concílio Vaticano II com as seguintes palavras:

> Para desempenhar a sua missão, a Igreja, a todo momento, tem o dever de perscrutar os sinais dos tempos e interpretá-los à luz do Evangelho [...]. É necessário, por conseguinte, conhecer e entender o mundo no qual vivermos, suas esperanças, suas aspirações e sua índole frequentemente dramática [...] (VIER. *Gaudium et Spes* 4, 1991, p. 145).

Movido pela fé, conduzido pelo Espírito do Senhor que enche o *orbe* da terra, o Povo de Deus esforça-se por discernir nos acontecimentos, nas exigências e nas aspirações de nossos tempos, em que participa com os outros homens, quais são os sinais verdadeiros da presença ou dos desígnios de Deus. A fé, com efeito, esclarece todas as coisas com luz nova. Manifesta o plano divino sobre a vocação integral do homem. E, por isso, orienta a mente para soluções plenamente humanas (VIER. *Gaudium et Spes* 11, 1991, p. 153).

Compete a todo Povo de Deus, principalmente aos pastores e teólogos, com o auxílio do Espírito Santo, auscultar, discernir e interpretar as várias linguagens do nosso tempo, e julgá-las à luz da Palavra divina, para que a Verdade revelada possa ser percebida sempre mais profundamente, melhor entendida e proposta de modo mais adequado (VIER. *Gaudium et Spes* 44, 1991, p. 192).

A *atualização* da fé numa prática consequente requer a análise da realidade concreta e a apreciação ético-teológica da mesma. Igualmente, não pode deixar de captar, apreciar e avaliar as representações culturais nela existentes (filosofias, ideologias, religiões). Porém, em meio a tudo isso, não poderá jamais perder de vista a sua lógica própria, ou seja, a *lógica do agir*. "A fé 'dá o que pensar', mas também 'dá o que fazer'. As verdades reveladas são para serem conhecidas, sim; mas para serem finalmente vividas" (BOFF, 1998, p. 401).

4 Chances e ameaças à vida em nossos dias

Movidos e iluminados pela fé em Jesus Cristo, "luz verdadeira que a todo o homem ilumina" (Jo 1,9), somos chamados a nos tornar "luz no Senhor" e "filhos da luz", buscando trilhar os caminhos da verdade (cf. 1Pd 1,22). Isso nos faz mergulhar nas profundezas do coração humano, identificando nele uma sede de plenitude de vida e uma intensa busca da verdade. Em todas as áreas e setores, lança-se o ser humano numa incansável busca do *sentido da vida*. Essa busca pode se dar através das pesquisas as mais diversas, do progresso da ciência e da técnica, da tentativa de responder às questões últimas da vida (JOÃO PAULO II, 1993, n. 1, p. 8). Concorre para isso o belo testemunho da capacidade e das habilidades desenvolvidas pela inteligência, bem como a perspicácia do juízo crítico e prudente da consciência ético-moral.

A Igreja, "Povo de Deus no meio das nações", sente-se chamada a estar "atenta aos novos desafios da história e aos esforços que os homens realizam na procura do sentido da vida [...], Igreja que, 'perita em humanidade', põe-se a serviço de cada homem e do mundo inteiro. A Igreja sabe que a instância moral atinge em profundidade cada homem, compromete a todos, inclusive aqueles que não conhecem Cristo e o seu Evangelho, ou nem mesmo Deus. Ela sabe que precisamente *sobre o caminho da vida moral se abre para todos a via da salvação*" (JOÃO PAULO II, 1993, n. 2 e 3, p. 9 e 10)[7].

No entanto, a fé e a vida moral são vividas em meio às contradições que brotam da ambivalência do ser humano, como muito bem captou o próprio Concílio Vaticano II; este se expressou com as seguintes palavras:

> O gênero humano nunca dispôs de tantas riquezas, possibilidades e poder econômico. No entanto, ainda uma parte considerável dos habitantes da Terra padece de fome e miséria, e inúmeros são analfabetos. Os homens nunca tiveram um sentido de liberdade tão agudo como hoje, mas ao mesmo tempo aparecem novas formas de escravidão social e psíquica. Enquanto o mundo percebe tão vivamente sua unidade e mútua dependência de todos numa necessária solidariedade,

---

7. Ao falar do "caminho da vida moral", o papa recorda a Constituição Dogmática *Lumen Gentium*, n. 15 do Concílio Vaticano II (VIER, 1991, p. 57).

ei-lo, contudo, gravemente dividido em partidos opostos por forças que lutam entre si [...]. Enfim, procura-se com afã uma organização temporal mais perfeita, sem que o crescimento espiritual progrida ao mesmo tempo (VIER. *Gaudium et Spes* 4, 1991, n. 146).

A partir da fé sabemos captar os sinais da graça em toda a sua densidade, apesar da ambivalência característica do ser humano. É notória, em nossos dias, a tomada de consciência em muitos homens e mulheres da dignidade própria e de cada ser humano. Esta costuma vir aliada à preocupação crescente com o *respeito dos direitos humanos*. Além disso, cresce a convicção da *interdependência* e da necessidade de uma *solidariedade* entre todos os seres humanos, a partir da consciência de um *destino comum* a ser construído conjuntamente, na busca do *bem* e da *felicidade,* como frutos do esforço e da aplicação de todos. Cresce o *respeito pela vida*, a *preocupação pela paz*, a *busca da justiça* e a necessária *distribuição equitativa* dos bens e de todos os frutos do desenvolvimento alcançado. Registramos, igualmente, uma crescente consciência dos limites dos recursos naturais disponíveis e o urgente e necessário respeito da integridade e dos ritmos da natureza; cresce, com isso, a *preocupação ecológica.* Igualmente positivo é todo o empenho pela paz e em favor de uma qualidade de vida "digna desse nome" (JOÃO PAULO II, 1998b, n. 26, p. 42-45). Igualmente, sabemos que, diante dos notáveis progressos da humanidade, a Terra pode nutrir os seus habitantes (PONTIFÍCIO CONSELHO "COR UNUM", 1997, n. 19s., p. 35s.).

No entanto, pairam constantes ameaças à vida. Como pessoas de fé, sentimo-nos convidados a uma solicitude em favor da vida, de maneira especial a vida de cada ser humano, haja vista o seu valor incomparável, sem descuidar do cuidado de toda a criação. O Concílio Vaticano II, com palavras claras e contundentes, já tinha denunciado os múltiplos crimes e atentados contra a vida humana, deplorando:

Tudo quanto se opõe à vida, como seja, toda a espécie de homicídio, genocídio, aborto, eutanásia e suicídio voluntário; tudo o que viola a integridade da pessoa humana, como as mutilações, os tormentos corporais e mentais e as tentativas para violentar as próprias consciências; tudo quanto ofende a dignidade da pessoa humana, como as condições de vida infra-humanas, as prisões arbitrárias, as deportações, a escravidão, a prostituição, o comércio de mulheres e jovens; e também as condições degradantes de trabalho, em que os operários são tratados como meros instrumentos de lucro, e não como pessoas livres e responsáveis. Todas estas coisas e outras semelhantes são infamantes; ao mesmo tempo em que corrompem a civilização humana, desonram mais aqueles que assim procedem, do que os que padecem injustamente; e ofendem gravemente a honra devida ao Criador (VIER. *Gaudium et Spes* 27, 1991, p. 171; JOÃO PAULO II, 1995b, n. 3, p. 6).

Na Carta encíclica *Evangelium Vitae*, João Paulo II acrescenta que esse panorama inquietante está se dilatando à medida que se utiliza o progresso científico e tecnológico para produzir "outras formas de atentados à dignidade do ser humano", num contexto cultural preocupante, assim descrito:

Amplos setores da opinião pública justificam alguns crimes contra a vida em nome dos direitos da liberdade individual, e sobre tal pressuposto pretendem não só a sua impunidade, mas ainda a própria autorização da parte do Estado para os praticar com absoluta liberdade e, mais, com a colaboração gratuita dos serviços de saúde (JOÃO PAULO II, 1995b, n. 4, p. 7).

O ser humano é tremendamente cruel contra si mesmo. É capaz de organizar a morte, buscá-la até sob pretexto de religião e de estabelecer, em torno dela, um comércio lucrativo. Basta ver as altas somas de dinheiro que são gastas em armamentos e em drogas. Movimentam somas vultosas. Para quê? Para matar seres humanos, para torná-los dependentes ou para sufocá-los.

Nenhuma espécie animal é tão má (ou perversa) contra seus semelhantes [como a dos humanos]. Isto porque nenhuma tem no coração este ódio, esta cobiça, este orgulho, esta sede de poder, esta inveja, este espírito de vingança que levam certos humanos à agressão e forçando outros a se defenderem [...] ou a perderem a vida (REY-MERMET, 1985, p. 263).

Entendemos, então, as palavras de João Paulo II na *Evangelium Vitae*:

Em profunda comunhão com cada irmão e irmã na fé e animado por sincera amizade para com todos, quero *mediar e anunciar o Evangelho da vida*, clara luz que ilumina as consciências, esplendor de verdade que cura o olhar ofuscado, fonte inexaurível de constância e coragem para enfrentar os desafios sempre novos que encontramos no nosso caminho (JOÃO PAULO II, 1995b, n. 6, p. 9).

5 As diversas faces da Modernidade

Vivemos hoje num contexto sócio-político-cultural, fruto da emergência e da crise da Modernidade, que precisa ser apreciado ético-teologicamente. A emergência do mundo técnico-científico, com a multiplicidade das ciências, direciona os esforços humanos para a produção e o consumo. O indivíduo moderno, buscando sua emancipação face a toda heteronomia (tradições, religiões, autoridades, forças da natureza...), busca ser ele mesmo a medida do que traça como sentido, certeza e verdade, numa *revolução do indivíduo consciente*.

Grandes são as conquistas da Modernidade, sobretudo ao lançar as bases da ordem democrática, bem como ao proclamar os direitos humanos e os valores daí decorrentes. Além disso, com o advento da razão, o ser humano busca conhecer e transformar a natureza e a sociedade, extraindo delas grandes benefícios para si.

As ciências lhe dão o saber de que necessita e as técnicas lhe oferecem os instrumentos, fixando a partir daí as bases de legitimação e validade de tudo o que passou a compor a sua vida. A utilidade e a eficiência transformam-se logo em critérios por excelência.

Hoje existe um consenso praticamente unânime sobre o seguinte fato: o que constitui o núcleo mais determinante e talvez o dinamismo mais irreversível do processo moderno é a progressiva *autonomia* alcançada por distintos estratos ou âmbitos da realidade[8]. [...] Tudo isso aparece, ademais, solidário com uma segunda característica fundamental: a realidade não só se mostra dotada de uma legalidade intrínseca, que garante sua autonomia, como aparece como radicalmente *histórica e evolutiva*. Se algo marca o fundo radical da consciência contemporânea, é a descoberta do caráter evolutivo de todo o real (QUEIRUGA, 2003, p. 20-21).

Por outro lado, não convém nos entregar a uma posição acrítica frente à Modernidade, nem caberia renunciar à fé perante o espírito moderno. Precisamos, sim, olhar de frente o processo vivido, que é complexo e não monolítico. São muitos os elementos que nele intervêm. Nem tudo o que nele se passou ou ainda se passa é verdadeiro ou aceitável (QUEIRUGA, 2003, p. 21-22). Por isso, passamos a analisar, a seguir, o outro lado desse processo, sem que isso signifique, por sua vez, que tudo se paute dessa forma. São tendências perceptíveis, num contexto pluriforme.

Podemos, então, afirmar que na Modernidade o ser humano, que se quer autônomo, não demora em se sentir mergulhado num desequilíbrio do que lhe é vital. A razão desliza na pretensão de tudo dizer e definir a partir de campos relativos a esta ou àquela ciência, fragmentando a realidade e atendendo apenas parcialmente às necessidades do ser humano. A produção, já delimitada pelo

---

8. Esta *autonomia* foi alcançada e assegurada graças aos avanços da *física*, da nova estruturação *social, econômica e política*, dos aportes da *psicologia*, da autonomia da *moral*. Esta é a percepção de Queiruga (2003, p. 20-21).

que é útil e eficaz, passa a se nortear pela busca da lucratividade sem limites, num acúmulo de bens capitalizados, com a consequente depredação da natureza e submissão do ser humano, quando não simplesmente a exclusão deste. Confundem-se valores, prioridades e necessidades vitais, num desequilíbrio grave, cujo preço social atinge rapidamente grandes e escandalosas proporções.

O "indivíduo" moderno, dentro desse emaranhado, é frágil, vulnerável, com dificuldade de fazer escolhas, de decidir-se, de assumir engajamentos e relações duradouras dentro de um universo que lhe surge como múltiplo e fragmentado. Então, entrega-se facilmente ao consumismo, buscando saciar-se para, assim, preencher muitos dos vazios oriundos deste contexto. Vive por imitação, numa atitude mimética ante a publicidade. Fica à mercê das "ondas" do momento, induzido, sobretudo, pelos meios de comunicação social.

O sonho de "liberdade", fundado na "razão" moderna, segundo o qual o indivíduo seria enfim autônomo, livre, sujeito, detentor de direitos, esbarrou numa realidade muito dura. Na verdade, esse indivíduo vê-se hoje desprovido do tão falado sonho moderno, pois o mundo da razão, sobretudo na versão técnico-científica, não está preenchendo o mundo da vida. O impacto do processo de modernização abalou fortemente as instâncias organizativas/institucionais da vida social, transformou o seu modo de ser, relegou valores seculares a uma segunda instância, traçou novas prioridades, fragmentou o universo unitário do passado, levou ao descrédito os sistemas globais de sentido (ideologias, cosmovisões e religiões tradicionais).

> Falta, portanto, ao indivíduo moderno um mapa de valores que o guie através da vida e que lhe permita estruturar sua personalidade. A ausência de uma adesão a uma fonte global de sentido deixa-o frágil, oco, sem convicções, levando-o a buscar em tudo sua própria satisfação; com isso, as balizas éticas são tornadas

inócuas; observa-se apenas a lei de levar vantagem em tudo e tende-se a reconhecer certa legitimidade social ao hedonismo reinante. Bem podemos imaginar os efeitos desastrosos de uma tal mentalidade para os bens públicos nesses países, onde poucos detêm o poder e as riquezas. A impunidade generalizada não passa de uma consequência natural (FRANÇA MIRANDA, 1992, p. 14).

Diante desse indivíduo tão fragilizado, a sociedade ou grupos da sociedade vão impondo o seu poder. É um fato, em nossos dias, que "o homem moderno está constantemente ameaçado pelo poder absoluto da sociedade" (TOURAINE, 1994, p. 228) e, sobretudo, pelo poder das forças que a controlam. Essa sociedade nos joga numa "estrutura social configurada [...], que tende a colonizar todos os âmbitos sociais e humanos" (MARDONES, 1988, p. 32). A manipulação é tentação constante, senão realidade largamente constatada, quando "de maneira consciente e dirigida, ainda que oculta, busca-se influenciar o homem no campo da interação social, consolidando estilos de comportamentos sociais com a intenção de atingir objetivos predeterminados" (ROMBACH, 1974, p. 43).

As consequências desse cenário podem ser as mais diversas. Com frequência, essa situação coloca em crise a própria fé, deixa na penumbra o amor, não sendo acompanhados por uma prática consequente. Buscando traçar as razões da ética em nossos dias, Joseph Ratzinger assim se expressa:

> A crise da fé, que de maneira crescente aflige os cristãos, surge sempre mais claramente também como uma crise na consciência dos valores fundamentais da vida humana. De um lado, essa vem alimentada pela crise moral da humanidade; de outro lado, nela repercute tornando-a mais aguda [...]. O real valor da confissão [de fé] é colocado em dúvida, não possuindo a força de tornar vivo o princípio do Evangelho, o amor. Um problema prático torna-se a pedra de toque para

o conteúdo real da doutrina, uma verdadeira e própria prova da especificidade cristã: onde falta a "ortopráxis" de maneira tão evidente, a "ortodoxia" mostra-se problemática (RATZINGER, 1996, p. 37).

João Paulo II apresenta o perigo de separar liberdade e verdade, fé e moral, vivendo "como se Deus não existisse" (JOÃO PAULO II, 1993, n. 88, p. 113), debilitando a fé como originalidade própria e critério operativo para a vida pessoal, familiar e social.

Urge, então, que os cristãos redescubram a *novidade da sua fé e a sua força de discernimento* face à cultura dominante e insinuativa: "Se outrora éreis trevas – admoesta o Apóstolo Paulo –, agora sois luz no Senhor. Comportai-vos como filhos da luz, porque o fruto da luz consiste na bondade, na justiça e na verdade. Procurai o que é agradável ao Senhor, e não participeis das obras infrutuosas das trevas; pelo contrário, condenai-as abertamente [...]. Cuidai, pois, irmãos, em andar com prudência... (Ef 5,8-11.15-16; cf. 1Ts 5,4-8)" (JOÃO PAULO II, 1993, n. 88, p. 113).

Capítulo 2
O convite de Deus

Segundo a Moral Renovada, impulsionada pelo Concílio Vaticano II, *Deus é aquele que convida*, e não o que obriga. Já no Antigo Testamento soa forte o convite de Deus à Vida. O ser humano, criado à sua imagem e semelhança, é seu colaborador primeiro no cuidado da Vida. Está incluída toda a criação, da qual Deus é fonte de vida. Um grande SIM de Deus à VIDA perpassa as páginas bíblicas, como experiência do "povo eleito", que toma progressivamente consciência desse chamado, entre acertos e desacertos.

1 Povo da Aliança

O lastro ético do *crer* e do *agir* está no fundamento da Revelação de Deus, como o Deus de Abraão, de Isaac e de Jacó, no Antigo Testamento. A ordem *ética* aparece unida à ordem *teologal*. Como se explica isso? Desde Abraão, a fé se exprime como aquilo que é capaz de colocar em movimento – a caminho –, ele, o patriarca, e toda a sua descendência. Abraão acolhe a "eleição" de Deus, sendo chamado a viver com Deus uma "aliança" (BEN-CHORIN, 1999). Aí está o alicerce do "povo da Aliança". Essa Aliança exprime-se como *ruptura* e como *prontidão* de colocar-se *a caminho* diante de uma *promessa*. Por causa da *promessa*, Abraão deixou a sua terra, Israel saiu do Egito e o povo nômade no deserto deixou-se guiar por Deus.

Na eleição de Abraão, e em todas as que se seguiram, tem-se em vista a eleição futura de Israel como povo da Aliança, e esta é intimamente ligada a uma ruptura libertadora. Como Abraão deixou a sua terra fundado numa promessa, Israel saiu do Egito para descobrir o chamado em outro lugar. No deserto, o "povo nômade" aprendeu que não estava voltado para si mesmo, mas para um Outro. Simbolicamente, o espaço do deserto [...] é onde Deus, num certo modo, quer anunciar-se (LÉCRIVAIN, 1997, p. 434).

Este anunciar-se de Deus faz-se claro junto ao Sinai (cf. Ex 20,1-17; Dt 1,21). Deus se apresenta: "Eu sou o Senhor teu Deus, que te libertou do Egito, do antro de escravidão" (Ex 20,2). Se assim agiu Deus, cabe agora ao povo liberto *viver* consequentemente; é o que o texto de Êxodo afirma com toda clareza (cf. Ex 20,3ss.). Ou seja, o fato de ter sido liberto da escravidão funda o *momento ético*. É Javé que interpela. A "eleição" da parte de Deus coloca o povo escolhido numa relação toda particular com Ele, tornando-o *testemunha*, cabendo-lhe uma *responsabilidade*.

Três elementos se entrelaçam enquanto "povo eleito". *Ouvir* a voz do Senhor; colocar em *prática* os seus mandamentos; a *bênção* do povo, se assim proceder. Caso contrário, este atrai sobre si a maldição (cf. Dt 28,1-2.15). Não se trata de interpretar esses três momentos como parte de um comércio que garanta a "retribuição" de Deus. Trata-se, antes de tudo, de sentir-se movido pela promessa de Deus e responder afirmativamente, numa relação de fidelidade e confiança.

Existe, como ponto de partida, a iniciativa gratuita de Deus. Ele agracia os seres humanos com um dom, não para deixá-los passivos, mas para ajudá-los a se tornarem *autônomos* e *responsáveis*. "Assim, a Aliança apresenta-se, ao mesmo tempo, como um evento fundador e como uma estrutura duradoura no relacionamento de Israel com o Único" (LÉCRIVAIN, 1997, p. 435).

Deste Deus único e verdadeiro, ressoa forte o convite ao Povo da Aliança: "Escolhe a vida para que vivas com tua descendência. Pois isso significa vida para ti e tua permanência estável sobre a terra..." (Dt 30,19b.20b). Mais adiante retomaremos este convite de Deus. Vamos, agora, analisar mais detalhadamente o conceito de vida no Antigo Testamento, captando em que bases ele se edifica e em que direções ele se explicita.

2 Conceito de "vida" no Antigo Testamento

No Antigo Testamento, o conceito de vida é todo próprio. Ele aparece distribuído em vários ramos semânticos, como veremos logo abaixo. Essa ramificação de sentidos revela que não existe na língua hebraica um termo coletivo que unifique todas as formas de vida, colocando-as sob um princípio unitário (SCHOCKENHOFF, 1997, p. 109-120; AZPITARTE, 1990, p. 11-47). Esse fato pode gerar certa confusão se não captarmos o elemento que lhe é fundante, ou seja, a ação de Deus em toda a criação.

Antes de qualquer conceito antropológico, encontramos o conceito teológico, apontando para a profissão de fé em Javé, o Deus que vive. O homem bíblico sabe que ele não pode tudo, que é impotente e mesmo caduco. Só Deus é o vivente (cf. Dt 5,23; 2Rs 19,4; Sl 42,3), eternamente vivente (cf. Dt 32,40; Is 3,10; Dn 12,7; Eclo 18,1). Porém, este Deus chama as criaturas para participarem da abundância da vida, da qual Ele é a fonte (Sl 36,10; Jr 2,13; 17,13). Toda a criação deve a sua vida a essa "fonte da vida", que é Deus. Portanto, é Deus que "faz viver"; é Ele que "mantém" tudo "em vida". Isso representa proclamar a soberania de Javé, na qual Israel se reconhece povo eleito, povo particular de Deus.

A compreensão de Deus como fonte e doador de vida ao seu "povo", no sentido coletivo, vai se transformando progressivamente para uma compreensão de Deus como fonte e doador de vida ao ser humano "individual". Trata-se de uma transformação pós-exílica, própria do povo disperso, porém se sentindo, mesmo individualmente, diante de Deus, invocado como soberano do povo e doador da vida de cada indivíduo (cf. Jr 38,16).

Os vários sentidos da vida no Antigo Testamento abarcam em especial o ser humano, estendendo-se aos animais e, com menos ocorrências, às plantas. Destacamos aqui as ocorrências do sentido da vida enquanto aponta para o *ser humano vivente* (SCHOCKENHOFF, 1997, p. 111-120). A partir dele são contemplados os demais seres da criação.

a) Ser humano vivente: um ser que se relaciona com Deus

Criado do barro, Deus transmite a este ser humano o seu hálito de vida, fazendo-o um ser vivente, voltado para Ele, intimamente ligado e dependente da sua força criadora. Origem da vida humana, Deus lhe dá sempre o sustento. O ser humano tem uma vida passageira, que depende da proximidade viva de Deus para manter-se vivo; ele é pó da terra, e Deus é sopro vital. Inaugura-se entre ambos um diálogo dispensador de vida. E Deus disse: "Façamos o homem à nossa imagem e segundo nossa semelhança" (Gn 1,26). A ação de Deus constitui o elemento fundante do ser humano. Nessa relação, funda-se um evento grande e de especial densidade entre Deus e o ser humano, que explica a própria origem criadora e sustentadora da vida humana.

b) O ser humano vivente: um ser responsável

Dentre todos os seres da criação, cabe ao ser humano o cuidado do universo criado. "O homem emerge como o plenipotenciário de Deus" (SCHOCKENHOFF, 1997, p. 113). Isso supõe uma relação muito estreita com os animais, chamados a uma vizinhança pacífica. No entanto, o ser humano não está no mesmo nível; ele é chamado a "submeter a terra", a "dominá-la" (cf. Gn 1,28). Com esses termos, quer-se, antes de tudo, apontar para a incumbência de utilizar a terra para a criação de animais e para a construção de cidades. Igualmente, aponta-se para a permissão de cultivar os campos, sem deixar de prover a alimentação dos animais, garantindo-lhes o espaço vital. O sentido etimológico de "submeter" e "dominar", de Gn 1,28, nos remete às raízes *kabaš* e *radah*, que aludem, antes de tudo, ao governo e cuidado do pastor, recuperando o sentido de *andar com o rebanho* e de *guiar*. O ser humano é, assim, dotado de uma responsabilidade, chamado a exercê-la numa relação positiva entre ele e a criação, entre ele e os animais. Deus confia ao ser humano essa responsabilidade.

c) O ser humano vivente: um ser pessoal

Enquanto ser *pessoal*, destaca-se no ser humano a capacidade relacional, já presente no apelo criador de Deus (um ser voltado para Ele), bem como na responsabilidade do cuidado da criação. Apesar do grande número de animais, o homem sente falta de um verdadeiro interlocutor que lhe seja correspondente (cf. Gn 2,20). Só uma criatura humana pode ser o "parceiro" adequado de outra criatura humana, estabelecendo para isso a densidade da relação pessoal masculino-feminino. Estabelece-se aí a mútua ajuda entre o homem e a mulher, que não se reduz à complementaridade genital, mas abre-se ao cultivo da humanidade comum, numa compreensão mútua e totalizante do existir humano, sem subordinação do feminino ao masculino. O fato de a mulher ter sido criada da costela do homem apenas sinaliza para a recíproca dependência, numa grande proximidade. "O Senhor Deus disse: Não é bom que o homem esteja só. Vou lhe dar uma auxiliar que lhe corresponda" (Gn 2,18). Vemos como o ser humano contém em si mesmo a qualidade dialógica e relacional; só pode existir nessa relação, enquanto interlocutor permanente.

d) O ser humano vivente: um ser complexo; porém, uno

"Deus criou o homem à sua imagem, à imagem de Deus o criou, homem e mulher os criou" (cf. Gn 1,27). "O Senhor Deus formou o homem do pó da terra, soprou-lhe nas narinas o sopro da vida, e o homem se tornou ser vivo" (Gn 2,7). O ser humano "imagem" de Deus "sublinha sobretudo a *unidade* psicossomática da vida humana. Diversamente do pensamento grego, que destaca o contraste entre o corpo e o espírito, considerando-os dois polos contrapostos da existência humana, os conceitos antropológicos fundamentais da linguagem bíblica não indicam para a existência de estratos sobrepostos no ser humano ou partes constitutivas essenciais das quais ele seria constituído. Enquanto o ser humano vem indicado como "alma", "espírito", "carne" ou "coração", fala-se sempre, de um ponto de vista distinto, de toda a sua existência. Tais termos e conceitos não vêm quase nunca contrapostos entre eles, mas vêm colocados frequentemente em paralelo, uma vez que se busca simplesmente falar de todo o ser humano na unidade concreta da sua existência" (cf. Sl 63,2; 84,3) (SCHOCKENHOFF, 1997, p. 114-115).

3 O relacionamento entre o ser humano e Deus

Na verdade, trata-se aqui de captar o lugar do ser humano no relacionamento com Deus. É claro que esse relacionamento supõe um ser humano responsável, enquanto ser pessoal-relacional, interagindo com todo o seu ser. Tendo por base a impostação acima descrita, desponta o nível ético. As coordenadas para essa abordagem estão presentes no Antigo Testamento, tendo sido elaboradas literariamente a partir do período dos Reis, quando foram escritos os textos historiográficos, bem como os salmos, a literatura sapiencial e o anúncio dos profetas (BASTIANEL; DI PINTO, 1983, p. 77-174). Estabeleceram-se, então, as principais instituições antropológicas que sustentaram o relacionamento com Deus.

Um primeiro aspecto, bem presente, aponta para o ser humano como unindo em si "misérias" e "grandezas". Ao mesmo tempo em que se sente uma criatura pobre, ele é dotado de uma dignidade sem igual no todo da criação. Isso foi captado a partir da experiência do Deus vivente, face ao qual o ser humano é pó, transitório e mortal (cf. Gn 2,7; 3,19; Jó 10,9; 33,6); ele é "carne" (*bāśār*), enquanto Deus é "espírito" (*rûah*). Na verdade, "com essa dupla semântica, designa-se o contraste entre indigência e plenitude da existência, fraqueza e força transcendente" (cf. Is 31,3; Jr 17,5) (BASTIANEL; DI PINTO, 1983, p. 109; TESTA, 1981, p. 35-43).

Mesmo vivendo esse contraste, o "sopro" de Deus acompanha o ser humano, fazendo-o fecundo, apontando, assim, para a grandeza da qual é dotado. Isso toca o ser humano no seu todo, considerando-o como uma unidade. Com os termos *alma*, *carne*, *espírito* e *coração* não se está pensando numa parte do humano, mas "designa-se o homem total, visto a partir de um certo perfil, numa incessante alternância entre o aspecto de grandeza e a dimensão de criaturalidade efêmera" (BASTIANEL; DI PINTO, 1983, p. 109).

O traço de especial importância é que o ser humano foi criado, no seu todo, como "ser vivente" (Gn 2,7), tendo da parte de Deus uma atenção particular. Deus se lembra do ser humano, ocupa-se dele, abençoa-o com uma vida fecunda, de longa duração (longevidade), podendo usufruir do bom resultado dos seus projetos e próprias iniciativas. Esse conjunto de elementos leva o ser humano a louvar a Deus, sendo esta a máxima expressão do ser vivo, que se sente abençoado, não para garantir uma recompensa, mas "por Deus Ele mesmo". Depreende-se disto que o Antigo Testamento remete para um empenho ético, segundo o qual "Deus é servido porque é Deus, e o homem é amado porque é homem" (BASTIANEL; DI PINTO, 1983, p. 110).

Cabe ao ser humano uma resposta que seja correlativa à ação de Deus. Essa resposta abrange tanto a sua fala quanto o seu agir. É como afirmar que a oração e a ação caminham juntas numa e mesma "liturgia" que cobre ou insere a vida toda das pessoas e das comunidades. Oração, culto e prática cotidiana fazem parte de uma e mesma resposta humana, unindo palavra e ação. Não podemos cair, portanto, em versões unilaterais, que tomam uma parte pelo todo, pois estaríamos fugindo das interpelações que Deus nos faz no cotidiano da vida, ao separar oração e ação (cf. Am 5,21-25; Is 1,10-16; Mq 6,5-8; Sl 50,5-15; 51,18-19; Jr 7,4-7; Is 58,3-11).

O conjunto de leis e mandamentos, tão presentes no Antigo Testamento, pressupõem um ser humano aberto a Deus e podendo realizar o que Deus suscita e prescreve. É bom notar que Deus pede o que possa corresponder às possibilidades humanas. "Na verdade, esta Lei que hoje te imponho não te é difícil nem está fora de teu alcance" (Dt 30,11). "A relação veterotestamentária com Deus supõe um homem que pode dizer sim a Deus e agir consequentemente" (WESTERMANN, 1985, p. 33).

4 Imagem e semelhança de Deus

Uma antropologia bíblica tem na criação do ser humano *à imagem e semelhança de Deus* o seu ponto fundamental. Este dado repercute em toda a história, com ressonância e matizes muito variados e, por vezes, com impostações redutivas. Os grandes tratados sistemáticos, como o da criação, do pecado e da redenção, têm refletido fartamente sobre essa questão. A ética teológica também se reporta a este dado, captando a semelhança do ser humano com Deus, não como um dado estático, inoculado no ser humano, mas enquanto fundado substancialmente na *comunhão com Deus*.

Essa *imagem e semelhança com Deus* não consiste numa "coisa" que o ser humano é ou faz por si, mas esta subsiste nele enquanto é criatura de Deus. "Ele não seria homem se não fosse imagem de Deus", afirma K. Barth (apud SCHOCKENHOFF, 1997, p. 131). Aí funda-se uma dignidade toda particular que não se encontra nele mesmo, mas numa *relação* que o sustenta, uma relação de comunhão, inaugurada pela "palavra criadora" de Deus, como inicialmente atesta Thielicke (1951, p. 263). A relação com Deus, a comunhão com Ele, o seu chamado expresso por sua palavra potente está na raiz da ser humano, criatura fruto da Palavra divina. Os demais seres da criação, Deus os teria criado por um simples "comando", enquanto o ser humano é fruto de sua Palavra criadora, pondo-o em relação direta com Ele, sendo uma criatura toda particular.

Este ser humano é igualmente dotado de uma autonomia enquanto pessoa, a tal ponto que ele não pode ser reduzido nem possuído por nenhuma instância intramundana. Isto aponta para o incomparável que é cada ser humano, o que remete ao coração do conceito teológico da *imagem e semelhança de Deus*. Cada ser humano, nesse sentido, é reenviado a si mesmo e à sua autonomia, com a missão de corresponder à dignidade que lhe é toda própria.

> A fé cristã, ao insistir no ser pessoal do homem, cuja demonstração apresenta, em linha de princípio, exigências muito altas aos homens, salvaguarda a *dignidade* do *homem todo*, ante à sua redução a aspectos, papéis e funções parciais (DALFERTI; JÜNGEL, 1981, p. 66-86).
> O conceito de pessoa é uma categoria "transempírica", que supera o dado exterior perceptível da vida; o acento cai aqui sobre o todo do homem, que deve corresponder ao próprio Criador na qualidade de interlocutor criatural em todas as dimensões da própria vida corpórea, psíquica e espiritual [...]. Na qualidade de interlocutor criatural de Deus, ele é, no juízo divino, justificado e resgatado à verdade, sendo que em momento algum deve a própria existência a alguma força alheia (SCHOCKENHOFF, 1997, p. 135).

Vemos que a dignidade da pessoa, conferida ao ser humano, remete ao apelo criador de Deus. Enquanto *indivíduo* ou *sujeito* responsável, ou ainda enquanto *personalidade* educada, o ser humano poderá apresentar matizes diversos que não se comparam ou não substituem ao que o constitui como pessoa.

> O homem *é* pessoa, não pode fazer-se pessoa, assim como não podem fazê-lo outro. O seu *vir a ser* pessoa depende só de Deus; o seu vir a ser *como* uma pessoa é, ao invés, uma tarefa a ele confiada e que depende de muitas condições sociais (SCHOCKE-NHOFF, 1997, p. 135).

Num belo e contundente estudo, visando à redescoberta da moral, o redentorista Théodule Rey-Mermet assim escreve sobre o absoluto valor da vida humana em cada pessoa:

> Por que a vida humana seria um absoluto, e não a vida animal e vegetal? Porque, entre os viventes deste nosso mundo, somente *o ser humano é uma pessoa*, a imagem de Deus, inteligente e livre, capaz de amar, imortal e, assim, estabelecido pelo Criador, gerente e mestre de todas as vidas inferiores à sua. Digamos, então, mais uma vez, que a *pessoa humana é que é um reflexo do Absoluto* (REY-MERMET, 1985, p. 264).

5 O "não matar"

A grande estima pela vida fez com que, já no Antigo Testamento, fossem estabelecidas regras de porte *ético* e *jurídico*, que têm como síntese o quinto[9] mandamento do decálogo: *Não matar* (Ex 20,13; Dt 5,17). Trata-se de uma proteção à vida, presente nas Sagradas Escrituras, que tem como "palavra de ordem o respeito à vida" (VAN OYEN, 1974, p. 119; EXELER, 1985; MAILLOT, 1985).

---

9. Alguns autores enumeram este como o sexto mandamento, como veremos em algumas citações. Nós seguimos a listagem mais comum, que confere com o Catecismo da Igreja Católica, n. 2258ss.

Estudos minuciosos do termo hebraico *rasah* (ou *raçah*) captam que o "não matar" continha exceções, como no caso da ação de matar um animal para suprir as necessidades do ser humano, as mortes infligidas durante uma guerra ou aquelas provocadas como legítima defesa pessoal ou defesa de um inocente injustamente agredido diante ou ao lado de mim; para esses casos, utilizavam-se, entre outros, verbos como *harang* e *muth*[10]. A melhor tradução de *rasah* seria, então, "não assassinar" ou "não cometer um assassinato ou homicídio", pois esse verbo, quando referido à vida humana, sempre sugere um ato de violência pérfido e desleal que golpeia uma vítima indefesa.

> A morte voluntária é energicamente proibida no judaísmo e considerada como um pecado. A vida é confiada a cada um pela mão de Deus. Ser homem significa ser a imagem de Deus. Existe aí um limite intransponível contra toda tentativa de decidir por si mesmo [...]. Quem pertence ao povo de Javé vive dentro de uma comunidade que permanece sob a proteção perpétua do Deus da aliança. É somente sob este aspecto que a morte voluntária pode ser considerada como uma coisa "que não se faz em Israel" (VAN OYEN, 1974, p. 121).

> O sexto [quinto] mandamento proíbe o homicídio, isto é, como diz Santo Tomás de Aquino, "o assassínio voluntário de um inocente" (REY-MERMET, 1985, p. 265).

No Livro do Gênesis lemos o que Deus diz a Noé e seus descendentes:

> Pedirei contas do sangue de cada um de vós. Pedirei contas a todos os animais e ao homem, aos homens

---

10. O verbo *rasah* não costuma ser usado para as mortes causadas nos "confrontos com Deus" e para aquelas executadas por tribunais. Para esses e outros tipos de morte, são usados outros termos (VAN OYEN, 1974, p. 119; SCHOCKENHOFF, 1997, p. 125; REY-MERMET, 1985, p. 265).

entre si, eu pedirei contas da vida do homem. Quem derrama o sangue do homem, pelo homem terá seu sangue derramado. Porque à imagem de Deus o homem foi feito (Gn 9,5-6; cf. Ex 21,12; Dt 19,11).

Devemos entender essas sanções como sendo *a favor da vida corpórea*, comuns no ambiente oriental antigo, no qual está inserido Israel. No entanto, é importante notar que Israel introduz, nessa proibição de matar, uma fundamentação mais profunda, ao reenviar ao relato da criação e ser claro na motivação: "Porque à imagem de Deus o homem foi feito" (Gn 9,6). Qualquer crime contra a vida humana é um crime contra Deus. "Quem levanta a mão contra um ser humano profana a obra de Deus e vai profundamente contra Deus mesmo, que protege com a sua mão cada vida" (SCHOCKENHOFF, 1997, p. 126). Fílon de Alexandria, nesta mesma linha, em *De specialibus legibus* (III, 83), mostra que o assassinato não faz violência só contra o próximo, mas é um crime perpetrado contra Deus, porque "entre todas as coisas excelentes e preciosas do universo nada é mais sagrado e mais similar a Deus do que o homem, reprodução estupenda de uma imagem estupenda" (SCHOCKENHOFF, 1997, p. 126). De Fílon de Alexandria temos também a afirmação, em *De specialibus legibus* (I, 295) e em *De decálogo* (133), de que o assassino é, na verdade, o profanador de um templo, "porque saqueou a propriedade mais sagrada de Deus".

CAPÍTULO 3
A proposta de Jesus Cristo

Segundo a Moral Renovada, arraigada no Concílio Vaticano II, *Jesus Cristo é aquele que propõe*, e não o que impõe, pastor que guia e alimenta as ovelhas (cf. Jo 10,11-16), a Luz do mundo, a Luz da vida (cf. Jo 8,12), o Caminho, a Verdade e a Vida (cf. Jo 14,6). Em cada época da história soa forte a proposta de Jesus, a "boa notícia" de uma vida nova no mundo (cf. Jo 3,5-8; Rm 8,1-13). Como se vê, a apresentação segue um modo positivo, segundo o qual os valores cristãos são oferecidos como "boa-nova", capazes de cativar as pessoas e suscitar uma resposta generosa e um empenho perseverante.

1 A centralidade de Jesus Cristo

No Concílio Vaticano II tentou-se fazer passar o esquema *De ordine morali christiano*, que viria a ser uma Constituição Dogmática. Entretanto, ele foi recusado em meio a muitas críticas e discussões. Tratava-se de um texto ainda muito dependente da casuística, dominante na Teologia Moral do período pré-conciliar, devedora da neoescolástica. O texto era todo escrito com uma tonalidade negativa, traçando condenações aos erros morais das últimas décadas, reflexo da moral tradicional cultivada nas diversas universidades romanas da época (DELHAYE, 1962, p. 529-533).

Não era essa a intenção do Papa João XXIII, claramente exposta no discurso de abertura do Concílio. "O papa sublinhava que os erros caem sozinhos ou caem em confronto com os valores cristãos apresentados de maneira positiva" (KRÓLIKOWSKI, 1997, p. 23-24). Intervenções vigorosas feitas pelos cardeais L.J. Suenens e G.B. Montini, propondo mudança no programa do Concílio e uma nova organização dos seus esquemas fez com que o Papa João XXIII criasse uma Comissão de Coordenação com a finalidade de estudar uma nova organização dos esquemas previstos para as discussões conciliares.

O Concílio Vaticano II acabou não elaborando um documento especialmente dedicado à Teologia Moral. Deixou, no entanto, em praticamente todos os seus documentos, afirmações e abordagens de relevância para a moral cristã (DELHAYE, 1986, p. 5-14). Convém tomar os documentos conciliares no seu conjunto. Destacam-se a Constituição Dogmática *Dei Verbum*, o Decreto *Optatam Totius*, a Declaração *Dignitatis Humanae*, a Constituição Dogmática *Lumen Gentium* e, de modo especial, a Constituição Pastoral *Gaudium et Spes*. Nestes documentos encontramos os conteúdos que vão influenciar o *aggiornamento* (atualização) da Teologia Moral, seguindo a intenção expressa pelo Papa João XXIII ao anunciar, no dia 25 de janeiro de 1959, a convocação do Concílio Vaticano II.

No discurso de abertura do Concílio, no dia 11 de outubro de 1962, João XXIII afirmava com clareza: "O objetivo principal deste Concílio não é [...] a discussão deste ou daquele tema da doutrina fundamental da Igreja [...]. É necessário que esta doutrina certa e imutável, que deve ser fielmente respeitada, seja aprofundada e apresentada de modo que responda às exigências de nosso tempo [...]. Dever-se-á recorrer a um modo de apresentar as coisas, que corresponda mais ao magistério, cujo caráter é predominantemente pastoral" (JOÃO XXIII, 1962). Além disso, os diferentes documentos do Vaticano II, que se destacam pelo seu aporte à Teologia

Moral, vão estabelecendo as bases para que a *centralidade de Cristo* se constitua como a referência maior.

A Constituição *Dei Verbum* (DV) promove o estudo da Sagrada Escritura e sublinha a importância da Bíblia para toda a Teologia, como que a sua "alma" (DV 24); isso repercute na Teologia Moral à medida que aponta para Jesus Cristo como fonte da moral (cf. DV 7), sendo o Evangelho o "fundamento perene" de toda a Teologia (DV 24) e o mistério de Cristo o que deve orientar a vida cristã em todas as suas dimensões (cf. DV 25). A valorização da Sagrada Escritura contribui na renovação do método da Teologia Moral, possibilitando uma exposição histórico-salvífica aprofundada (HAMEL, 1979, p. 161-175) e um desenvolvimento, em si óbvio, de sua dimensão teológica e de sua exposição sistemática. No pós-concílio, "o influxo da Bíblia na moral tende a ser mais profundo, mais constante e mais total" (HAMEL, 1982, p. 177-193).

Seguindo a *Dei Verbum*, o decreto *Optatam Totius* apontou para a renovação dos estudos eclesiásticos. Com relação à Teologia Moral, foram significativas as intervenções do Patriarca Maximos IV Saigh[11] e do Cardeal P.-E. Léger[12] (no dia 27 de outubro de

---

11. O Patriarca Máximos IV protestou, na ocasião, contra a apresentação por demais legalista e negativa da moral cristã, que disseminava um pessimismo generalizado. Solicitou uma moral centrada em Cristo, com o acento no amor e na liberdade, que educasse de modo positivo, fundada na dignidade da pessoa humana e na responsabilidade pessoal e comunitária. Apontou para uma moral que buscasse verbalizar os valores positivos, que se manifestassem seguros e eficazes, que estudasse a lei evangélica e a lei da graça, apontando para uma responsabilidade mais plena e corajosa. O Patriarca sublinhou igualmente que a formação filosófica compreendesse todas as tendências presentes na filosofia contemporânea, em vez de limitar-se à filosofia tomista. Cf. *Acta Synodalia Concilii Oecumenici Vaticani II* (AS). Typis Polyglottis Vaticanis, MCMLXX, III-V, p. 567-569.

12. O Cardeal Léger enfatizou, por sua vez, a necessidade de um amplo diálogo com o mundo no nível filosófico e teológico, sem se limitar ao estudo da *philosophia perenis* da doutrina de Santo Tomás de Aquino. No tocante à Teologia Moral, sublinhou a necessidade de uma renovação fundada num espírito profundamente cristão, em ligação com a Teologia Sistemática, baseada no dado bíblico do mistério de Cristo e no mistério de salvação e que tenha como centro a caridade. Cf. *Acta Synodalia Concilii Oecumenici Vaticani II (AS). Typis Polyglottis Vaticanis*, MCMLXX, VI-VII, p. 708-710.

1964). Bernhard Häring compôs um parágrafo que acabou sendo aprovado, com as seguintes indicações:

> As outras disciplinas teológicas sejam igualmente restauradas por um contato mais vivo com o mistério de Cristo e a história da salvação. Consagre-se um cuidado especial ao aperfeiçoamento da Teologia Moral, cuja exposição científica, mais alimentada pela doutrina da Sagrada Escritura, evidencie a sublimidade da vocação dos fiéis em Cristo e sua obrigação de produzir frutos na caridade, para a vida do mundo (VIER. *Optatam Totius* 16, 1991, p. 521-522).

Haja vista a importância destas indicações e os posteriores desdobramentos, importa reter os princípios orientadores que esse decreto estabelece para uma Teologia Moral no espírito conciliar. Segundo Ziegler (1972, p. 372-381), podemos identificar um *princípio ontológico*: "evidenciar a sublimidade da vocação dos fiéis em Cristo"; um *princípio cognoscitivo*: "a exposição científica, mais alimentada pela doutrina da Sagrada Escritura"; e um *princípio operativo*: "a obrigação de produzir frutos na caridade, para a vida do mundo".

A Declaração *Dignitatis Humanae* tratou, por sua vez, das questões morais relativas ao uso da autoridade e aos direitos da consciência. Falou de uma complementaridade e harmonia entre Filosofia Moral e Teologia Moral, entre Revelação e Natureza Humana, sendo a pessoa de Cristo a confirmação desta harmonia e realização plena. Diz-nos o Concílio:

> Deus, de fato, chama os homens para o servirem em espírito e verdade. Com isso, os homens se obrigam em consciência, mas não são forçados, pois Deus respeita a dignidade da pessoa humana por Ele criada, que deve reger-se pelo próprio arbítrio e gozar de liberdade. Foi o que se patenteou em grau máximo em Cristo Jesus, em quem Deus manifestou com perfeição a si mesmo e os seus caminhos (VIER. *Dignitatis Humanae* 11, 1991, p. 609).

A Constituição Dogmática *Lumen Gentium*, no seu capítulo V, traz significativas contribuições à Teologia Moral, tendo como base uma exposição cristocêntrica. Importa sublinhar a *vocação universal à santidade*, as referências à *caridade* e a indispensável referência ao *seguimento de Cristo* (VIER. *Lumen Gentium* 39, 40, 41, 1991, p. 85-90). Vejamos alguns textos deste documento conciliar:

> Na Igreja, todos, quer pertençam à hierarquia, quer sejam por ela apascentados, são chamados à santidade (VIER. *Lumen Gentium* 39, 1991, p. 86).

> Todos os fiéis cristãos de qualquer estado ou ordem são chamados à plenitude da vida cristã e à perfeição da caridade (VIER. *Lumen Gentium* 40, 1991, p. 86).

> O Senhor Jesus, mestre e modelo divino de toda perfeição, a todos e a cada um dos discípulos de qualquer condição pregou a santidade de vida da qual Ele mesmo é o autor e o consumador [...]. Os seguidores de Cristo são chamados por Deus, não por suas obras, mas segundo seu desígnio e sua graça (VIER. *Lumen Gentium* 40 , 1991, p. 86).

A Constituição Pastoral *Gaudium et Spes* representa, por sua vez, o trabalho mais longo e mais intenso realizado no Concílio Vaticano II[13]. O texto reflete um dinamismo enraizado na Tradição, capaz de responder aos sinais dos tempos e às interrogações do homem moderno. Tem, para isso, uma chave de leitura que dá unicidade, reenviando tudo para o "fundamento último em Cristo, o mesmo ontem e hoje e por toda a eternidade" (VIER. *Gaudium et Spes* 10, 1991, p. 153), Sublinha Jesus Cristo como princípio do ser, do conhecer e do agir do cristão, numa "integração antropológica da Teologia Moral cristocêntrica" (ZIEGLER, 1986, p. 41-70).

---

13. Trabalharam neste documento 10 subcomissões e 300 peritos. Foram 6 as redações; a primeira foi apresentada em maio de 1963 e a última foi votada e aprovada no dia 4 de dezembro de 1965.

A explicitação da centralidade de Jesus Cristo para a Teologia Moral continua vigorosa na Igreja e explicitada com clareza pelos papas Paulo VI e João Paulo II. "Paulo VI, enamorado de Cristo e amigo de cada homem, fiel servidor da verdade na caridade, e incansável defensor dos direitos de Deus e do homem, [...] foi sempre um feixe de luz para todos os homens" (JOÃO PAULO II, 1979b, p. 966), como testemunha o seu pontificado e atestam os muitos escritos por ele deixados. João Paulo II traça um vigoroso elo entre Jesus Cristo e Teologia Moral, ligando fé e moral; a Encíclica *Veritatis Splendor* é um retrato vivo disso, do qual faremos eco nos pontos que seguem.

2 O seguimento de Jesus e o anúncio do Reino de Deus

Os cristãos sentem-se fundados numa "nova aliança" (cf. Mc 14,24; 1Cor 11,25; 2Cor 3,6; Hb 8,6-15; 9,15; 12,24; 13,20), não necessariamente oposta à do Antigo Testamento (L'HOUR, 1985, p. 7). Como a "antiga aliança", esta também remete para uma ligação estreita entre religião e moral (PESCHKE, 1988, p. 45). Se no Antigo Testamento o fundamento é Deus que libertou o povo do Egito e o conduziu à Terra Prometida, no Novo Testamento, o fundamento é Deus que redimiu a humanidade por meio de Jesus Cristo. Agora, o segredo está na *sequela Christi*, ou seja, o decisivo é o seguimento de Jesus Cristo.

> Por isso, *seguir Cristo é o fundamento essencial e original da moral cristã*: como o povo de Israel seguia Deus, que o conduzia no deserto rumo à Terra Prometida (cf. Ex 13,21), assim o discípulo deve seguir Jesus, para o qual é atraído pelo próprio Pai (cf. Jo 6,44) (JOÃO PAULO II, 1993, 19, p. 31).

> Aqui não se trata apenas de dispor-se a ouvir um ensinamento e de acolher na obediência um mandamento. Trata-se, mais radicalmente, de *aderir à própria pessoa de Cristo*, de compartilhar a sua vida e o seu destino, de

participar da sua obediência livre e amorosa à vontade do Pai. Seguindo, mediante a resposta de fé, Aquele que é a Sabedoria encarnada, o discípulo de Jesus torna-se verdadeiramente *discípulo de Deus* (cf. Jo 6,45) (JOÃO PAULO II, 1993, 19, p. 31).

Na verdade, Jesus Cristo está desde sempre no coração de toda aliança de Deus com a humanidade. Ele, primogênito de toda criatura, tem o primado na ordem da criação. No ato criador, Deus aliou-se à humanidade *no, com* e *por Cristo*. O alfa e o ômega, o começo e o fim se encontram em Cristo. Deus, em Jesus Cristo, faz-se "espelho" no mais profundo da condição humana, revelando o esplendor de sua face ao nascer de uma mulher e reconciliando todas as coisas pelo sangue da sua cruz. Vida, morte e ressurreição apontam para um Jesus capaz de dizer: "Pai, nas tuas mãos entrego o meu espírito" (Lc 23,46). Ei-lo todo na *obediência*, ausculta pronta e entrega fiel e resoluta ao Pai[14].

Jesus está desde as origens e é para sempre. O elemento ético por excelência reside nesta história em que Deus e os seres humanos tecem uma aventura comum, fundada no *amor*, revestida na *obediência*. Tudo isso vem acompanhado do *dom* e da *graça*. A *gratuidade* faz-se presente com o *envio do Espírito Santo*, que introduz o dom por excelência, fazendo-se comunicação e apontando para a *responsabilidade humana*. Deus respeita o ser humano como um *parceiro*; dá-lhe autonomia, assegura-lhe a amizade, instaura a comunhão. É-lhe permitido ser "elevado ao Pai como filho e, consequentemente, de poder, aqui e agora, agir de modo filial, como o fez humanamente Jesus, que não usufruiu da condição divina para esquivar-se dos limites da condição humana" (DUQUOC, 1989, p. 65).

---

14. No Evangelho de Lucas, esta afirmação de Jesus situa-se na perspectiva da confiança plena e mesmo de ação de graças, não denotando desespero como em outras leituras feitas (FABRIS, 1992, p. 11-247).

A partir desse embasamento compreendemos melhor o anúncio do Reino de Deus em Jesus Cristo e a consequente ética. "A ética do Mestre de Nazaré não se apresenta como um novo decálogo, nem como um sistema construído em torno de um único tema. [...] As intervenções de Jesus apresentam-se como os elementos invariáveis de uma 'mensagem' que tudo engloba, precede e sustenta: 'Completou-se o tempo e o Reino de Deus está próximo, convertei-vos e crede no Evangelho' (Mc 1,15)" (LÉCRIVAIN, 1997, p. 437).

A partir desse anúncio decorrem três momentos ético-teológicos: a) "Segui-me" (Mc 1,17); b) "Quando o Filho do homem vier em sua glória" (Mt 25,31), numa chamada escatológica; c) "Antes bem-aventurados os que ouvem a Palavra de Deus e a põem em prática" (Lc 11,28), tendo nas antíteses do Sermão da Montanha a sua plena expressão (cf. Mt 5,21-48).

Deus se revela soberano e libertador, fazendo do anúncio do Reino de Deus uma maneira de esmagar toda opressão e exclusão. "Ide anunciar a João o que ouvis e vedes: os cegos veem e os coxos andam, os leprosos ficam limpos e os surdos ouvem, os mortos ressuscitam e os pobres são evangelizados. Feliz aquele que não se escandalizar de mim" (Mt 11,4-6). Ações, palavras e exigências fazem parte da ética de Jesus; estas são apresentadas como *evangelho*, sendo mais do que *leis*. Deus "não exige senão o que dá; [...] pede o que cria" (LÉCRIVAIN, 1997, p. 438). Entendemos, então, quando afirma: "Sede misericordiosos como o Pai do céu é misericordioso" (Lc 6,36).

Dos feitos de Jesus se depreendem verdadeiras "forças éticas" que se encarnam no cotidiano da existência. Vejamos, por exemplo: "Pergunto a vocês: É lícito fazer o bem ou fazer o mal num dia de sábado, salvar uma vida ou perdê-la?" (Lc 6,9). É assim que os discípulos são introduzidos no caminho do Mestre, levados e formados por Ele, receptores do dom do Evangelho.

Paulo, por sua vez, aponta para a ética de Jesus (SCHNAC-KENBURG, 1959, p. 243-284), estabelecendo "um imperativo que se apoia num indicativo" (BULTMANN, 1924, p. 123-140; COLLANGE, 1980, p. 25). É o que lemos em Gl 5,25: "Se vivemos do Espírito, andemos também segundo o Espírito". O imperativo ("Andemos também segundo o Espírito") está plenamente integrado no indicativo ("Vivemos do Espírito"). Isso significa que a vida nova do cristão não é apenas uma possibilidade; é, antes de tudo, uma realidade da qual é constitutiva a sua existência, capaz de fazer-se, na ausculta atenta, verdadeira *obediência*.

A ética, para Paulo, é uma retomada contínua do evento Cristo, buscando atualizá-lo, tornando-o vida concreta. Por isso, chega a elencar virtudes e vícios, deveres da vida doméstica etc. Para isso, o Apóstolo das Nações estabelece um fundamento teológico: chama a imitar Cristo e a imitar a ele próprio (Paulo), fala da comunidade que suscita o Evangelho e aponta para a lei divina que convida à responsabilidade.

Jesus e Paulo privilegiam a liberdade e o cuidado de viver no concreto da vida, no dia a dia, o que brota de suas mensagens, sobretudo quando apontam para a proximidade do Reino e anunciam o evangelho da Justiça. No caso da ética paulina, vemos que ela aparece "como uma versão livre e uma tradução fiel" da ética de Jesus; "tradução não só linguística, mas sobretudo étnica e social, quando – pela mediação dos helenistas... – a mensagem do Nazareno deixará os limites da sociedade palestinense" (COLLANGE, 1980, p. 32). Num movimento que tenderá a fazer da mensagem de Jesus *a questão* de todas gentes, povos e nações.

3 O conceito de "vida" no Novo Testamento

Depreende-se do Novo Testamento uma compreensão relacional e dinâmica da vida, superando qualquer visão mais estática. Antes de tudo, a vida é expressão da relação com o próprio Deus vivo, de quem deriva toda a vida (cf. At 17,25-28). Só Deus é o dispensador da vida e da morte (cf. Mt 10,28). Dele, sim, provém toda a vida; Ele é juiz dos vivos e dos mortos (cf. 1Tm 6,13; 1Pd 4,5).

Os escritos neotestamentários testemunham a existência de um olhar para a vida futura, como um bem salvífico escatológico; ao mesmo tempo, é perceptível a consciência de uma unicidade dessa vida futura com a vida terrena. Mc 8,37 cita a vida atual como algo impagável: "O que o homem dará em troca da vida?" As muitas curas de Jesus atestam o valor da vida terrena. A missão messiânica de Jesus fica bem expressa quando recupera os que sofrem, física e espiritualmente, devolvendo-lhes uma vida íntegra. O Reino de Deus avança à medida que se restabelece o reino da vida, também na sua forma experiencial visível.

As curas de Jesus testemunham, por sua vez, a importância da salvação experienciada atualmente (FABRIS, 1992, p. 11-247), mas apontam igualmente para a *ressurreição*. A literatura sinótica, bem como a paulina e a joanina, indica quase sempre que o termo vida é a vida eterna, na comunhão com Deus; entretanto, Ele concede aos seres humanos participar *desde já* da vida do Ressuscitado. Isso significa que a vida futura influencia *já* a vida atual e determina a realidade verdadeira e própria dos crentes (cf. Rm 2,7; 6,11; 2Cor 6,9). A vida terrena não é desprezada; esta contém um valor que é irrepetível, sendo destinada um dia a participar plenamente da vida divina.

São Paulo estabelece uma ligação entre a vida atual e a futura, sem especificações maiores (cf. 1Tm 4,8). A teologia joanina sublinha o fato de que a nova vida já está presente, porém aberta a um futuro ilimitado. Acentua a vida recebida na fé em Cristo não como algo casual ou mágico, mas como uma realidade divina, uma participação na vida de Deus, em comunhão com o Pai, origem de toda vida, já atuante aqui e agora. A vida nova é concebida numa relação pessoal com Cristo e mediante uma comunhão mediada por Cristo com o Pai (cf. Jo 17,3). A teologia joanina define o conteúdo da vida como comunhão com Cristo e com Deus Pai; esta deve manifestar-se concretamente no amor fraterno da comunidade, vivida de maneira clara e concreta na convivência cotidiana.

Essa compreensão de vida não cancela a tensão existente entre vida terrena e vida eterna junto a Deus. Apesar dessa tensão, o conceito de vida é fundamental para a revelação de Deus, pelas mais altas afirmações sobre o cumprimento final do ser humano, não diminuindo a clareza do ponto de referência na experiência concreta da vida cotidiana. "A mensagem do cristianismo parte da experiência concreta da vida humana, que experimentamos como nossa vida, e a interpreta como inauguração e prelúdio da vida eterna, que viveremos na comunhão com Deus eterno" (SCHOCKENHOFF, 1997, p. 124).

O termo latino *vita* abrange, na verdade, dois termos presentes no Novo Testamento, especialmente em São João. Para falar de vida utiliza-se os termos gregos *zōé* e *bíos*. O primeiro é utilizado, na Antiguidade grega, para identificar a *vida efetiva* das plantas, dos animais e dos homens; o segundo indica a *forma concreta* e, no ser humano, também a forma individual. O Novo Testamento faz uma utilização toda própria desses termos, como explica Schockenhoff (1997, p. 124)

> *Bíos* é agora o fundamento da vida natural do homem, enquanto *zōé* indica a vida verdadeira e indestrutível que teve seu início com o batismo [...], bipolaridade esta que caracteriza o equivalente latino *vita*, para o qual confluem os dois termos gregos *bíos* e *zōé*. A história da ideia de vida compreende, por isso, desde o início, seja a dimensão da vida natural, seja a questão de sua orientação fundamental e da sua direção definitiva de caminho que se reflete no conceito e na expressão teológica "vida eterna".

Deixemos agora ecoar alguns textos do Novo Testamento que ilustram a compreensão de vida aqui exposta:

• Assim como o Pai tem a vida em si mesmo, assim também deu ao Filho ter a vida em si mesmo (Jo 5,26).

• A vida eterna consiste em que conheçam a ti, um só Deus verdadeiro, e a Jesus Cristo que enviaste (Jo 17,3).

• A vida se manifestou e nós vimos e testemunhamos, anunciando-vos a vida eterna que estava com o Pai e nos foi manifestada (1Jo 1,2-3).

• Deste-me a conhecer os caminhos da vida... A promessa é para vós, para vossos filhos e para todos os de longe que o Senhor nosso Deus os chamar para si (At 2,28a.39).

• Matastes o Autor da vida, que Deus ressuscitou dos mortos. Disso nós somos testemunhas (At 3,15).

• Eu vim para que todos tenham vida, e a tenham em abundância (Jo 10,10).

• Nele tendes tudo plenamente... Com Ele fostes sepultados no batismo e nele fostes também ressuscitados no poder de Deus, que o ressuscitou dos mortos (Cl 2,10.12).

• Graças sejam dadas a Deus, que nos dá a vitória por Nosso Senhor Jesus Cristo. Assim, pois, irmãos, progredindo sempre na obra do Senhor, perseverai firmes e inabaláveis, sabendo que vosso trabalho não é em vão no Senhor (1Cor 15,57-58).

4 Do "não" ao "sim": apelos éticos e engajamentos morais

Buscando defender a vida, o Antigo Testamento é pródigo em dizer "não" ao homicídio. O assassinato de Abel por seu irmão

Caim (cf. Gn 4,1-15) é descrito como um crime horrendo e inquietante. Fala, na verdade, de como esse gesto perturbou a paz entre os homens e deixou seu rastro por todo o criado. E o assassino é recusado por toda parte, não tem pátria, vaga irrequieto (cf. Gn 4,8-14). O Novo Testamento faz-se eco da acusação divina de Gn 4,10: "O que fizeste? Ouço da terra a voz de teu irmão". Em Hb 11,4 se lê que "depois de morto, Abel continua a falar". E, assim, outras passagens abordam e comentam o mesmo fato (cf. Hb 12,24; 1Jo 3,12.15; Ap 21,8; 22,15; Mt 5,21s.), atestando a barreira *negativa* que se levanta na forma um forte interdito.

Jesus, por sua vez, reinterpreta a proibição antiga, supera o acento *negativo* e transforma-o em mandamento *positivo*. Mesmo ciente da importância do "não matar", Jesus nos reenvia a algo anterior; ou seja, ao mandamento do amor. "Convida-nos a ir ao encontro do próximo com benevolência e disponibilidade para ajudá-lo e demonstrar-lhe o nosso amor e solidariedade. Essa interpretação corresponde ao seu convite a perdoar sem limites e a praticar uma misericórdia que não se deixa limitar pela consideração da própria posição jurídica" (SCHOCKENHOFF, 1997, p. 130). O amor a Deus e ao próximo leva-nos a não provocar danos ou sofrimentos ao nosso próximo; devemos, antes, ajudá-lo e sustentá-lo em todas as suas necessidades[15].

Lendo os Evangelhos fica claro que, para Jesus, não é só o ato de homicídio que é contrário ao quinto mandamento, mas também a atitude interior contra o próximo. Em Mt 5,21-22 vemos como "Jesus reassume, na proibição de matar, tudo aquilo com o qual impeço voluntariamente a alguém de expandir a sua própria vida. Disso faz parte a ofensa física, bem como uma palavra malévola, um juízo injusto ou uma calúnia pérfida" (SCHOCKENHOFF, 1997, p. 129).

---

15. É nesta linha que o "não matar" foi concebido pelas Igrejas da Reforma. P. ex., em Lutero (BOCKMÜHL, 1987, p. 66-68).

Tanto as bem-aventuranças (cf. Mt 5,3-11) quanto a perícope do juízo final (Mt 25,31-46), em vez de pronunciarem um "não", levam-nos a um grande "sim" em favor da vida, porque revelam uma convocação de Deus em favor do próximo; isso deve ser vivido de maneira muito concreta. Se assim agirmos, este será o nosso "sim" dado ao próprio Deus. Soa um chamado, que é do próprio Deus, realizado em plenitude em Jesus Cristo, que é o de amar o próximo, vivendo aquele amor que mantém a vida, conservando-a, socorrendo-a e protegendo-a em sua integralidade.

Vejamos alguns textos iluminadores:

> Se estás diante do altar para apresentar tua oferta e ali te lembrares que teu irmão tem alguma coisa contra ti, deixa tua oferta lá diante do altar, vá primeiro reconciliar-te com teu irmão e então volta para apresentares tua oferta (Mt 5,23-24).

> Todo homem deve estar pronto para ouvir, lento para falar e tardo para se irritar. A ira do homem não realiza a justiça de Deus (Tg 1,19-20).

> Nós sabemos que fomos transferidos da morte para a vida, porque amamos nossos irmãos (1Jo 3,14).

> Todos hão de conhecer que sois meus discípulos, se vos amardes uns aos outros (Jo 13,35).

> Este é o meu mandamento: amai-vos uns aos outros, como eu vos amei. Ninguém tem maior amor do que quem dá sua vida pelos amigos (Jo 15,12-13).

> Eu vim para que todos tenham vida, e a tenham em plenitude (Jo 10,10b).

Soa forte o grande *sim* de Jesus à *vida*, Ele que assume uma missão distinta da do ladrão, que "não vem senão para roubar, matar e destruir" (Jo 10,10a). Com Jesus, ressoam fortes apelos éticos, apontando para engajamentos morais consequentes. Fica claro que Deus quer a nossa salvação. Cientes disso, os primeiros cristãos não tiveram dúvidas em apontar para a necessidade de ações concretas que decorrem da fé no Cristo Salvador. São Paulo sublinha as implicações éticas e as recomendações morais[16] provenientes do grande acontecimento da vinda de Cristo, de sua ressurreição e do surgimento da Igreja. "A adesão a Jesus Cristo e a pertença à Igreja passam a ser verdadeiras quando autenticadas por uma conduta, unindo fé e vida" (AGOSTINI, 2002, p. 70).

5 O "mundo": lugar da manifestação amorosa de Deus

Está ficando claro, neste capítulo, que o *cristocentrismo* é o princípio teológico fundamental da Moral Renovada. Acenos nesse sentido já tinham sido feitos antes do Concílio Vaticano II, sobretudo por F. Tillmann (seguimento de Cristo), E. Merch (corpo místico de Cristo), J. Stenzenberger (moral do Reino), G. Gilleman e R. Carpentier (caridade) e B. Häring (com a obra *A Lei de Cristo*). Com o Concílio, esta renovação e impostação foram consagradas, como já vimos, por meio do Decreto *Optatam Totius* e com a contribuição presente em diversos outros documentos.

Ao lado desse princípio teológico fundamental, a Moral Renovada assume o *personalismo* como o seu princípio antropológico norteador. Nele, o ser humano é assumido como *pessoa*. Por um lado, trata-se de um ser marcado pela *relacionalidade* (ser de relações), sendo capaz de *comunhão*. Por outro lado, é um ser inacabado, chamado ao crescimento e ao aperfeiçoamento contínuos. Enquanto pessoa, ele está em constante interação consigo, com os outros, com o mundo e com Deus. Nele cruzam-se liberdade e responsabilidade, fundamentais para a própria compreensão da consciência e de sua capacidade/tarefa de discernimento.

---

16. São Paulo traduz a fé em Jesus Cristo em várias recomendações morais, presentes nas listas de vícios (1Cor 5,11; 6,9-10; 2Cor 12,20-21; Gl 5,19-21; Rm 1,29-31; Cl 3, 5-8; Ef 4,31; 5,3-5) e virtudes (2Cor 6,6; Gl 5,22-23; Ef 4,2-3), bem como nas listas de deveres domésticos (Cl 3,18–4,1; Ef 5,21–6,9).

A partir desses princípios fundamentais (antropológicos e teológicos) constrói-se a relação com o mundo; esta tem neles uma base a partir da qual pode se realizar com especial densidade e numa perspectiva positiva.

A perspectiva cristocêntrica e a personalista determinam uma visão otimista em relação ao mundo secular, porque o próprio Verbo se encarnou neste mundo, tornando-o lugar da manifestação de Deus, e porque a pessoa vai se constituindo em relação ao seu contexto. O mundo é referencial indispensável do ser humano como pessoa e mediação necessária da nossa relação com Deus e com os outros. Há, assim, um otimismo expresso na afirmação da autonomia das realidades terrestres. Os cristãos devem, através do seu agir, trazer frutos para a vida do mundo. Não devem fugir do mundo; devem se inserir nele (JUNGES, 2001, p. 38).

A Teologia do Concílio assume o mundo, sabendo que ele tem suas contradições (inclusive o pecado), mas tomando consciência de que ele é o lugar onde Deus manifesta o seu plano de Amor, já revelado em plenitude por Jesus Cristo. Sabemos como Jesus abraçou o mundo e a condição humana (menos o pecado); Ele deixou no mundo suas marcas salvíficas reavivando aquelas que o Pai imprimira em toda a criação. Portanto, este tempo que nos é dado viver, aqui e agora, é um tempo da graça de Deus para nós (AGOSTINI, 2007, p. 90-91).

A abertura ao mundo, preconizada pelo Concílio Vaticano II, marcou profundamente a Teologia Moral, bem como toda a Teologia. A Igreja passa de uma posição defensiva e em luta contra um mundo visto como hostil para uma Igreja fazendo o esforço de dialogar com o mundo, começando por escutá-lo. Reconhece seus valores, como a liberdade e a justiça; acolhe os aportes das ciências e das técnicas; acompanha as ideias filosóficas e, em suma, tudo o que faz parte da construção do mundo moderno. Há uma estima positiva pelo mundo e por seu processo de evolução e maturação, sabendo que recebe dele uma contribuição real e até benéfica.

Falando do valor religioso do Concílio, o Papa Paulo VI exprimiu a relação com o mundo nestes termos:

> Em lugar de diagnósticos deprimentes, partiram do Concílio remédios encorajadores; em vez de presságios funestos, partiram do Concílio mensagens de confiança para o mundo contemporâneo: os seus valores foram não somente respeitados, mas honrados; os seus esforços apoiados, as suas aspirações purificadas e abençoadas (PAULO VI, 1966, p. 497).

Ao fazer o diagnóstico do desafio da renovação em torno do Concílio, o teólogo francês Charles Wackenheim sublinha que "a obra do Vaticano II se apresenta como a *carta do diálogo* que os católicos são chamados a conduzir em nosso tempo, tanto dentro da Igreja quanto com o 'mundo'" (WACKENHEIM, 1980, p. 14-15). Na Encíclica *Ecclesiam Suam*, o Papa Paulo VI consagra ao "diálogo da Igreja" toda a terceira parte, atribuindo-lhe o lugar de uma força de primeira ordem. Exprime-se o papa: "A Igreja deve entrar em diálogo com o mundo em que vive. A Igreja faz-se palavra, faz-se mensagem, faz-se colóquio" (PAULO VI, 1964, n. 67, p. 37).

A Igreja que dialoga com o mundo é uma Igreja que tem a consciência de ser parte integrante da humanidade. Desse modo, ela aprofunda a sua presença como "porção consciente do mistério profundo que se realiza em toda existência humana" e se torna participante da realização desse mistério "na humanidade globalmente considerada em seu devir histórico" (SEGUNDO, 1973, p. 196). Essa presença da Igreja faz-se *dom* e coloca-se *a serviço* da humanidade. Toda a riqueza do Concílio Vaticano II "se dirige numa direção única: *servir o homem*" (PAULO VI, 1966, p. 498).

Com tudo isso, o Concílio contribuiu para superar o dualismo que contrapunha a Igreja e o mundo, passando a conceber o próprio ser humano como marcado pela historicidade e, portanto, situado no tempo e no espaço. Então, a visão de que a natureza humana e o mundo são vistos preponderantemente como o lugar de perigos, de fraquezas, do mal, de quedas e de todo tipo de cativeiros foi cedendo espaço para uma visão de que Deus tem um plano de Amor para toda a humanidade, revelado em plenitude em Jesus Cristo. Tirou-se aquele véu de penumbra sobre o mundo, aparecendo os traços de um Deus próximo e de um Pai que fez uma aliança com o seu povo. Descortina-se a presença de Cristo como aquele que tem uma *proposta* de vida. Tudo isso fez recuar a presença de ranços de uma moral por demais legalista, pessimista, dualista e intimista, que desenvolveu a casuística da moral dos manuais (neoescolásticos), que marcaram forte presença até o Concílio Vaticano II e resistem em alguns ambientes até hoje.

O legalismo e a casuística, a atitude de fechamento em si mesmo e de isolamento [frente ao mundo] deram lugar a um clima de serenidade, onde a alegria, a compreensão e o espírito evangélico reconquistaram seu lugar. A graça, a misericórdia e o perdão fizeram nascer de novo a confiança no humano e a certeza da presença de Deus no humano e no mundo. O cristão reconciliou-se com o mundo, porque reconciliou-se com Deus presente e atuante no mundo (AGOSTINI, 1990, p. 71).

CAPÍTULO 4
A força do Espírito Santo

A partir do Concílio Vaticano II aprofundou-se inicialmente a fundamentação cristológica e antropológica da moral. Porém, esta se mostrou mais vigorosa quando foi intimamente ligada à pneumatologia[17]. A própria *Gaudium et Spes* já tinha sublinhado a dimensão pneumatológica da antropologia cristã[18], que necessita de um acento integral, tão claramente expresso na Encíclica *Dominum et Vivificantem*, de 18 de maio de 1986, de João Paulo II[19]. Nesta encíclica, o Espírito Santo é "Senhor e dá a vida" (JOÃO PAULO II, 2000. n. 1, p. 5), acompanha a vida da Igreja e de cada cristão, comunica Deus uno e trino, expressa o Amor, faz-se dom, derramando-o em toda a criação e dotando todo batizado de uma graça contínua e santificante.

1 O vigor da vida no Espírito

Deus comunica *vida* ao ser humano através do Espírito Santo. Importa "aproximar-nos do Espírito Santo como *aquele que dá a*

---

17. O Papa Paulo VI chegou a acenar para o seguinte: "À cristologia, e especialmente à eclesiologia do Concílio, deve seguir-se um estudo renovado e um culto renovado do Espírito Santo, precisamente como complemento indispensável do ensino conciliar" (PAULO VI, 1973, p. 477).

18. Esta impostação aparece na *Gaudium et Spes* de um modo ainda muito limitado e introdutório, permanecendo o acento cristocêntrico (VIER. *Lumen Gentium* 22, 32, 37-39, p. 164-166, 175-176, 180-183).

19. Junto com as encíclicas *Redemptor Hominis* e *Dives in Misericordia*, a *Dominum et Vivificantem* completa o "projeto trinitário" do Papa João Paulo II.

vida" (JOÃO PAULO II, 2000, n. 2, p. 6). "Neste Espírito, que é o Dom eterno, Deus uno e trino abre-se ao homem, ao espírito humano" (JOÃO PAULO II, 2000, n. 58, p. 100). A presença de Deus torna-se real ao homem sob a atuação do Espírito; faz-se presente no seu agir concreto e histórico.

> O sopro recôndito do Espírito divino faz com que o espírito humano, por sua vez, se abra diante de Deus, que se abre para ele com desígnio salvífico e santificante. Pelo dom da graça, que vem do Espírito Santo, o homem entra "numa vida nova", é introduzido na realidade sobrenatural da própria vida divina e torna-se "habitação do Espírito Santo", "templo vivo de Deus" (cf. Rm 8,9; 1Cor 6,19). Com efeito, pelo Espírito Santo, o Pai e o Filho vêm a ele e fazem nele a sua morada (cf. Jo 14,23). Na comunhão de graça com a Santíssima Trindade, dilata-se "o espaço vital" do homem, elevado ao nível sobrenatural da vida divina. *O homem vive em Deus e de Deus*, vive "segundo o Espírito" e "ocupa-se das coisas do Espírito" (JOÃO PAULO II, 2000, n. 58, p. 100-101).

Podemos descrever o ser humano como um ser íntimo de Deus. Isso pode ser explicado pela sua participação na natureza divina e pela sua filiação divina. Porém, existe outro dado de especial grandeza: a presença viva e ativa do Espírito Santo. Este aparece como um agente de transformação na fé e no batismo, constituindo-se no dom primeiro e fundamental da vida nova (cf. 1Cor 6,11; 12,13; 2Cor 1,22; 5,5; Rm 5,5). É, assim, o elemento constitutivo do ser cristão (cf. Rm 8,2.9.10.11.15), o princípio dinâmico do agir (cf. Rm 8,13-14.36-27), a norma do nosso agir (cf. Rm 8,2.4-5.9.14) (JUNGES, 2001, p. 122).

Porém, antes mesmo do grande evento da encarnação de Deus em Jesus Cristo, o Espírito de Deus já está atuando como *força de Deus*. "O agir do Espírito de Deus, como o demonstra o Antigo Testamento, antecede o agir de Cristo; e Ele ultrapassa o agir de Cristo, como o mostra o Novo Testamento" (MOLTMANN,

1999, p. 10). "Em hebraico e grego, 'espírito' significa ar em movimento, hálito ou vento. Por isso, também é sinal ou princípio de vida (cf. Gn 6,7; 7,15; 37,10-14), a força vital (cf. Jr 10,14; 51,17), a sede dos sentimentos, pensamentos e decisões da vontade (cf. Ex 35,21; Is 19,3; Jr 51,11; Ez 11,19). Em oposição à carne, o espírito é aquilo que dá vigor ao homem, é poderoso e imperecível (cf. Jó 10,4s.; Jr 17,5-8; Os 14,4). Deus é que dá o Espírito e age no homem pelo seu Espírito" (BÍBLIA, 1982, p. 1.522).

Com o sentido acima, já sentimos o quanto o *Espírito* representa em termos de realidade dinâmica, elementar e vivificante. Ele está lá onde se move a vida, de forma particular a vida humana. Ele tudo enche, tudo penetra. Não está ao nosso alcance manipulá-lo. Somente conseguimos abrir-nos à sua força, que é *força de Deus*.

No Novo Testamento, está claro que em Jesus Cristo temos a plenitude da manifestação do Espírito. Nele, o Espírito é realidade contínua, força própria; Ele tudo diz e faz no Espírito. O resultado é a fascinação e a admiração dos que o cercam (cf. Lc 1,35; 4,1.14.18; 4,18-21; 4,22; 4,32; 9,43; Mt 1,18; 7,28; 13,54; 15,31; 19,25; 21,20; Mc 2,2; 5,41; 6,51; At 4,27; 10,38; Hb 1,9; 2Cor 1,21; 1Jo 2,22). "Nunca vimos coisa igual", dizem os que o cercam (Mt 9,33). "Dele saía uma força que a todos curava" (Lc 6,19).

O agir libertador e redentor de Cristo, o Espírito o refere à vida, que em toda parte procede de sua fonte e que é movida pelo "Espírito da vida", pois é esta vida que deve ser libertada e remida. O agir do Espírito de Deus, vivificante e de afirmação à vida, é universal e pode ser reconhecido em todas as coisas que servem à vida ou que impedem a sua destruição. Este agir do Espírito não substitui o agir de Cristo, mas confere-lhe relevância universal (MOLTMANN, 1999, p. 10).

Ao mesmo tempo, a experiência do Espírito é sentida como força de Deus na comunidade da Igreja primitiva, onde se manifesta nos muitos carismas e atua gerando forças, palavras e ações. Ser habitado pelo Espírito representa estar habitado por uma força que move a pessoa por inteiro e que a leva a ultrapassar os seus próprios limites. Em At 4,8 vemos como Pedro, *cheio do Espírito Santo*, testemunha e anuncia os eventos pelos quais Deus revelou a sua salvação; deparamo-nos com toda uma descrição da obra do Espírito no coração do apóstolo, que fala com convicção a partir de uma força que é maior do que ele.

Como fundamento objetivo da manifestação do Espírito, temos a sua descida sobre os apóstolos ou sua efusão no Dia de Pentecostes. Pedro, ao falar desse evento (cf. At 2,4), explica-o referindo-se, na verdade, a Joel 3,1-5, segundo o qual os tempos messiânicos são sinalizados como uma espera do dom do Espírito (cf. Ez 36,26.27; 37,14.27; 39,29; Is 59,21) e como realização da obra de Deus no poder do Espírito (Is 11,2; 42,1). A partir de Pentecostes, "o Espírito Santo vem depois de Cristo e graças a Ele, para *continuar* no mundo, mediante a Igreja, a obra da *Boa-nova da salvação*" (JOÃO PAULO II, 2000, n. 3, p. 11).

2 Habitados pelo Espírito

Em Cristo Jesus, o Espírito de Deus é a força de vida que brota da própria *ressurreição*; "a partir da Páscoa, ela 'foi derramada sobre toda a carne', a fim de fazer com que ela permaneça eternamente viva. No vento impetuoso do divino Espírito de vida tem início a primavera definitiva da criação, e os que desde já o experimentam percebem como a vida se torna novamente viva e digna de ser amada. O corpo doentio, frágil e mortal passa a ser o 'templo do Espírito Santo'" (MOLTMANN, 1999, p. 88). São Paulo proclama que o "corpo é para o Senhor e o Senhor é para o corpo" (1Cor 6,13).

Os cristãos sentem o Espírito Santo como realidade contínua, sempre presente. Antes mesmo do batismo, Ele se faz presente, suscitando a graça da fé, na acolhida da Boa-nova. Pelo batismo "em nome de Jesus" (cf. At 2,38; 8,15.17, 9,17; 19,6; 1Cor 1,13; 6,11), lá está Ele, confirmando o dom da fé, fortalecendo-o, em vista do testemunho. E sob a ação do Espírito, os cristãos se reúnem em comunidade de fé. "Frequentam com assiduidade a doutrina dos apóstolos, as reuniões em comum, o partir do pão e as orações" (At 2,42). Nada é mais realizado fora da ação do Espírito. "Os cristãos declaram que a vida nova na qual eles entraram é um efeito do Espírito, dado segundo a promessa do Cristo, que opera neles a salvação realizada nele" (WATTIAUX, 1979, p. 151). Na verdade, o Espírito Santo nos incorpora a Cristo e nos faz participar de sua missão (LÉONARD, 1991, p. 361).

> No mistério da Encarnação, *a obra do Espírito*, *"que dá a vida"*, atinge o seu vértice [...]. "O Verbo fez-se carne, (aquele Verbo no qual) *estava a vida* e a vida era a luz dos homens [...]. *A quantos* o receberam *deu-lhes o poder de se tornarem filhos de Deus* (cf. Jo 1,14.4.12s.) [...]. 'Filhos de Deus' são, com efeito – como ensina o Apóstolo – 'todos *aqueles que são movidos pelo Espírito de Deus'* (cf. Rm 8,14) [...]. Esta filiação divina, enxertada na alma humana com a graça santificante, é obra do Espírito Santo" (JOÃO PAULO II, 2000, n. 52, p. 86-87).

> O próprio Espírito atesta ao nosso espírito que somos *filhos de Deus*. E, se somos filhos, somos igualmente herdeiros: *herdeiros de Deus e co-herdeiros de Cristo* (Rm 8,16s.).

A criação inteira acaba sentindo-se habitada pela dádiva desta vida nova. "Se enviais o vosso Espírito, eles serão criados, e renovais a face da Terra" (cf. Sl 104 [103],30). Sob múltiplas formas, o Espírito habita o ser humano e se expande em toda a criação com esta *vida*, renovando-a pelo mistério da Encarnação. E, numa visão cósmico-teológica, a criação "aguarda ansiosamente a *revelação dos filhos de Deus*" (Rm 8,19), daqueles que Deus "predestinou para serem conformes à imagem do seu Filho" (Rm 8,29), mediante o qual "se tornam participantes da natureza divina" (cf. 2Pd 1,4).

Desse modo, a vida humana é impregnada pela participação na vida divina e adquire também ela uma dimensão divina, sobrenatural. Tem-se, assim, a *vida nova*, pela qual, como participantes do mistério da Encarnação, "os homens [...] têm acesso ao Pai no Espírito Santo" [...]. A graça, portanto, comporta um caráter cristológico e, conjuntamente, um caráter pneumatológico, que se realiza sobretudo naqueles que expressamente aderem a Cristo (JOÃO PAULO II, 2000, n. 52, 43, p. 87-89).

No entanto, sabemos igualmente que o Espírito "sopra onde quer" (cf. Jo 3,8) e age para além dos limites da própria Igreja, como nos recorda o Concílio Vaticano II. Ao ocupar-se do tema da Igreja, afirma-nos o Concílio que a ação do Espírito Santo dá-se também "fora" do corpo visível da Igreja, precisamente em "todos os homens de boa vontade, no coração dos quais invisivelmente age a graça. Na verdade, se Cristo morreu por todos e a vocação última do homem é realmente uma só, a saber, a divina, nós devemos manter que o Espírito Santo oferece a todos, de um modo que só Deus conhece, a possibilidade de serem associados ao mistério pascal" (VIER. *Gaudium et Spes* 22, p. 89).

Habitados pelo Espírito, somos chamados a crescer no conhecimento efetivo e na plena realização da verdade. Nesse caminho, Deus torna-se não só próximo ao ser humano, mas íntimo; por obra do Espírito Santo, penetra o mais íntimo de sua vida, transformando-a a partir de dentro, a partir do mais profundo dos corações e das consciências.

Nesse caminho, o mundo, participante do dom divino, torna-se – como ensina o Concílio – "cada vez mais humano, cada vez mais profundamente humano" (*Gaudium et Spes* 24, 25), ao mesmo tempo em que nele vai amadurecendo, através dos corações e das consciências dos homens, o reino no qual Deus será definitivamente "tudo em todos" (cf. 1Cor 15,28), como Dom e como Amor. Dom e Amor: é esta a eterna potência do abrir-se de Deus uno e trino ao homem e ao mundo, no Espírito Santo.

3 O Espírito em ação

Jesus Cristo, uma vez exaltado aos céus, promete enviar um "outro Paráclito" (Jo 14,16; cf. Jo 7,39;16,7). Segundo esta promessa, três funções cabem a este "advogado" ou "intercessor" junto de Deus em favor dos homens: a) ensinar; b) testemunhar; c) revelar e julgar o pecado. Os textos, que se referem ao *Paraklètos* e suas funções, são assim reunidos:

> O Paráclito, o Espírito Santo, que o Pai enviará em meu nome, vos *ensinará* tudo e vos recordará tudo o que eu vos disse (Jo 14,26).

> Quando vier o Espírito da verdade, Ele vos *conduzirá à verdade plena*, pois não falará de si mesmo, mas dirá tudo o que tiver ouvido e vos anunciará as coisas futuras (Jo 16,13).

> Quando vier o Paráclito, que vos enviarei de junto do Pai, o Espírito da Verdade, que vem do Pai, Ele *dará testemunho* de mim. E vós também dareis testemunho, porque estais comigo desde o começo (Jo 15,26-27).

> E quando Ele vier, *estabelecerá a culpabilidade do mundo a respeito do pecado, da justiça e do julgamento*; do pecado, porque não creem em mim; da justiça, porque vou para o Pai e não me vereis; do julgamento, porque o Príncipe deste mundo está julgado (Jo 16,8-11).

Estudos das perícopes acima apontam que *a plenitude da verdade*, à qual deve conduzir o Espírito, é o Cristo Ele mesmo; Ele que realizou, como fiel e justo, as promessas de Deus (cf. 1Jo 1,9).

"Eu sou o Caminho, a Verdade e a Vida. Ninguém vai ao Pai senão por mim" (Jo 14,6). "O Espírito conduz para dentro de Cristo" (FEUILLET, 1972, p. 65). "A noção joanina de verdade se define em primeiro lugar, em São João, pela realidade do Cristo, que é a revelação definitiva de Deus" (BUSSCHE, 1959, p. 67).

O Espírito dará *testemunho de Cristo* no sentido de defensor de Cristo e de confirmar os discípulos e todos os seguidores na certeza e na fidelidade ao Cristo contra toda rejeição e inveja "do mundo", sobretudo quando a fé está sendo provada. "Faz-se necessário insistir, antes de tudo, no aspecto interior deste testemunho do Paráclito: seu papel será de esclarecer a consciência dos apóstolos em meio às adversidades, de confirmá-los na sua fé" (POTTERIE, 1965, p. 99). E existe um testemunho a ser dado de Jesus pelos apóstolos e por todos os seus seguidores. "É o Espírito que, através da fidelidade dos que creem, testemunha a verdade do Cristo face ao mundo" (WATTIAUX, 1979, p. 153).

Enquanto testemunho de Cristo, a ação do Paráclito estabelecerá, como que numa demonstração, na própria consciência dos apóstolos, a culpabilidade do mundo e a causa justa de Jesus, incorporando-os à vitória de Jesus, ao mesmo tempo em que julga o mundo incrédulo e perseguidor (cf. Jo 16,33; 1Jo 5,5). Porém, isso será feito para que o mundo se convença do seu pecado, que é o de não crer em Jesus e de não confessar que Ele vem do Pai. Enfim, o "mundo" é culpado por rejeitar o enviado do Pai, seu próprio Filho.

Vimos como o Espírito é o princípio e a força do testemunho cristão, confirmando aquele que é fiel e conferindo-lhe uma identidade clara diante das dificuldades que possa vir a encontrar. Mesmo assim, o dinamismo do Espírito não se esgota aí. Ele é o sinal de que Deus se engajou a nosso favor, trazendo-nos vida plena. Isso significa que "o Espírito testemunha, na vida presente, que somos, 'pela fé, filhos de Deus' (Gl 3,26). É sob a direção do

Espírito, comunicado aos que creem, que se torna efetiva a caminhada que, na escatologia final, completar-se-á na sua assimilação perfeita a Cristo, Filho de Deus, e na participação da sua glória" (WATTIAUX, 1979, p. 154).

4 O vigor da prática

"Deus é Espírito, e aqueles que o adoram devem adorá-lo em *espírito e verdade*" (Jo 2,24). Mesmo sendo Espírito absoluto e transcendência absoluta, Ele "não só está *próximo* deste mundo, mas está aí *presente* e, em certo sentido *imanente*, compenetra-o e vivifica-o por dentro. Isso é válido, em especial, quanto ao homem: Deus está no íntimo do seu ser, como pensamento, consciência e coração; é uma realidade psicológica e ontológica que levava Santo Agostinho, ao considerá-la, dizer de Deus: '*interior intimo meo*' (mais íntimo do que o meu íntimo). Essas palavras ajudam-nos a compreender melhor as que Jesus dirigiu à samaritana: 'Deus é Espírito'. Somente o Espírito pode ser '*mais íntimo que o meu íntimo*', quer no ser, quer na experiência espiritual" (JOÃO PAULO II, 2000, n. 54, p. 90).

A partir desta fonte, que é o Espírito, cabe-nos "proceder segundo o Espírito" (cf. Gl 5,16s.). São Paulo deixa bem claro que é "*fruto do Espírito* a caridade, a alegria, a paz, a paciência, a benevolência, a bondade, a fidelidade, a mansidão e a temperança" (cf. Gl 5,22s.). Isso significa que há sintonia com o Espírito, sendo as boas obras verdadeiras disposições estáveis, fruto da sua ação salvífica. "Se, portanto, vivemos pelo Espírito, caminhemos também segundo o Espírito" (Gl 5,25). Isto significará Vida, e não morte (cf. Rm 8,6.13).

No entanto, o ser humano sente em si mesmo uma tensão entre o dinamismo do espírito e aquilo que São Paulo chama de *desejos da carne*, "de sorte que não fazeis o que quereis" (cf. Gl

5,17). Aqui, "não se trata de discriminar e condenar o corpo, o qual, juntamente com a alma espiritual, constitui a natureza do homem e a sua subjetividade pessoal" (JOÃO PAULO II, 2000, n. 55, p. 93). Devemos superar o dualismo que separa alma e corpo, como se um prestasse e o outro não prestasse, pois "o ser humano é chamado ao amor e ao dom de si na sua unidade corpóreo-espiritual [...]. O homem é chamado ao amor nesta sua totalidade unificada" (CONSELHO PONTIFÍCIO PARA A FAMÍLIA, 1996, n. 10, 13, p. 13, 16). O que São Paulo está querendo dizer com desejos ou "obras da carne" (cf. Gl 5,19-21) é a "resistência à ação salvífica do Espírito Santo" (JOÃO PAULO II, 2000, n. 55, p. 93). Trata-se de uma oposição às obras do Espírito, uma herança ou consequência do pecado. "Ora, as obras da carne são bem conhecidas: fornicação, impureza, libertinagem, idolatria, feitiçaria, ódio, rixas, ciúmes, ira, discussões, discórdia, divisões, invejas, bebedeiras, orgias e coisas semelhantes a estas" (Gl 5,19-21).

Tudo isso é em si uma exortação a *viver na verdade*, professando a fé no Espírito da verdade, aquele que dá a vida (JOÃO PAULO II, 2000, n. 55, p. 93); supõe uma consciência reta, cujos ditames identificam o *bem* e o *mal*, seguindo a ação do Espírito *na ordem da graça*. Elemento constitutivo do ser cristão, o Espírito Santo torna o ser cristão "capaz de conhecer a Deus e de colocar-se em relação com os valores morais convenientes à vida filial [...]; provoca uma libertação das antigas escravidões – pecado, morte, lei, mundo – e nos torna *espirituais*, conaturais com Deus [...]; aparece como consciência nova da filiação (cf. Rm 8,14-16), união com Cristo (cf. 1Cor 12,3) e dinamismo vital que permite viver as exigências que comportam a vida cotidiana" (JUNGES, 2001a, p. 123).

"Sede, pois, imitadores de Deus" (Ef 5,1). "Andai como filhos da luz" (Ef 5,8). "Devereis abandonar vossa antiga conduta e vos despojar do homem velho, corrompido por concupiscências enganosas, para uma transformação espiritual de vossa mentalidade, e revestir-vos do homem novo, criado segundo Deus em justiça e verdadeira santidade" (Ef 4,22-24; cf. 3,1-17). Portanto, "sirvamos em espírito novo, e não na letra velha" (Rm 7,6b). E "aos que anunciam o Evangelho, que vivam do Evangelho" (1Cor 9,14). Esses textos apontam para uma vida nova. Ela é um dom e, ao mesmo tempo, constitui-se numa tarefa. Aqui volta a ressoar forte a palavra de Jesus que diz, em Jo 10,10, "eu vim para que todos tenham vida, e a tenham em plenitude", missão distinta da do ladrão, que "não vem senão para roubar, matar e destruir". Vida e morte se cruzam sobre o mesmo chão. Somos aqui convidados a não desgrudar nossos olhos do império da morte, o império do "ladrão", e arregaçar as mangas para reabilitar a vida, reconstruir a fraternidade, defender a vida, apontar para a fé e o seguimento de Cristo, "caminho que leva à vida" (cf. Mt 7,14) (LAMBRECHT, 1986, p. 179-202). Trata-se de um testemunho e de um anúncio da vida nova, modo próprio de ser no seguimento de Jesus Cristo, que cresce no vigor do Espírito Santo, *aquele que dá a vida*.

"A Igreja vive este anúncio de vida num contexto de morte, num mundo que se diz cristão, mas que mata [...]. A tarefa cristã consiste em ser testemunha e fermento de vida nova" (DÍAZ MATEOS, 1993, p. 14). Não estamos aqui diante de uma tarefa fácil de ser realizada, pois constatamos perto de nós, às vezes dentro de nós, a presença da morte. Damo-nos conta de que, em muitas situações, ela está organizada e estruturada nas "forças de morte".

No entanto, sabemos que a presença da vida, da vontade de e dos sentidos do viver apontam esperançosamente para uma dimensão da vida que não é simples presa fácil da morte. *A partir da fé* identificamos os sinais da graça, expressos na defesa e na resistência da vida. Passamos a sentir a presença do Deus da vida e a auscultar os seus apelos em nossa história, condição para captar os desígnios de Deus, seus projetos de vida, avançando na sua realização. "Mais do que um tema, é uma vida e um compromisso que todos devemos assumir em gratidão ao Deus da vida" (DÍAZ MATEOS, 1993, p. 14).

Para nós cristãos, no centro de nossa fé está o triunfo da vida, com a ressurreição de Cristo. Na Oração da Coleta, no Dia da Páscoa, rezamos que Deus "abriu a seus fiéis as portas da vida". Em Cristo, "a vida se manifestou" (1Jo 1,2). "Nele habita toda plenitude da divindade em forma corporal" (Cl 2,9). A vida é, a partir de Cristo, uma epifania de Deus. O caminhar da Igreja sente-se impulsionado para a vida plena. Não caminhamos sem esperança nem sem rumo. Deus, em Cristo, deu-nos "a conhecer os caminhos da vida" (cf. At 2,28). Passamos do transitório para o definitivo, do temporal para o eterno. "Nós sabemos que fomos transferidos da morte para a vida, porque amamos nossos irmãos. Quem não ama permanece na morte" (1Jo 3,14).

5 As virtudes

Os primeiros cristãos "davam testemunho da ressurreição com *grande força*" (At 4,33). Muitos eram os sinais de vida e ressurreição, sobretudo na nova forma de viver da comunidade, sinal convincente da presença do Ressuscitado que tudo enche de vida, Ele que é o "autor da vida" (At 3,15). Não estranhamos, então, que "a cada dia o Senhor lhes ajuntava outros a caminho da salvação" (At 2,47b).

A Igreja dever ser no mundo testemunha dessa presença ressuscitada e ressuscitadora que a acompanha. Também hoje deve dar testemunho "com grande força", multiplicando-se no serviço à vida, tanto mais urgente quanto mais ameaçada está a vida e a cultura da morte parece se impor. Isso a levará inequivocamente ao mundo do pobre e da pobreza, ao mundo da fome e da doença, da injustiça, da violência ou do materialismo consumista, pois tudo isso são ameaças à vida e formas de matar. O compromisso da Igreja com a vida plena e completa de seus irmãos, os homens, deverá arrastar todos a fazer sua a opção do Livro do Deuteronômio ("escolhe a vida e viverás" – Dt 30,19) como caminho para a construção de uma fraternidade solidária e cheia de vida para todos (DÍAZ MATEOS, 1993, p. 250).

Importa, urge até, viver na *força de Deus*, alimentar-se no *vigor do Espírito*, transbordar todo em *misericórdia*, porque *vivemos do amor*. Se da parte de Deus ressoa forte esse chamado, da parte do ser humano vai se desenhando a necessidade de uma resposta. Essa resposta requer empenho; é o que os tratados de moral identificam nas *virtudes morais* (AUBERT, 1987, p. 172s.). Ao mesmo tempo, enraizados em Deus, temos a graça que unifica o ser, mesmo se desdobrando em várias virtudes; é o que identificamos nas *virtudes teologais* (AUBERT, 1987, p. 176s.).

Unificado no seu ser, o cristão apresenta-se inteiro, no vigor do Espírito, assumindo a causa do Reino de Deus e participando ativamente da libertação de todos os jugos que sufocam a vida, espezinham a dignidade humana e desnaturam a criação. Virtude não rima com ensimesmamento nem com isolamento. Se ela supõe, por um lado, uma comunhão com Deus; ela requer forçosamente, por outro lado, uma comunhão com os irmãos. O cristão virtuoso não é um mero espectador curioso e passivo do Reino de Deus no mundo. Ele insere-se no combate, engaja-se em favor dos irmãos e de toda a criação, qual militante animado pela presença de quem diz: "Coragem, eu venci o mundo" (Jo 16,33).

São Paulo usa a imagem do combate e da luta para falar do cristão que não foge dos desafios que encontra na história humana. Ele escreve aos filipenses: "Desejo ouvir que estais firmes em um só espírito, lutando unânimes pela fé do Evangelho, sem vos deixar intimidar em nada por vossos adversários [...]. Porque vos foi concedido não somente crer em Cristo, mas também sofrer por

Ele, sustentando o mesmo combate que vistes em mim e agora de mim ouvis" (Fl 1,27-28).

Os cristãos sentem-se chamados a exprimir a sua fidelidade a Deus fazendo triunfar a vida, num combate que os solicita em todo o seu ser, em todas as suas dimensões; assim, apresentam-se inteiros, mostrando todo o vigor de uma prática que se contrapõe à injustiça e à morte, colocando-os à "disposição de Deus" (cf. Rm 6,13). Vestem as "armas da luz" (Rm 13,12); "revestem-se de Cristo" (Rm 13,14), oferecem-se como "instrumentos de justiça" (Rm 6,13).

Deixai que o Senhor vos fortaleça com sua poderosa força. Vesti as armas que Deus vos deu para resistir às insídias do diabo; porque nossa luta não é contra homens de carne e osso, mas a do céu contra os principados, contra os dominadores deste mundo tenebroso, contra as forças espirituais do mal (Ef 6,10-12).

Tomai, pois, a armadura de Deus, para que possais resistir [...]. Ficai alertas, cingidos com a *verdade*, o corpo revestido com a couraça da *justiça* e os pés calçados, prontos para anunciar o *Evangelho da paz*. Empunhai a todo o momento o escudo da *fé*... Tomai, enfim, o capacete da *salvação* e a espada do *Espírito*, que é a *Palavra de Deus*. Vivei em *oração* e em súplicas. Rezai em todo tempo no *Espírito* (Ef 6,13-18).

As *virtudes morais* buscam justamente sustentar o ser humano nesse "combate", realizado no coração da humanidade. Dão-lhe as bases para uma vida moralmente boa, com um domínio de si e uma alegria de viver. Elas são, em si, adquiridas humanamente, pela educação e pela perseverança. Funcionam como uma dobradiça, também chamadas de "cardeais". Elas são a *prudência*, a *justiça*, a *fortaleza* e a *temperança* (CATECISMO DA IGREJA CATÓLICA, 1993, n. 1804-1809; AGOSTINI, 2007, p. 163-165; 1995, p. 32-64; MOSER; LEERS, 1987, p. 210-219; PIEPER, 1976; LIMA, 1993, p. 366-384).

As virtudes morais, por si só, não atingem ainda o âmago do *ser cristão*; este é encontrado nas *virtudes teologais*, ou seja, na *fé*, na *esperança* e na *caridade*. Elas são "as armas com as quais o cristão trava o combate pela verdade, pela justiça e pela paz de Deus na história" (DÍAZ MATEOS, 1993, p. 104). Diz-nos São Paulo: "Sejamos sóbrios, revestidos da couraça da fé e da caridade e do capacete da esperança na salvação" (1Ts 5,8). Aí está o âmago do *ser cristão*, um *ser* todo orientado para Deus, traduzindo-se em atitudes fundamentais correspondentes. Delas jorram frutos que correspondem à graça do Espírito, como já vimos em Gl 5,22-23.

Pelas virtudes teologais, o nosso projeto fundamental de vida está enraizado em Deus. É Ele que perpassa todo esforço humano. Na origem está Deus, ou seja, uma realidade única, que estabelece a unidade do ser humano, mesmo jorrando em nossa vida através de muitos dons e carismas. Dispõe todas as nossas forças, numa unidade da alma, movidos pela graça divina, na qual o ser humano está permanentemente mergulhado.

Em tudo o que somos e fazemos existe uma profunda unidade, impregnada de Deus, que é aqui tematizada pelas virtudes teologais; elas nos lembram o que funda o nosso ser, bem como apontam para o nosso vir a ser, abrindo-nos a Deus, numa entrega confiante e acolhida amorosa. Abrem-nos à "luz na qual vemos a Luz", como "fonte de Vida" (Sl 36,10). Transbordam numa prática, num comportamento solidário, capaz de gerar comunhão com Deus e com os(as) irmãos(ãs), transformando o mundo. Rompe com os absolutismos, destrói os ídolos, arrasa toda prepotência que queira escravizar as pessoas ou destruir a natureza e que pretenda substituir o único Senhor que é Deus.

O teólogo da moral Frei Carlos Josaphat, OP afirma, com muito acerto, que "a vida e a ética cristãs são constituídas pelo entrelaçamento das virtudes teologais e das virtudes morais. As virtudes teologais penetram o domínio e a atividade das virtudes morais, dando-lhes o sentido pleno do verdadeiro bem, insuflando-lhes força, dando-lhes o amor desse bem, mostrando-o realizado de maneira exemplar em Deus" (JOSAPHAT, 1999, p. 15). O *ser virtuoso*, que define o *ser cristão*, vem identificado como viver segundo o Espírito, conduzido por Ele, a seu serviço (cf. Gl 5,16-18.25; Rm 7,6;8,3-8.14). É Deus agindo na história. É Cristo acompanhando a comunidade... Não há como ficar de "braços cruzados" ante a ação do Espírito. Toda forma de *idolatria* é diretamente combatida, pois absolutiza o que é relativo, sacraliza o que é "do mundo", deifica o que é humano. Toda forma de *menosprezo* do outro vem identificada em sua violência, mentira e pecado. Toda *escravização* de si, na anarquia das pulsões ou na obsessão da lei e da regra (da "letra"), vem desmascarada enquanto incapacidade de amar verdadeiramente, pois é sinal de vida estéril. O sinal da fecundidade de uma *vida virtuosa* é sempre o *amor*. "Toda lei se encerra numa só palavra: Amarás teu próximo como a ti mesmo" (Gl 5,14). Este amor ao próximo incorpora em sua raiz o amor a Deus, pois em Deus tudo é uno, consistente, sem divisões; Ele é que nutre e desenvolve todas as virtudes (AGOSTINI, 2007, p. 168-169).

PARTE III

FUNDAMENTAÇÃO ANTROPOLÓGICA

Capítulo 1
A visão integral desdobrada

Uma concepção moral consistente e reta depende muito de uma concepção antropológica integral que valorize a vida humana e inclua o cuidado da criação, a natureza toda. Os desafios não são poucos. Nesse intento, sentimo-nos coadjuvados pela razão; porém, iluminada pela fé. A Teologia Moral não se atém a uma reflexão apenas racional ou filosófica; abre-se à sabedoria revelada por Deus, presente na Sagrada Escritura, sedimentada na Tradição, verbalizada na palavra autorizada do Magistério e proposta nos valores das normas morais.

1 A pessoa humana: a riqueza de uma visão integral

Para que haja uma abordagem séria da moral cristã se requer uma unidade de fundo advinda de uma antropologia integral do humano, ou seja, "uma visão do homem-pessoa na globalidade e unidade de componentes, aspectos, dimensões, valores, exigências; é esta antropologia o fundamento, a medida, o critério, a força para a solução que é proposta acerca dos mais diversos problemas [...]" (TETTAMANZI, 1990, p. 6). E, nesta visão integral, a ética "não é um elemento marginal e extrinsecamente justaposto à pessoa humana. Constitui, antes, um elemento essencial e estrutural de seu mesmo ser, enquanto a pessoa se define como ser 'significativo' e 'responsável', ou seja, como ser que possui estampado indelevelmente dentro de si um 'significado' (*logos, ordo*) próprio [...] e que é chamado a realizá-lo pela e mediante a sua 'liberdade responsável'" (TETTAMANZI, 1990, p. 6).

Dentro dessa visão integral, ressoa muito forte o chamado de Deus em favor da Vida. "Escolhe a vida para que vivas com tua descendência. Pois isso significa vida para ti e tua permanência estável sobre a terra" (Dt 30,19b.20b). O núcleo central da missão de Jesus está igualmente bem-expresso: "Eu vim para que todos tenham vida e a tenham em plenitude" (Jo 10,10). Esses textos abarcam a "vida nova" e "eterna", incluindo todos os aspectos e momentos da vida do ser humano, dando-lhes pleno significado. Fica bem claro que "o *evangelho da vida* está no centro da mensagem de Jesus" (JOÃO PAULO II, 1995b, n. 1), e este abarca o ser humano em todas as suas dimensões.

A moral cristã funda-se, com destaque, no valor incomparável da vida humana, o que torna o ser humano "o primeiro e fundamental caminho da Igreja" (JOÃO PAULO II, 1995b, n. 2; 1979a, n. 10). A vida humana tem, portanto, um valor *incomparável*, sendo *inviolável*; por isso, ela é *inalienável* (JOÃO PAULO II, 1995b, n. 5; CONGREGAÇÃO PARA A EDUCAÇÃO DA FÉ, 1987, n. 2). Deduz-se daí que só pode ser buscado o seu "bem verdadeiro e integral" (CONGREGAÇÃO PARA A EDUCAÇÃO DA FÉ, 1987, n. 2). Ela é, por exemplo, muito mais do que um simples "material biológico" (JOÃO PAULO II, 1993, n. 63), muito mais do que um código genético ou um simples programa sequencial de um genoma a ser manipulado por engenheiros genéticos.

A vida encerra em si mesma uma *sacralidade*, enquanto dotada intrinsecamente de uma dignidade toda própria. Afirmar isso significa reconhecer um valor ontológico, sendo cada pessoa portadora dessa dignidade a ser reconhecida *em si*, pois se justifica em si mesma. Teologicamente, essa visão ganha peso pela afirmação do ser humano criado por Deus à sua imagem e semelhança, possuindo assim uma dignidade e participação especiais na obra da criação (AGOSTINI, 2006b, p. 32; PESSINI; BARCHIFON-TAINE, 1996, p. 23: DURAND, 1995, p. 38-41; VIDAL, 1988, p. 222-225).

O fundamento antropológico unitário, assumindo o ser humano em sua globalidade, e o apelo ético, pelo qual o ser humano é chamado a atuar pela sua liberdade responsável, apontam para a pessoa humana como um *fim* em si mesma e a *fonte* do que é lícito ou ilícito, em todo o percurso de sua vida (SGRECCIA, 1990, p. 241-248). Assume-se a pessoa em todas as suas dimensões e o mais integralmente possível (MALHERBE, 1990, p. 190). É o mesmo que afirmar que a pessoa humana é um bem *em si*. A partir desta base, a ética, em especial a bioética, tem desenvolvido três princípios: a) fazer sempre o *bem*; b) preservar a *autonomia* da pessoa, mesmo na condição de paciente; c) garantir a *justiça*, tanto no acesso quanto na distribuição dos benefícios decorrentes do desenvolvimento e do avanço das mais diversas tecnologias. Subjaz a busca constante do *bem integral do ser humano*. Com isso, impede-se qualquer forma de abuso que signifique um reducionismo (CONGREGAÇÃO PARA A DOUTRINA DA FÉ, 1987, n. 3; JOÃO PAULO II, 1995b, n. 10).

Supera-se, nessa visão integral, o dualismo que tende a opor, no ser humano, realidades como corpo e alma, matéria e espírito, que tem sedimentado uma visão negativa do corpo, do mundo, da matéria, da sexualidade etc., como se fossem o lugar do mal, porque abrigariam toda sorte de paixões e de vícios; enfim, de pecado. Esse dualismo teve forte repercussão no cristianismo por influência e, se quisermos, por infiltração, do neoplatonismo (grego) e, em especial, do maniqueísmo (de origem persa).

Faz-se necessário recuperar a visão bíblica, da cultura semita, para a qual o ser humano é uma totalidade unitária. "Para falar do ser humano, a Bíblia usa palavras como *basar* (carne, corpo), *nefesh* (vida) e *ruah* (espírito). Existe um sentir unitário do ser humano, no sentido de um *espírito corpóreo* ou de um *corpo espiritual.* Assim é a sua forma de ser, assim foi criado por Deus" (AGOSTINI, 2007, p. 176).

Ao abordar a sexualidade humana, o Conselho Pontifício para a Família não teve dúvidas em afirmar: "O ser humano é chamado ao amor e ao dom de si na sua *unidade corpóreo-espiritual*" (CONSELHO PONTIFÍCIO PARA A FAMÍLIA, 1996a, n. 10). A Congregação para a Educação Católica, por sua vez, enfatiza: "Na perspectiva cristã, a educação afetivo-sexual deve considerar a totalidade da pessoa e exigir, portanto, a integração dos elementos biológicos, psicoafetivos, sociais e espirituais" (CONGREGAÇÃO PARA A EDUCAÇÃO CATÓLICA, 1984, p. 777). Fica claro que é na integração dessa diversidade de dimensões que nos é possível responder plenamente ao chamado de Deus e seus desígnios.

Ressoa ainda forte a expressão "respeitar o homem todo e todos os homens", usada por Paulo VI, em 1967, na Encíclica *Populorum Progressio* (PAULO VI, 1991, n. 42, p. 23). "Ela visa o desenvolvimento integral do homem e o desenvolvimento solidário da humanidade [...]. Essa expressão implica primeiramente o respeito e a proteção das *pessoas concretas*: sua liberdade, sua autonomia, sua inviolabilidade, sua qualidade de vida. Ela também inclui o respeito e a promoção da própria vida humana, e, portanto, do *sentido de pessoa*, a médio e a longo prazos" (DURAND, 1995, p. 104).

Em meio às muitas teorias éticas que buscam apontar princípios e valores, é preferível apresentar a *pessoa humana* como referência (DURAND, 1995, p. 282-310). Esta via busca focar-se "no respeito à pessoa humana" e, a partir daí, traçar as linhas do campo ético-moral. O intento é captar a especificidade humana, dotada de uma *dignidade* que "transcende o nível dos *fatos*, dos *dados* científicos (biológicos e psicológicos) para chegar aos *valores*" (DURAND, 1995, p. 290). Aí está o passo ético por excelência, que é o reconhecimento da *dignidade da pessoa*, que, por sua vez, se estende ao corpo e às suas partes, que engloba todas as dimensões do ser humano, que abarca todos os estágios de sua vida, desde o primeiro instante da fecundação até o último sopro.

O imperativo primeiro permanece o *não matarás*. Dele desdobram-se todos os demais apelos éticos, bem como os engajamentos morais decorrentes. "Pode-se dizer que a consciência da humanidade cresceu à medida que cresceu o respeito pela vida humana. O imperativo 'não matarás' resume de maneira sintética, na tradição ocidental/judeu-cristã, o valor da vida humana. Aqui está a expressão fundamental do próprio *ethos* humano, com valor universal" (AGOSTINI, 2002a, p. 193).

2 A família: bem precioso da humanidade

No *grande sim de Deus à vida*, a família encontra um lugar todo especial por estar, desde sua raiz, *a serviço da vida*. Mesmo com as mudanças ocorridas nas últimas décadas, ela continua sendo a *célula fundamental da sociedade*, um bem do qual ninguém pode prescindir. Sua "privatização" crescente e sua redução às dimensões de família nuclear não lhe tiram o fato de ser "um dos bens mais preciosos da humanidade" (JOÃO PAULO II, 2003, n. 1, p. 3). Ela é um dos caminhos que a Igreja quer percorrer no cumprimento de sua missão, como o primeiro e mais importante dentre eles. A família é sustentáculo do humano, seu horizonte de vida permanente e comunidade fundamental.

> A família é um caminho do qual o ser humano não pode separar-se... Quando falta a família logo à chegada da pessoa ao mundo, acaba por criar-se uma inquietante e dolorosa carência que pesará depois sobre toda a vida (JOÃO PAULO, 1994, n. 2, p. 5-6).

O ser humano encontra na família a possibilidade de expandir-se no seu *modo próprio de ser*, enquanto *proximidade* e *relação*, capaz de *comunhão*. Esta é a realidade primeira – ontológica – que marca a sua existência enquanto *pessoa*. "Enquanto tal, o ser humano não constitui uma unidade autônoma, compartimento de um conjunto maior, ou seja, uma natureza individual. Aqui a acepção de *pessoa* é resgatada em sua distinção ante o sentido de *indivíduo* (YANNARAS, 1972, p. 13s.). Quando falamos de indivíduo, evocamos apenas uma parte da natureza, com um fim em si mesmo, uma existência em si, sem a correspondente relação existencial" (AGOSTINI, 2002a, p. 17-18).

> A *pessoa*, ao contrário, exprime a maneira de existir da natureza total, a unicidade e a dissemelhança da existencialidade da natureza, que se revela unicamente dentro dos limites de uma *relação* e de uma *comunhão* (YANNARAS, 1972, p. 13).

No Livro do Gênesis está claro como o ser humano, criado à imagem e semelhança de Deus, é um ser impelido à abertura aos outros, "não sendo bom que ele esteja só" (cf. Gn 2,18). Desde sua essência mesma, o ser humano sente necessidade de existir "com alguém" ou "para alguém" (seu semelhante ou companheiro/a, segundo o Livro do Gênesis).

> Estar só para o ser humano é uma imperfeição, uma carência (cf. Gn 2,18-24). Não lhe são suficientes os animais, as árvores, as pedras de toda sorte, a água abundante etc. No relato do Gênesis fica claro que lhe falta uma "ajuda" (companheira) que lhe corresponda e seja adequada. Só quando esta lhe é apresentada, o ser humano – *adam* – se reconhece "homem" e "mulher", exclamando: "Desta vez, sim, é osso dos meus ossos e carne da minha carne" (Gn 2,23). Fica claro que a criação do ser humano – *adam* – só é completa quando ele se torna *família, comunitário*; no caso, quando ele se relaciona como *homem* e *mulher*. Eis o grande *dom* da criação (AGOSTINI, 2006b, p. 11).

A pessoa como um ser *próximo*, voltado para a *comunhão*, desde a sua natureza mais profunda, sente ser este o lastro do próprio *ethos* humano. É a partir dele que estabelece ou tece, desde os primeiros instantes de sua vida, as relações fundamentais, quer consigo e os outros, quer com a natureza e a transcendência (Deus). A *família* é o ambiente propício e mesmo necessário para que a pessoa viva essa *proximidade* e *comunhão*, amparada no seu crescimento progressivo, a caminho da maturidade. Identificamos aí uma missão educativa que necessita estar lastreada numa formação integral e numa compreensão da totalidade do ser humano, estando reunidas todas as suas dimensões.

> É na família que as crianças recebem dos pais os princípios básicos à volta dos quais vai se organizando a sua personalidade. No exemplo que recebem dos seus pais as crianças modelam a própria atitude perante a vida e as suas exigências. Nas suas relações de irmãos e irmãs são iniciados do melhor modo possível na vida social (CONSELHO PONTIFÍCIO PARA A FAMÍLIA, 2001).

A família é o berço da experiência de *proximidade* entre *pessoas*. Essa experiência realiza-se no face a face com o/a outro/a, sendo altamente *realizadora*, sobretudo quando supera toda forma de coisificação e instrumentalização das pessoas, levando-as a fazer-se dom e a viver o amor. Vive-se aí o rico dinamismo da *alteridade* no respeito do/a outro/a; vive-se uma reciprocidade, uma acolhida, fundadas no diálogo, numa atmosfera de liberdade, de amor responsável, lastreadas na verdade. Logo notamos que crescem valores humanos como a generosidade, a doação de si, o respeito pelo próximo, o domínio de si e a temperança (JOÃO PAULO II, 2003, n. 37; 1995b, n. 92). Isso deve, inclusive, ser a base da educação sexual dos filhos e de todos os componentes da família, levando-os a uma progressiva integração e maturidade; este bem que é a sexualidade, verdadeiro dom recebido, passa a gerar comunhão e a "criar o bem das pessoas e das comunidades" (CONSELHO PONTIFÍCIO PARA A FAMÍLIA, 1996a, n. 9, p. 13).

A família, sociedade natural, encontra, por sua vez, no *matrimônio*, instituição natural, seu fundamento e sua força para uma vida de íntima união e complementaridade entre um homem e uma mulher, união livre, pública e de caráter indissolúvel. Ela é expressão de vida não só enquanto núcleo jurídico, social e econômico, mas também enquanto "comunidade de amor e de solidariedade que é apta de modo único a ensinar e a transmitir valores culturais, éticos, sociais, espirituais e religiosos essenciais para o desenvolvimento e o bem-estar dos próprios membros e da sociedade" (PONTIFICIO CONSIGLIO PER LA FAMIGLIA, 1983, preâmbulo).

No encontro com as famílias, em 2001, o Papa João Paulo II exclamava: "Família, torna-te aquilo que és"! E acrescentava: "Família, crê naquilo que és"! (JOÃO PAULO II, 2001, n. 3). O papa convocava, assim, as famílias a encontrarem a verdade sobre si mesmas, encorajando-as a vivê-la no mundo de hoje. "*Arquitetura de Deus*, plano de Deus inviolável, a família também é *arquitetura do homem*, compromisso do homem no desígnio divino" (CONSELHO PONTIFÍCIO PARA A FAMÍLIA, 1991). "No plano de Deus Criador e Redentor, a família descobre não só a identidade, senão também sua missão: cuidar, revelar e comunicar o amor e a vida através de quatro atos fundamentais" (CONFERÊNCIA GERAL DO EPISCOPADO LATINO-AMERICANO – IV, 1992, n. 212, p. 111): "a formação de uma comunidade de pessoas, o serviço à vida, a participação no desenvolvimento da sociedade, a participação na vida e na missão da Igreja" (JOÃO PAULO II, 2003, n. 17, p. 30).

Hoje sentimos ser urgente uma "ação efetiva favorável à família e à vida: na sociedade (leis e políticas familiares), na cultura (pensamento, literatura, meios de comunicação social) e, sobretudo, nas comunidades cristãs (renovação do espírito de abertura à vida)" (CONSELHO PONTIFÍCIO PARA A FAMÍLIA, 2001). A meta pastoral é "ajudar os cônjuges a procederem de tal sorte que a sua família se torne sempre mais 'uma Igreja doméstica', 'a primeira comunidade evangelizadora' (CONFERÊNCIA GERAL DO EPISCOPADO LATINO-AMERICANO – IV, 1992, n. 64, p. 59), 'o primeiro espaço para o engajamento social', 'o lugar primeiro da humanização da pessoa e da sociedade'" (JOÃO PAULO II, 1990, n. 40, p. 109s.). Isto funda-se na convicção de que somos "povo da vida e pela vida", da qual "resulta decisiva a responsabilidade da família: é uma responsabilidade que brota da própria natureza dela – uma comunidade de vida e de amor, fundada sobre o matrimônio e da sua missão que é 'guardar, revelar e comunicar o amor'" (CONSELHO PONTIFÍCIO PARA A FAMÍLIA, 1996b, n. 4).

3 A comunidade: na escuta do outro que me interpela

O individualismo de nossos dias expõe o ser humano a um isolamento angustiante (HOLZHERR, 1980, p. 181), sufocando a vida. Na verdade, a pessoa não se realiza quando está isolada. O nosso *ser no mundo* está sempre ligado ao outro; temos necessidade uns dos outros (MARCATALI, 1987, p. 182). Há na pessoa humana uma tendência que a leva em direção aos outros; porém, descobre-se, às vezes, deslizando no egocentrismo. Este encontro com os outros leva-nos a estruturar em comunidades, nas quais se dá a integração ou a participação de muitos, numa forma estável de associação; nelas, as pessoas participam por aquilo que são. Distinguem-se daquelas formas societárias nas quais as pessoas participam por aquilo que têm (ÁVILA, 1993, p. 97). Procuremos detalhar mais o que constitui o próprio de uma comunidade, na constante partilha com os outros.

Comunidades: agrupamentos restritos onde vigem relações primárias, isto é, afetivas, nominais e interpessoais. A noção de "comunidade" se opõe à de "sociedade", a qual designa um grupo social mais vasto, onde imperam relações secundárias, isto é, funcionais, anônimas e interesseiras. Notemos que só os *conceitos* de comunidade e de sociedade se opõem mutuamente (semântica e analiticamente), não os fenômenos que eles visam, que, pelo contrário, se solicitam dialeticamente (BOFF, 1978, p. 51).

Comunidade é um agrupamento de pessoas que vivem em uma determinada área geográfica ou território (rural ou urbano), cujos membros têm alguma atividade, interesse, objetivo ou função em comum, com ou sem consciência de pertencimento e, de forma plural, com múltiplas concepções ideológicas, culturais, religiosas, étnicas e econômicas (PEREIRA, 2001, p. 145).

A comunidade é o lugar onde a realidade da vida cotidiana é partilhada com os outros. Nela se dá uma interação social da vida cotidiana (BERGER; LUCKMANN, 1983, p. 46-53), numa situação em que o face a face com o outro é real, base para um encontro pessoal. "A mais importante experiência dos outros ocorre na situação de estar face a face com o outro, que é o caso prototípico da interação social" (BERGER; LUCKMANN, 1983, p. 47). Porém, essa interação face a face vai aos poucos sendo substituída por *esquemas tipificadores*, que dão origem a padrões, através dos quais apreendemos os outros. "As tipificações da interação social tornam-se progressivamente anônimas à medida que se afastam da situação face a face" (BERGER; LUCKMANN, 1983, p. 50).

Muito se tem falado da importância das comunidades ou mesmo dos grupos para a vida das pessoas. "Sabe-se que é nos grupos que o indivíduo emerge como pessoa. Nada substitui o encontro, o contato direto que os grupos propiciam para o crescimento de uma pessoa livre e participativa. A comunidade é um lugar particular onde se torna possível a descoberta, a criação, a conscientização e a conversão. E, assim, o grupo oferece, aos processos de massa, pessoas de olhos abertos, e não autômatos" (BOFF, 1995, p. 17). "O grupo forma o indivíduo, colocando-o na presença do outro, incitando-o a se colocar no lugar do outro, levando-o a interiorizar o outro em geral, bem como seus valores" (STOETZEL, 1978, p. 236).

Damo-nos conta de que a pessoa só existe e vive de verdade quando se torna uma presença aberta ao mundo e às outras pessoas. Os outros não são uma limitação; são a possibilidade de ser e crescer. Vejamos o que nos diz, com pertinência, Emmanuel Mounier:

> A pessoa só existe voltada para o outro, ela só se conhece por meio do outro, ela só se encontra no outro. A experiência primitiva da pessoa é a experiência da segunda pessoa: o *tu*, e nele o *nós*, precede o *eu*, ou ao menos o acompanha [...]. Quando a comunicação se enfraquece ou se corrompe, perco profundamente a mim mesmo: todas as loucuras são um fracasso na relação com os outros – o *alter* torna-se *alienus*, e eu, por minha vez, torno-me estranho a mim mesmo, alienado. Quase se poderia dizer que só existo à medida que existo para os outros, e, no limite: ser é amar (MOUNIER, 1968a, p. 44-45; 1973, p. 76s.; 1968b).

Bruno Forte capta com pertinência este dinamismo e o traduz com as seguintes palavras:

> O dinamismo da vida pessoal consiste, então, em um permanente sair de si em direção ao outro, para compreendê-lo e assumir suas dificuldades, para dar e dar-se ao outro. Na perseverança de uma relação fiel. Só assim a pessoa se expõe, *ex-siste*, torna-se próximo e é direcionada; o *esse ad* não é uma possibilidade adicionada, um aspecto acidental, mas resulta constitutivo do ser pessoal enquanto feito não para a solidão de uma interioridade autossuficiente, mas para a comunhão de uma relação na qual reciprocamente se dá e se recebe (FORTE, 2003, p. 86).

Entendemos, então, que se diga que "homem algum é uma ilha", já que não pode viver só. "Somente a pessoa na comunidade aberta, de irmãos e irmãs, torna-se o símbolo vivo da realidade que é a pessoa humana" (RIBEIRO, 1998, p. 85). Existe um aspecto todo próprio do comunitário que se tece a partir deste ser pessoa no "ser face aos outros". Este se erige além do individual para acontecer *de fato* no comunitário. Não se trata de um comunitário no qual a pessoa vai se diluindo até desaparecer ou ser uma mera parte funcional do todo. Na verdade, o comunitário qualifica a pessoa, não a elimina. Os valores comunitários somam no reconhecimento da dignidade da pessoa humana (MOURA, 2002, p. 79s.). A comunidade protege as pessoas e garante o reconhecimento e o respeito da sua dignidade. Subjaz aqui a concepção de *comunidade (grupos) dos sujeitos*; comunidade que dá forma aos sujeitos, enquanto estes formam a comunidade com suas ações na vida (estratégias, táticas, redes de entrelaçamento e subjetividades) (PEREIRA, 2001, p. 150).

Deus, na interpenetração e intercomunicação das pessoas divinas, torna-se fonte e expressão da mais vívida comunidade (MOLTMANN, 1990, p. 82, nota 3). Sem se anularem, os Três convergem um para o outro na força do amor que os pervade, gerando a comunhão em relações sempre ternárias, num ser Pessoa com as outras Pessoas e nas outras Pessoas, sem se reduzir uma às outras. Há uma unicidade e uma irredutibilidade de uma para com as outras Pessoas, base para a comunhão, a reciprocidade e a mútua revelação. "O todo da Trindade não elimina a peculiaridade ternária e esta não descaracteriza o todo. Ambas as dimensões se enriquecem porque usufruem mútua e plenamente das relações todas em ativa comunhão" (RIBEIRO, 1998, p. 89).

A Trindade, por sua vez, não é uma comunidade fechada em si mesma. Expande-se em todo o criado e, de maneira especial, a pessoa humana é chamada a ser participante dessa comunhão transbordante. Vejamos a oração sacerdotal de Jesus: "Que todos sejam um, ó Pai, como Tu estás em mim e eu em ti, para que *eles estejam em nós* e o mundo creia que Tu me enviaste" (Jo 17,21). O Deus Uno-Trino é o modelo proposto, o protótipo por analogia, e não por identificação, da verdadeira comunidade humana, fundamento de toda sociabilidade. E o ser humano, *criado à imagem de Deus*, sente-se chamado a viver essa comunhão. Tem no encontro do masculino e do feminino e na relação entre pais e filhos o primeiro e principal *triângulo antropológico* no qual a pessoa é solicitada na sua globalidade para uma comunhão, que é à imagem de Deus. Aí está "o modelo da *u-topia* que aproxima a história das pessoas humanas à realidade de Deus" (RIBEIRO, 1998, p. 94).

4 A sociedade: indispensável para o ser humano

O ser humano sente-se impelido a alargar os horizontes de sua vida e perfazer um caminho que o leva até a sociedade. A sua própria humanização realiza-se nesse encontro com o outro, formando grupos, participando de comunidades, organizando a sociedade. A dimensão social e política vai progressivamente se desdobrando como inerente ao seu ser, fazendo-o entrar como cidadão na *polis*, enquanto sociedade organizada.

> A pessoa humana é um ser social por sua natureza: ou seja, pela sua indigência inata e pela sua tendência conatural a comunicar-se com os outros. Essa sociabilidade humana é o fundamento de todas as formas de sociedade e das exigências éticas que nelas estão inscritas. O homem não se basta a si mesmo, mas tem necessidade dos outros e da sociedade (CONGREGAÇÃO PARA A EDUCAÇÃO CATÓLICA, 1989, n. 34, p. 49).

Existe, portanto, uma interdependência *pessoa-sociedade*. Valoriza-se a "natureza intrinsecamente social" do ser humano (JOÃO XXIII, 1984, n. 57, p. 20), sua centralidade dentro da sociedade, enquanto ser social (JOÃO PAULO II, 1991, n. 53, p. 92). A própria Igreja assume que, para a realização de sua missão, tem que acompanhar o ser humano em suas situações concretas, valorizando a sua dimensão social. "Não se trata do homem 'abstrato', mas do homem real, 'concreto', 'histórico' [...]. Este homem é o primeiro caminho que a Igreja deve percorrer na realização de sua missão" (JOÃO PAULO II, 1991, n. 53, p. 91). Inclusive, "o fenômeno 'sociedade' é a base, o pressuposto para que surja a cultura" (ULMANN, 1991, p. 84).

No ser humano, desde os primeiros instantes da vida, vão se estabelecendo as bases biológicas, psicoafetivas, sexuais e espirituais que potencializam a dimensão social. Tudo começa pela família, passando pelos grupos menores ou comunitários, para chegar ao nível macro da sociedade. Num estudo de psicanálise de crianças, Arminda Aberastury nos faz ver que "essa passagem do grupo familiar para o grupo social não se processa sem crise, sem perdas e lutos. Os pais podem auxiliar bastante na elaboração dessas perdas e lutos. Aberastury enumera quatro tipos de luto: o do corpo infantil, o do papel e da identidade infantis, o da renúncia à bissexualidade e o da perda dos pais da infância. Desta feita, o filho renunciará à relação estreita e estritamente familiar para ingressar como cidadão na sociedade política" (PEREIRA, 2001, p. 280; ABERASTURY, 1987).

Para os gregos, a dimensão política representava o exercício do homem na *polis*, residindo nisto a constituição do homem em sentido pleno. As decisões eram tomadas pelo critério da maioria. As ideias eram submetidas ao público, que buscava adotar as melhores dentre elas para o governo da *polis*. Desenvolveu-se, com isso, a filosofia, especialmente a lógica, a oratória e a estética. A filosofia prestava serviço à política. A educação procurava educar bons cidadãos para a *polis*. Entendemos, então, que Aristóteles tenha chegado à conclusão de que o homem é um ser político. Para os gregos, a política era o lugar propício para o exercício da democracia.

O Concílio Vaticano II explicitou, na Constituição pastoral *Gaudium et Spes*, a natureza e o fim da comunidade política, com as seguintes palavras:

> Indivíduos, famílias, agrupamentos diversos, todos os que constituem a comunidade civil, têm consciência da própria insuficiência para instaurar plenamente a vida humana e percebem a necessidade de uma comunidade mais vasta, na qual todos empenhem diariamente as próprias forças para alcançar sempre melhor o bem comum. Por esse motivo organizam a comunidade política segundo várias formas. Pois a comunidade política existe por causa daquele bem comum: nela obtém sua plena justificação e sentido, de onde deriva o seu direito primordial e próprio (VIER. *Gaudium et Spes* 74, 1991, p. 231).

A pessoa humana desenvolve plenamente a sua condição social na sociedade. A Doutrina Social da Igreja enumera em primeiro lugar o *bem comum*, seguindo-se logo outros princípios (CONGREGAÇÃO PARA A EDUCAÇÃO CATÓLICA, 1989, n. 37-42, p. 50-56), buscando sempre garantir o *desenvolvimento integral* do ser humano. A *dignidade da pessoa humana* é o fundamento de todos eles. Somam, na orientação da vida social, outros princípios, como a *solidariedade*, a *subsidiariedade* e a *participação*, tendo em conta uma *concepção orgânica da vida social*, fundada no princípio do *destino universal dos bens*. A isto acrescentam-se valores que possam ajudar no aperfeiçoamento pessoal e na convivência social; entre eles, podemos enumerar: a *verdade*, a *liberdade*, a *justiça*, a *solidariedade*, a *paz* e a *caridade* ou o *amor cristão* (CONGREGAÇÃO PARA A EDUCAÇÃO CATÓLICA, 1989, n. 43, p. 56). Alguns critérios costumam ser enunciados com a finalidade de não ficar apenas no teórico, mas chegar à prática; para isso, torna-se indispensável o *conhecimento da realidade*, a *capacidade de julgar* objetivamente as diversas situações, estruturas, sistemas econômico-sociais e *influxos ideológicos*, a necessidade de um *discernimento* constante face às *opções* provindas dos movimentos históricos (CONGREGAÇÃO PARA A EDUCAÇÃO CATÓLICA, 1989, n. 47-53, p. 58-65).

Sendo a pessoa humana *imagem de Deus*, sua índole social é apreciada fazendo parte do evento salvífico de Deus em Cristo, assim captado pelo Concílio Vaticano II:

> Em qualquer época e em qualquer povo é aceito por Deus todo aquele que o teme e pratica a justiça (cf. At 10,35). Aprouve, contudo, a Deus santificar e salvar os homens não singularmente, sem nenhuma conexão uns com os outros, mas constituí-los num povo, que o conhecesse na verdade e santamente o servisse. Escolheu, por isso, Israel como o seu povo [...]. Foi Cristo quem instituiu [...] o novo Povo de Deus (VIER. *Lumen Gentium* 9, 1991, p. 48).

Fica claro, com isso, que é superada a visão manualística que tendia a considerar a pessoa humana apenas na sua individualidade, sendo o indivíduo um quase absoluto em si. Aos poucos, soube-se apreciar e integrar não só o aspecto social do ser humano, mas o valor da própria sociedade. Em nossos dias, é comum valorizar na teologia a dimensão social e política como desdobramento das demais, numa visão integral do humano. Sendo assim, ao falarmos de respeito da dignidade da pessoa humana, ressoa concomitantemente a necessária atenção pela sua vida social. "A índole social do homem evidencia que o aperfeiçoamento da pessoa humana e o desenvolvimento da própria sociedade dependem um do outro. A pessoa humana é e deve ser o princípio, sujeito e fim de todas as instituições sociais, porque, por sua natureza, necessita absolutamente da vida social" (VIER. *Gaudium et Spes* 25, 1991, p. 168).

5 A natureza: preocupação ecológica e cuidado do meio ambiente

Um dos aspectos positivos de nosso tempo é a crescente "consciência dos limites dos recursos disponíveis e da necessidade de respeitar a integridade e os ritmos da natureza, e de os ter em conta na programação do desenvolvimento, em vez de sacrificá-los a certas concepções demagógicas do mesmo. É, afinal, aquilo a que se chama hoje *preocupação ecológica*" (JOÃO PAULO II, 1988, n. 26, p. 44).

a) A preocupação ecológica e a "nova ética"

Estamos tomando consciência de que o ser humano pode investir-se de maneira destrutiva contra a natureza e contra si mesmo, produzindo um verdadeiro colapso ecológico e humano. A tecnificação da existência, própria da civilização moderna, pode "danificar, de forma irreversível, a natureza e o próprio ser humano" (OLIVEIRA, 2002, p. 176). Hoje possuímos os meios para extinguir todas as formas de vida de nosso planeta, destruindo-o por completo.

A natureza costuma ter regras próprias que precisam ser respeitadas; elas expressam a regularidade com a qual se estabelecem as interconexões num concerto entre os mais diferentes elementos. A partir dessa estrutura própria, derivam leis que a natureza segue e são a garantia de sua e de nossa estabilidade. O conhecimento científico teria a tarefa de decifrar e exprimir essas leis para que o ser humano pudesse segui-las, respeitá-las e até reforçá-las.

No entanto, esse conhecimento científico acabou sendo instrumentalizado para interferir na natureza; para isso, foi desenvolvido todo um saber *instrumental*. Fomos treinados a ser *fazedores* de coisas, valorizando apenas o que é *útil*. Além disso, adotamos um procedimento *analítico*, que analisa a natureza em sua divisibilidade, ou seja, por fragmentos; conhecemos a natureza por pedaços e dela nos apossamos aos pedaços. E desenvolvemos padrões de *quantificação*, a tal ponto que tudo é medido pela eficiência, quantificado por cálculos, em busca de resultados, tendo que dar lucro.

Hoje precisamos assumir um novo modo de pensar e uma "nova ética" que partam da concepção do universo enquanto *teia de relações*. Isso significa que há uma unidade fundamental que perpassa todas as partes do universo, na forma de uma "rede". Supera-se, assim, a visão fragmentada do mundo, herdada da Modernidade. Para isso, faz-se necessário galgar uma nova postura epistemológica e ética que parte da "*coerência* entre os diversos elementos constitutivos do mundo", porque "possuem uma base comum" (OLIVEIRA, 2002, p. 186), porque possuem "interconexões sutis e contínuas entre as coisas e os eventos que coexistem no universo" (LAZLO, 1999, p. 163).

Nós seres humanos, consequentemente, fazemos parte desta vasta rede de inter-relações, interligados a todos os elementos da natureza, desde a menor célula até a ecologia global. Todos os sistemas da vida e da matéria estão interligados entre si, evoluem conjuntamente, imersos no mesmo "mar cósmico".

Dessa percepção do universo emerge uma nova postura ética, traduzida ora pela noção da uma *comunhão ecocêntrica* (AGOSTINI, 1996, p. 233), ora pela necessidade de gestar uma nova síntese *teo-antropo-cósmica*, unindo, tanto numa quanto noutra, *Deus, o ser humano e a natureza*. A consequente postura ética explicita-se na *corresponsabilidade*, sendo esta a que funda o modo próprio de ser e de viver do ser humano.

Essa corresponsabilidade "se traduz, na prática, em termos de integração, cooperação, troca, simbiose; faz da solidariedade e da complementaridade acentos que colocam no justo lugar a diferença e a identidade dos elementos criados; busca na criatividade e na auto-organização do subsistema dos seres vivos a possibilidade de se estruturar num processo contínuo/evolutivo de aprendizado e decisão; faz da alteridade o elemento-pivô para um salto qualitativo ante todo o mundo criado, sem preeminências e sem reduzir-se a nenhum dos elementos em questão" (AGOSTINI, 1996, p. 235).

Todos os seres, vivos e não vivos, são parceiros numa verdadeira "dança cósmica", com interconexões permanentes. A nova ética, que então surge, aponta para a necessária efetivação da comunhão universal, tanto dos seres humanos entre si quanto destes com a natureza e com Deus. Dessa postura ética derivam vários patamares qualitativos, que representam engajamentos reais em favor de todo o universo criado:

O primeiro patamar qualitativo traduz-se por um engajamento em favor de todo o ser vivente. Sendo assim, a partilha deste planeta com todo ser vivo implica limitações no uso da terra, da água, do ar e da biomassa.

Outro patamar é o que olha para o futuro e se engaja em favor das gerações vindouras, livrando o planeta da extinção das espécies, dos desequilíbrios ecológicos diversos, da fome, das extrapolações inescrupulosas das biociências etc.

Um terceiro patamar é ainda o que assume uma dinâmica de comunhão universal, ecocêntrica ou teo-antropo-cósmica, abraçando o universo criado como um todo, todos sendo uma parte de uma mesma coexistência.

Estes três patamares qualitativos fundam-se numa postura ética de excelência ante o universo criado. Consequentemente, "quando uma parte dele é violada, sofremos nós também [...]. Cada um de nós está também envolvido com cada parte e com o todo do universo. Somos, de fato, um único universo no qual tudo tem a ver com tudo" (BOFF, 1993, p. 45).

Nessa dança cósmica e na necessária comunhão universal o ser humano desponta com uma distinção toda especial. Tal distinção reside no fato de ele, somente ele, se constituir um *ser ético.* "Só ele é capaz de responder *responsavelmente* à proposta que vem da criação. Por isso, falamos hoje da imperiosa necessidade de redescobrir a ética e auscultar os caminhos que ela vai nos apontar. Ela é mobilizadora do humano, do que há de vital, englobando a natureza toda" (AGOSTINI, 1996, p. 238).

b) A natureza "desnaturada" e o ser humano "desumanizado"

A crise ambiental é captada pela Igreja como fazendo parte de uma "profunda crise moral, da qual a deterioração ambiental é um dos aspectos mais preocupantes" (JOÃO PAULO II, 1990b). Toda a problemática ecológica "tem uma inegável dimensão ética" (KONZEN, 2001, p. 41; SIQUEIRA, 1998; AGOSTINI, 2000, p. 138-156; BOFF, 2004, p. 22-26; MOSER, 1984). É necessário, como afirma num prefácio Fernando Bastos de Ávila, "resgatar o mundo material da condição de mero objeto a que foi reduzido" (SIQUEIRA, 1998, p. 7). Ao mesmo tempo, olhando com um pouco mais de profundidade, nota-se que a crise ambiental aponta para um ser humano doente, ou seja, a degradação do meio ambiente é fruto da doença que afeta o ser humano e seu processo civilizatório moderno e industrial (RUBIO, 1992, p. 9).

> A crise ecológica é a própria face da crise cultural e civilizacional deste início de século e milênio [...]. Os problemas ecológicos questionam os próprios fundamentos da civilização moderna: individualismo, autonomia, ciência, técnica, industrialização, urbanização, consumismo e conforto. A compreensão do ser humano como referência e medida de todas as coisas está sendo criticada, porque criou um distanciamento e até uma oposição entre o humano e o natural (JUNGES, 2001b, p. 7, 9).

162

O que está mesmo acontecendo? A natureza está sendo "desnaturada" e o ser humano "desumanizado". Esse deslize foi assim descrito pelo teólogo Gerard Siegwalt:

> Em vez de ser cultivada (toda cultura é sempre primeiro cultura da natureza), a natureza é explorada; em vez de ser respeitada (*"cultura"* vem da mesma raiz de *"cultus"*: *"colere"*, que significa ao mesmo tempo cultivar e honrar, respeitar) em sua identidade, [...] ela é reduzida à sua funcionalidade; em vez de ser aceita como realidade ambivalente de vida e de morte, em vez de ser "compreendida", isto é, apreendida em sua unidade e cultivada porque contida nesta unidade, ela é forçada, dissecada, analisada e tratada como um agregado de elementos, e não como um todo (SIEGWALT, 1980, p. 11).

Como se vê, há uma correlação entre crise ecológica e crise do ser humano. Uma remete para a outra, sôfregas pela separação havida, originando um racha na relação entre elas. Qualquer solução só será realmente encontrada se tratada em conjunto.

> Ligadas no seu princípio, elas não encontrarão a solução a não ser juntas. Qualquer terapêutica buscada para curar uma delas deverá também contribuir para sanar a outra; caso contrário, tratar-se-á de uma pseudoterapia que cuida dos sintomas e não trata das causas. A doença consiste justamente na separação entre o ser humano e a natureza, no esquecimento de seu parentesco e solidariedade. Pelo fato de o ser humano participar da natureza, ele peca contra ele mesmo ao pecar contra ela (SIEGWALT, 1980, p. 11).

Diante do desafio ecológico e da consciência de seus contornos e raízes profundas no ser humano, a própria ética teve que redefinir-se, superando o antropocentrismo excludente da natureza que, até bem pouco tempo, mostrava-se ainda muito presente. Albert Schweitzer, numa publicação dos anos de 1960, já alertava para isso ao afirmar:

O grande erro de toda ética do passado está no fato de que ela limitou-se ao comportamento do homem face ao homem. Mas, na realidade, a questão é de saber como ele se comporta face ao mundo e face a toda a vida que ele encontra em seu caminho [...]. Só pode ter fundamento a ética universal, que consiste na experiência da responsabilidade face a tudo o que vive (SCHWEITZER, 1965, p. 71).

c) Realização crescente do Reino de Deus

Sabemos que nenhuma das nossas realizações no tempo esgota o Reino de Deus. Porém, sentimo-nos convocados, como cristãos, a anunciar o Reino de Deus e a sua justiça através do testemunho de vida e, sempre que necessário, da palavra anunciada, impregnando o mundo do Evangelho de Jesus Cristo. O Reino de Deus apresenta-se, assim, como uma realidade a ser, antes de tudo, levada a termo, até o seu pleno cumprimento (TILLARD, 1978, p. 47s.). Ressoam fortes as palavras de Jesus: "Eu vim para que todos tenham vida e a tenham em plenitude" (Jo 10,10).

Ante o apelo, em nossos dias, de promover a *qualidade da vida existente*, importa propor uma visão integral, que implica o cultivo das "dimensões mais profundas da existência, como as interpessoais, espirituais e religiosas"; supera-se, aqui, uma visão distorcida de qualidade de vida, "interpretada prevalente ou exclusivamente como eficiência econômica, consumismo desenfreado, beleza e prazer da vida física" (JOÃO PAULO II, 1995b, n. 23, p. 34).

Um cuidado especial deve merecer o *ambiente humano*, no intuito de "*salvaguardar as condições morais de uma autêntica 'ecologia humana'*" [...], "bem como a devida atenção a uma 'ecologia social'" (JOÃO PAULO II, 1991, n. 38, p. 66). Aqui soa forte a "reafirmação precisa e firme do valor da vida humana e da sua inviolabilidade" (JOÃO PAULO II, 1995b, n. 5), captando-a na sua "totalidade unificada", uma natureza simultaneamente corporal e espiritual. Esta possui um valor *incomparável*, sendo, por isso, *inviolável* e *inalienável*. Sobre este fundamento, erige-se o edifício dos valores éticos correspondentes (CONGREGAÇÃO DA DOUTRINA DA FÉ, 1987, n. 2, p. 9-10).

Ao mesmo tempo, isso incluirá o respeito e a preservação da *integridade da criação*, hoje ferida em seu equilíbrio ecológico. Urge superar o consumismo excessivo e desordenado dos recursos da terra, dispondo arbitrariamente da terra, submetendo-a sem reservas à vontade voraz e insaciável do ser humano, traindo o destino anterior que Deus lhe dera. Saiba o ser humano que seu papel na criação é o de colaborador de Deus, não podendo ocupar o lugar dele, na pretensão de substituí-lo (JOÃO PAULO II, 1995b, n. 37, p. 65-66).

Destes dois polos (vida humana e integridade da criação) derivam praticamente todas as demais opções. As expressões "ecologia humana", "ecologia social" e "salvaguarda da criação" se complementam. Nesse conjunto de elementos, não deixamos, hoje, de ter presente a "família"; dentro dessa visão ampla, ela atrai a nossa atenção, merecedora de um apoio especial por ser a primeira e fundamental estrutura a favor da "ecologia humana", considerada como *santuário da vida* (JOÃO PAULO II, 1995b, n. 39, p. 67-68).

> Estamos diante de um momento crítico na história da Terra, numa época em que a humanidade deve escolher o seu futuro... ou formar uma aliança global para cuidar da Terra e uns dos outros, ou arriscar a nossa destruição e a da diversidade da vida (UNESCO, 2000).

CAPÍTULO 2
A consciência moral

O grande desafio para a consciência moral, hoje, é perfazer um itinerário de fé, devidamente situada no tempo e no espaço. Ao mesmo tempo, é desafiador assumir as responsabilidades que lhe são próprias, tendo em conta que o ser humano constitui-se concomitantemente num *ser pessoal* e num *ser social*, com todas as instâncias intermediárias e/ou complementares aí reunidas. O objetivo é colocar-se "rumo à maturidade em Cristo", capaz de "um olhar evangélico, crítico, cheio de misericórdia e esperança", inclusive face ao nosso "povo sofrido, que clama por libertação" (CNBB, 2000, p. 32). Além disso, tocar o tema da consciência é apontar para um "mais" na vida e em Deus, o que impele o ser humano ao crescimento, a experiências profundas e comunitárias, abrindo-o à graça de Deus que opera em sua vida.

No entanto, isso não livra o ser humano da presença de condicionamentos em sua vida, bem como das muitas tentativas de manipulação (AGOSTINI, 2007, p. 107-110). O olhar ético é especialmente crítico quando se trata da manipulação, pois esta normalmente reduz o ser humano a objeto de sua ação, interfere na sua capacidade de discernir e diminui a sua liberdade e a consequente ação responsável. Mesmo assim, a consciência é uma instância em constante crescimento, capaz de uma evolução contínua. Tendo sido criado à imagem e semelhança de Deus, o ser humano sente-se tocado em sua consciência pelo próprio Criador, que o chama a fazer o bem e a evitar o mal, dado que lhe é fundamental para o discernimento moral.

1 Condicionamentos e manipulações

A mediação da *consciência* é o elemento-pivô. Ela é um referencial indispensável e de destaque nas pessoas. Quando falamos de consciência estamos apontando tanto para a inteligência quanto para o discernimento e a decisão. Ela está muito ligada à liberdade e à vontade; tende a levar as pessoas a ser *sujeitos*, e não *objetos*. Ela se fundamenta na razão e no bom julgamento.

A palavra *consciência* costuma ter sentidos muito diversos. Em grandes linhas, ela pode ter um sentido mais psicológico e um sentido estritamente moral. Na prática, nem sempre dá para distinguir, pois a pessoa é um todo no qual as diferentes dimensões costumam agir conjunta ou integralmente.

No entanto, em qualquer um desses sentidos, a consciência não escapa de todo um conjunto de condicionamentos, bem como da tentativa constante de manipulação. Mesmo assim, notamos que ela tende a ser uma instância aberta e dinâmica, capaz de colocar o ser humano em ligação com a própria transcendência; ou seja, Deus. É o que veremos nos pontos que seguem.

a) Os condicionamentos

Notamos facilmente que há muitos fatores que repercutem na vida das pessoas sob a forma de condicionamentos, sem que elas os tenham escolhido. As influências que esse fato traz podem ser grandes, profundas e multiformes. Neste nível, costumamos enumerar diversos tipos de condicionamentos. Vejamos alguns deles:

- Condicionamentos *genéticos*: nós seres humanos nascemos marcados geneticamente por toda a vida. O código genético, herdado dos pais, nos diferencia das outras pessoas; nele estão inscritas características hereditárias, às vezes até doenças que passam dos pais para os filhos ou tendências inatas (há quem fale que podemos nascer com certas pré-disposições; p. ex., ao alcoolismo e mesmo algum tipo de homossexualismo, entre outras).

• Condicionamentos *biológicos*: nós dizemos popularmente que "ninguém tem sangue de barata". Reconhecemos que giram por todo o nosso corpo agentes químicos e físicos (hormônios, p. ex.) que suscitam mudanças diversas na atividade neurofisiológica. Há também numerosas drogas psicoativas que, ingeridas, podem interferir no funcionamento de nosso próprio cérebro, bem como em todo o nosso psiquismo e atividade fisiológica; este é o caso quando tomamos alguma substância para dormir, para combater depressão etc.

• Condicionamentos *familiares e educacionais*: sabemos como influi muito em nossa vida o fato de termos nascido numa determinada família, aprendido esta ou aquela língua materna, assimilado uma cultura ou pertencido a um povo específico. Nós tomamos consciência de nós, das pessoas e do mundo mediados/condicionados por esses fatores, dos quais não podemos fugir. A educação recebida depende desse quadro, marcando a pessoa para sempre.

• Condicionamentos *ambientais*: as condições ambientais, através do clima, topografia e da própria alimentação, têm ressonâncias diretas em nossa vida. Isso faz-se presente na maneira como nos organizamos em sociedade, como construímos nossas casas, como planejamos o nosso trabalho, como cuidamos da saúde, como lidamos com a natureza etc. No tocante à alimentação, sabemos como a desnutrição, a má nutrição ou a fome estão na origem de distúrbios que atingem as pessoas, muitas vezes não podendo sequer desdobrar as potencialidades que trazem geneticamente. Sabemos também como é importante uma alimentação balanceada.

• Condicionamentos *sociopolíticos e econômicos*: a edificação da sociedade e a nossa realização como cidadãos dependem muito do lugar que ocupamos na sociedade, da possibilidade real que temos de exercer a cidadania e de usufruir dos bens econômicos. Sabemos como a atual economia de mercado condiciona as pessoas; o mesmo vale com relação às disparidades na distribuição das riquezas, com o processo de modernização e com as mudanças no mundo do trabalho.

b) As manipulações

Se acima vimos os condicionamentos, cuidado mesmo devemos ter diante das tentativas de manipulação. Isso porque estas são planejadas, usando as pessoas como objetos para proveito de si ou de outrem. Vejamos algumas formas muito comuns de manipulação:

• *Ação sobre a natureza*: é bom reconhecer, inicialmente, que, através da manipulação da natureza, conseguimos tirar muitos benefícios; transformamos matérias-primas em produtos diversos, necessários ao ser humano. Porém, a nossa capacidade de ação sobre a natureza é tão grande, em nossos dias, que acabamos interferindo no seu próprio equilíbrio. O meio ambiente já sofre alterações visíveis, fruto da nossa ação depredadora. Isso está diminuindo a qualidade de vida em nosso planeta.

• *Ação do ser humano sobre o seu semelhante*: neste aspecto, a manipulação opera com instrumentos ideológicos muito criativos; suas técnicas são sempre mais aprimoradas; os interesses são preestabelecidos, seja em favor próprio, seja em favor de outrem. Os meios de comunicação de massa são, em muitos casos, um exemplo claro deste tipo de manipulação.

• *Redução do ser humano*: a manipulação tende a dispor das pessoas como objetos, reduzindo-as a esta ou àquela dimensão, segundo os interesses do manipulador. Esse processo atinge a consciência, interfere nos julgamentos da razão e nos próprios juízos morais. Alguns programas de televisão, publicações diversas e sites dão mostras claras deste processo manipulador.

• *Ocultação da verdade*: a manipulação também ocorre quando se esconde uma parte da verdade ou quando se cala diante de um fato ou de uma realidade, dando-a por inexistente. Pode-se chegar até a uma ação que despersonaliza e degrada as pessoas, seja porque falta com a verdade, seja porque cria rótulos ou denigre suas vidas. Isso pode se realizar com técnicas de contato direto (pessoa-pessoa, nos pequenos grupos etc.) ou de contato com as massas (através dos meios de comunicação, p. ex.).

• *Ausência de liberdade*: aqui está como que o indicador da profundidade da manipulação, que costuma ter graus diferenciados de ausência de liberdade. Seu alcance aumenta quando alia-se à tendência de encarar o ser humano sob apenas uma única dimensão.

• *Cegueira ideológica*: na raiz de toda manipulação se encontram diferentes graus de cegueira ideológica. É bom lembrar que a ideologia em si pode desempenhar funções positivas quando, por exemplo, suscita a consciência de pertença a um grupo, a uma classe e a uma nação, quando exerce a função de integração e unificação, criando condições de uma ação em comum dentro de um determinado grupo ou sociedade. Porém, quando falamos em cegueira ideológica queremos apontar para o estágio em que a ideologia simplifica o real para ordená-lo e controlá-lo a partir de um ângulo só; torna-se inflexível e impermeável, tendendo a impor uma versão de maneira absoluta, fazendo uso da manipulação de toda sorte e aparelhando/controlando os mais diferentes campos da sociedade (educação, meios de comunicação, economia, política etc.).

2 Educação e evolução do julgamento moral

A consciência moral não é apenas uma instância à mercê dos condicionamentos, das manipulações ou das estruturas sociais. Longe de se estruturar por simples acomodação ou adestramento, a consciência emerge, antes de tudo, como o terreno onde se forja a personalidade num processo interativo de educação e de crescimento.

Dois caminhos, entre outros, podem nos auxiliar na identificação da emergência da consciência moral. Um é o caminho da corrente freudiana, acrescida de elementos de Lacan. Outro é o caminho aberto pelo pensamento de Jean Piaget, com os desdobramentos realizados sobretudo por Lawrence Kohlberg.

a) A escola freudiana

Através da corrente freudiana podemos identificar várias etapas/fases ou momentos estruturantes do desenvolvimento da personalidade. Trata-se de uma caminhada que leva a pessoa humana à aquisição de uma consciência autônoma e solidária, isto é, a uma consciência adulta e *crítica*. Este percurso supõe cinco fases (MACCIO, 1984, p. 31-66; SUBLON, 1982, p. 101-124).

• A *primeira fase* está marcada pela dependência. Ela equivale à fase oral (0 a 9 meses/1 ano), durante a qual a criança é de maneira preponderante dependente da mãe. Já é possível notar a existência de um desejo de autonomia; porém, este é dominado pelo desejo de incorporação (à mãe). Nessa etapa a criança vai deixar aos poucos de se mover pelas representações imaginárias que são, então, reflexos de seus desejos e pulsões. Ela ainda não tem uma percepção pessoal do mundo. Surge o complexo do ciúme, sobretudo se uma outra criança nasce, o que vem facilitar a ruptura com a mãe, sendo esta definitiva no momento da separação do seio materno (aleitamento). Trata-se de uma separação angustiante.

• A *segunda fase* é a da afirmação do eu. Chamada também *fase do espelho*, ela adquire um caráter decisivo para a constituição do *eu* (do "mim" da criança). Seu início dá-se ainda na fase oral (pelos 4/5 meses), atravessa a fase anal (1 a 3 anos) e desemboca no período fálico ou edipiano (4/5 anos, dependendo de cada caso). Esta segunda fase do desenvolvimento permite à criança a tomada de consciência de si. Ela se move entre o ser e a aparência, num percurso que começa pela percepção da imagem dos outros, passa pela percepção de si enquanto corpo composto de partes distintas e unificado (pela imagem ideal/imaginária de si mesma), para chegar à identificação dessa imagem a si mesma como sujeito autônomo e como ser individual (conquista do eu simbólico).

• A *terceira fase* caracteriza-se pela independência (3 a 6 anos ou mais). A criança descobre-se *face aos outros* (consolidando a passagem ao simbólico). Isso se dá inicialmente na relação triangular pai/mãe/criança. É o início do real nas relações sociais. A criança vai descobrir a lei (o interdito do incesto...); ela ascende à linguagem (autoritária, libertina ou dialógica); ela se abre à cultura (com seus ritos e sua linguagem); descobre, enfim, a rede mais ampla de relações sociais no contato com outras famílias, com o bairro, com os meios de comunicação. Esta fase vem marcada pelo Complexo de Édipo, que significa a morte do pai (da imagem do pai ou de todos aqueles que simbolizam a "autoridade") e pelo "casamento" com a mãe (com a imagem da mãe ou com todos/as os/as que simbolizam o "amor"). Assim, a criança está sendo progressivamente preparada para assumir seus desejos e ascender à alteridade. Esta é a base de uma nova etapa.

• A *quarta fase* é a da interdependência (6 a 12/15 anos). A criança ou o adolescente faz a descoberta do outro como elemento estruturante da sua personalidade (a alteridade); o outro ou os outros são percebidos como elementos necessários da socialização (eu e os outros). Ela cresce, então, fazendo a descoberta do social (da complexidade do que é a sociedade). Este social se revela pela percepção progressiva de instâncias como a cultura, a língua, a raça, a classe social, a religião, o mundo escolar, o mundo do trabalho, o mundo da comunicação etc. A criança compreende que há entre ela e os outros uma ação que pode ser recíproca, podendo influenciar os outros e ser influenciada também.

• A *quinta fase* vem marcada pela solidariedade (eu com os outros). Trata-se da etapa mais difícil, porque ela supõe um nível de consciência já suficientemente aflorado das interdependências para poder dar a sua contribuição. Só aí e a partir de então é que o *espírito crítico* surge juntamente com uma visão já pessoal dos problemas que cercam o adolescente/jovem. É o momento dos julgamentos categóricos (ríspidos), do questionamento dos outros, de si mesmo e da sociedade. A vontade de participar de uma mudança social junto com os outros (em vez de estar à mercê dela) pode então fazer-se presente. Trata-se do momento das decisões na vida, dentro de uma realidade social nem sempre fácil de ser vivida. A consciência, após este longo processo de emergência e de aquisições diversas, está *desperta*; ela é sensível aos valores, tais como a igualdade, a partilha, a justiça, a qualidade de vida, a sorte dos outros etc.

b) A escola piagetiana

Jean Piaget, por sua vez, dá uma importância determinante aos *fatores intelectuais* no desenvolvimento moral (PIAGET, 1985; PINTO DE OLIVEIRA, 1978, p. 143-160; DUSKA;

WHELAN, 1979). Sua teoria funda-se na distinção ou mesmo na oposição entre o respeito unilateral e o respeito mútuo. É na passagem do primeiro ao segundo, ou seja, da simples regularidade, da pura repetição de instruções (regras) à consciência da regra que Piaget apresenta uma moral que pode se desdobrar em duas versões: a moral heterônoma (de submissão a comandos por simples sujeição) e a moral autônoma (quando intervém a razão e a cooperação entre iguais). Ele propõe o respeito da dignidade da pessoa, mais do que a aceitação do absoluto da lei por ela emitido.

Piaget está de acordo com a sociologia durkheimiana sobre a influência dos fatores sociais e familiares para a constituição das normas morais. Ele afirma, no entanto, a insuficiência destes para captar a originalidade da experiência moral. Esta vai além do puro respeito unilateral (submissão/sujeição). Piaget mostra os meandros das intervenções da razão e da cooperação entre iguais desde a aquisição, por exemplo, das regras do jogo, na infância, passando pela avaliação moral da mentira, da responsabilidade e da justiça (retributiva primeiro, distributiva depois; esta a partir dos 7/8 anos).

Em sua análise da gênese e da evolução do julgamento moral, Piaget distancia-se, de alguma forma, da maioria das correntes psicológicas e sociológicas pela explicação que ele propõe de autonomia. Esta constitui, de fato, "o caráter mais profundo e específico da moral" (PIAGET, 1985, p. 276). O acesso à autonomia dá-se quando a criança se liberta face aos adultos. Sua influência e seus comandos eram inicialmente compreendidos como obrigação e como fonte de conformismo e de heteronomia. Progressivamente, vai se dando a cooperação entre iguais, o que abre o caminho do respeito mútuo e garante a caminhada em direção "da autonomia na prática e na codificação das leis, a compreensão da responsabilidade pessoal, o sentido da veracidade e da justiça" (PINTO DE OLIVEIRA, 1978, p. 149-150). Piaget defende, assim, um modelo democrático em todos os planos da interação pedagógica.

Ele chega até a se exprimir assim: "Nós não cremos [...] que caiba ao mestre impor nem mesmo 'revelar' a regra à criança [...]; ele deve ser para as crianças um colaborador mais velho e, se ele tem paciência, um simples camarada" (PIAGET, 1985, p. 293).

c) Os trabalhos de Lawrence Kohlberg

Dentro desta mesma linha das posições piagetianas encontramos os métodos e as teorias de Lawrence Kohlberg. Ele nos interessa à medida que discerne, de maneira mais precisa que Piaget, as diversas etapas no desenvolvimento do julgamento moral[20]. Ele tem o mérito de desenvolver as posições piagetianas de forma original, dando-lhe um novo desdobramento, num trabalho realizado junto com outros psicólogos e pedagogos dos Estados Unidos.

Kohlberg identifica no desenvolvimento moral *seis estágios*, ordenados em torno de *três níveis*. Várias pesquisas, feitas por diferentes estudiosos, em diferentes contextos culturais, parecem concordar com o esquema inicialmente proposto. A sucessão dos estágios é invariável. Cada estágio é distinto dos outros. Os níveis estão em relação com o discurso moral e indicam o grau de abstração. Recordemos o essencial do pensamento de Kohlberg.

A) Nível pré-convencional: o comportamento moral da criança só é perceptível e aplicado em função das consequências físicas ou hedonistas da sua ação; ou seja, da punição, da recompensa ou da troca de bons cuidados. A força material ou o poder de coerção física daquele que dá os comandos condiciona as respostas da criança.

---

20. Lawrence Kohlberg desenvolveu suas pesquisas nos Estados Unidos, onde nasceu. Seu pensamento foi originalmente apresentado em sua tese doutoral (não publicada) *The Development of Modes of Moral Thinking and Choice, in the Years Teen to Sexteen*. University of Chicago, 1958. Para este estudo, detive-me mais nos textos e nas análises feitas por SAMSON, J.M, 1976, p. 5-55; PINTO DE OLIVEIRA, 1978, p. 151-155; HÄRING, 1979, p. 227-321; GATTI, 1985, p. 82-89; MUNSEY, 1980. No livro editado por B. Munsey, Lawrence Kohlberg tem um capítulo intitulado "Stages of Moral Development as a Basis for Moral Education".

• *Primeiro estágio: punição ou obediência.* Uma ação é boa ou má segundo as recompensas físicas. Esquiva-se das punições e obedece-se, sem que isso signifique o respeito de uma ordem social ou moral subjacente.

• *Segundo estágio: relativismo utilitarista.* As relações humanas adquirem o "estatuto" de um mercado. A satisfação das necessidades pessoais e ocasionalmente as dos outros determina se uma ação é boa ou não. A lealdade, a gratuidade e a justiça, se estiverem presentes, estão aí somente no plano da utilidade prática, marcadas por um egocentrismo pragmático.

B) Nível convencional: o comportamento responde afirmativamente às expectativas da família, do grupo e da sociedade como sendo válidas em si. Não se trata mais de uma simples conformidade às normas do poder coercitivo reinante, mas sim da aceitação dessas normas. O indivíduo procura até mesmo justificá-las ao identificar seus pontos de vista com os dos outros e com os da coletividade.

• *Terceiro estágio: boa concordância interpessoal.* Agradar aos outros e receber sua aprovação é sinal de uma ação julgada boa. Conforma-se sem problemas à maioria ou ao comportamento apreciado como "natural". As intenções que subentendem a ação são então apreciadas. Se é gentil para receber a aprovação dos outros.

• *Quarto estágio: a lei e a ordem.* Aqui se começa a valorizar a manutenção da ordem social, a autoridade e as regras estabelecidas. Fazer seu dever, manter a ordem social, respeitar a autoridade é agir bem.

C) Nível pós-convencional: notamos, neste nível, um esforço claro para definir valores e princípios morais que sejam válidos, sem que isso dependa nem da autoridade das pessoas ou dos grupos nem da identificação do indivíduo com o seu grupo.

• *Quinto estágio: contrato social "legalista".* A ação boa funda-se mais sobre os direitos pessoais e as normas que, após um exame crítico, costumam ser aceitos pelo conjunto da sociedade. As opiniões pessoais são relativizadas ao mesmo tempo em que se insiste nos procedimentos que favorecem todo tipo de consenso. Mesmo se o bem é ainda associado aos valores pessoais, o acento é colocado sobre a obrigação legal que alia-se ao livre-entendimento. Se o bem comum o exige, um processo racional já pode ser colocado em ação para a mudança das leis.

• *Sexto estágio: princípios éticos universais.* O bem depende aqui de uma consciência capaz de aplicar, de maneira autônoma e lógica, princípios éticos universais a uma determinada situação concreta. Trata-se de princípios abstratos, na linha de valores, e não explicitamente regras morais. Encontramos, neste estágio, tanto princípios universais como a justiça, a reciprocidade e a igualdade perante os direitos humanos quanto o respeito e a dignidade da pessoa humana.

3 O indispensável discernimento moral

O ser humano, enquanto ser pessoal e social, não é mero produto do coletivo ou da sociedade, como se estes se encontrassem fora ou acima das pessoas socialmente unidas (CONGREGAÇÃO PARA A EDUCAÇÃO CATÓLICA, 1989, n. 35, p. 50). A condição social da pessoa desenvolve, é certo, todo um dinamismo e uma força, fazendo crescer as relações de convivência, mútua ajuda, solidariedade e participação, entre outras. Ao mesmo tempo, a pessoa carrega em si outro dado de extrema importância: a consciência. Esta é indispensável para o ser humano enquanto *pessoa* e *sociedade.* Ela imprime à vida o distintivo do *humano,* enquanto dotado de dignidade, acompanhada da faculdade de inteligência, de discernimento e de decisão, o que é próprio do humano dotado de razão e capaz de julgamento.

a) A excelência da consciência

A *consciência* abarca, enquanto palavra de nossa língua portuguesa, os sentidos psicoafetivos e os estritamente morais. Sabemos que ela vem marcada por condicionamentos e tentativas de manipulação, bem como pela força das estruturas sociais. Ao mesmo tempo, temos clareza de que ela acompanha a pessoa no seu processo interativo de educação e de crescimento e desdobra as potencialidades do humano na sua capacidade de abertura ao transcendente.

> Na intimidade da consciência o homem descobre uma lei. Ele não a dá a si mesmo, mas a ela deve obedecer. Chamando-o sempre a amar e fazer o bem e a evitar o mal, no momento oportuno a voz dessa lei soa aos ouvidos do coração [...]. É uma lei inscrita por Deus no coração do homem [...]. A consciência é o núcleo secretíssimo e o sacrário do homem, onde ele está sozinho com Deus e onde ressoa sua voz (VIER. *Gaudium et Spes* 16, p. 157-158; CATECISMO DA IGREJA CATÓLICA, 1993, n. 1776).

Toda esta interação de elementos vai estabelecendo progressivamente as bases que permitem o surgimento de uma consciência capaz de fazer escolhas; ou seja, capaz de emitir juízos morais. Esse discernimento requer um despertar progressivo até atingir o estágio crítico e autônomo, responsável e prudente. Para isso não se pode dispensar uma educação da consciência. No Catecismo da Igreja Católica (1993) lemos: "A consciência moral deve ser educada e o juízo moral esclarecido" (n. 1783). "A educação da consciência é uma tarefa de toda a vida" (n. 1784). "Uma consciência bem-formada é reta e verídica" (1783).

> Uma educação prudente ensina a virtude, preserva ou cura do medo, do egoísmo e do orgulho, dos sentimentos de culpabilidade e dos movimentos de complacência, nascidos da fraqueza e das faltas humanas. A educação da consciência garante a liberdade e gera a

paz do coração (CATECISMO DA IGREJA CATÓLICA, 1993, n. 1802).

Quando bem-formada, a consciência emite um *juízo prudente*. Isso significa que ela vai dotando a pessoa da capacidade de escolher o bem e de identificar a verdade; é, por isso, reta e verídica. Assume o que é bom, justo e belo (DELHAYE, 1979). Além disso, identifica os caminhos (meios) correspondentes e as ações concretas que se apresentam como justas e apropriadas. Estabelece com clareza a responsabilidade face aos atos praticados, às atitudes assumidas e às opções escolhidas. A liberdade lhe é fundamental; esta é a condição das oportunas e/ou necessárias decisões ou juízos pessoais/morais.

> A consciência me solicita ser honesto e me indica em que coisa consiste a honestidade. Mais do que sugerir o que é necessário fazer, ela me diz o que eu devo querer: diferentemente do valor técnico que se refere a um meio e por isso relativo, o valor moral é absoluto, pois é o valor do ato enquanto digno de ser desejado ou, ao contrário, de ser evitado. Uma calúnia pode ser útil, satisfazendo o meu desejo de vingança; no entanto, não a devo querer, porque é um ato maldoso (MALDANER, 1982, p. 20).

A partir da consciência podemos afirmar que o ser humano é sujeito de si e, por isso, distingue-se dos outros animais. Toma nas mãos a própria vida, estabelece as próprias decisões e assume as próprias ações (MAJORANO, 1994, p. 25-28). Essa capacidade reflete no mundo a imagem e a semelhança de Deus, nas quais o ser humano – homem e mulher – foi criado. Entendemos, então, que o divino toca o humano naquilo que ele tem de mais profundo, a consciência. Aí está a sua profundidade, a sua consistência e o seu dinamismo.

Incorpora-se, como elemento fundante, o esclarecimento da fé, que desvela a realidade *divino-humana*, na qual a consciência está envolta, atravessando a pessoa por inteiro, solicitando-a em todas as suas dimensões. Ela remete para o amor a Deus e ao próximo como chamado fundamental para a pessoa de fé, no seguimento de Jesus Cristo, e engaja os cristãos a se unirem uns aos outros na busca da verdade e na solução justa de inúmeros problemas morais, seja em nível pessoal, seja em nível social (VIER. *Gaudium et Spes* 16, 1991, p. 158). O Catecismo da Igreja Católica (1993) reconhece que, às vezes, há situações que tornam o juízo moral menos seguro e a decisão difícil; aponta, entretanto, que se deve "sempre procurar o que é justo e bom e discernir a vontade de Deus", interpretando com esforço "os dados da experiência e os sinais dos tempos, graças à virtude da prudência, aos conselhos de pessoas avisadas e à ajuda do Espírito Santo e de seus dons" (n. 1786).

b) Possíveis erros, desvios, ilusões, deslizes e bloqueios

"A dignidade da pessoa humana implica e exige a *retidão da consciência moral*" (CATECISMO DA IGREJA CATÓLI-CA, 1993, n. 1780). Neste caso, a consciência chega aos valores e reenvia sempre ao amor a ser vivido concretamente; busca o bem; orienta-se pela verdade; respeita a dignidade da pessoa humana; "formula seus julgamentos seguindo a razão, de acordo com o bem verdadeiro, querido pela sabedoria do Criador" (CATECISMO DA IGREJA CATÓLICA, 1993, n. 1798). A consciência reta leva a pessoa a agir com autenticidade; é verídica, pois corresponde com a verdade e o bem; sabe escolher, decide-se pelos caminhos que são corretos.

No entanto, diante de uma escolha moral, "pode acontecer que a consciência moral padeça de ignorância e faça juízos errôneos sobre atos a praticar ou já praticados" (CATECISMO DA IGREJA CATÓLICA, 1993, n. 1790). A consciência errônea pode ser encontrada quando "a consciência erra por ignorância invencível, sem por isso perder a própria dignidade", quando a pessoa "se descuida de procurar a verdade e o bem" e ainda quando "a consciência vai progressivamente se cegando, com o hábito do pecado" (VIER. *Gaudium et Spes* 16, p. 158; JOÃO PAULO II, 1993, n. 62, p. 80-81; CATECISMO DA IGREJA CATÓLICA, 1993, n. 1790-1793).

> A ignorância a respeito de Cristo e de seu Evangelho, os maus exemplos de outros, o servilismo às paixões, a pretensão de uma autonomia mal-entendida da consciência, a recusa da autoridade da Igreja e de seus ensinamentos, a falta de conversão ou de caridade podem estar na origem dos desvios do julgamento na conduta moral (CATECISMO DA IGREJA CATÓLICA, 1993, n. 1792).

Há casos em que a pessoa não é culpada do mal cometido. O Catecismo da Igreja Católica tem o cuidado de esclarecer o seguinte: "Se a ignorância for invencível ou o julgamento errôneo não for da responsabilidade do sujeito moral, o mal cometido pela pessoa não lhe poderá ser imputado. Mas nem por isso deixa de ser um mal, uma privação, uma desordem. É preciso trabalhar, pois, para corrigir a consciência moral de seus erros" (CATECISMO DA IGREJA CATÓLICA, 1993, n. 1793).

Devemos igualmente estar bem atentos quando a consciência chega ao estágio doentio, originando desvios diversos (AGOSTINI, 2006a, p. 27-28). Estes podem ser leves, médios e profundos. Entre os desvios leves podemos enumerar o perfeccionismo, o minimalismo, o juridicismo e a confusão da consciência. Entre os desvios médios, por sua vez, encontramos a consciência obsessiva, escrupulosa e subjetivista. No caso dos desvios mais profundos identificamos níveis nitidamente doentios, cuja captação da realidade é alterada e fica comprometida a capacidade de emitir juízos prudentes e retos. Entre estes últimos casos, chega-se, às vezes, à supressão da própria consciência e à perda do autocontrole.

Outros tipos de desvios podem ser encontrados, sobretudo com o avanço da vida moderna e as consequentes mudanças na vida das pessoas, das famílias, das comunidades, da sociedade e do modo como lidamos com a natureza e ante o próprio Deus. Queremos aqui nos referir ao desvio específico daquelas pessoas que ficam se lamentando do presente, não vendo nada de bom nele, achando que nada é mais como antes e que hoje está tudo perdido. Outro tipo de desvio é próprio daquelas que afirmam que hoje sim – como pessoas modernas – é que chegamos à idade adulta, racional, autônoma e livre, distante daquele obscurantismo do passado. São dois *mitos* que apontam para um desequilíbrio da própria consciência (VALADIER, 1977, p. 15-24). Tanto umas quanto outras caem na pretensão de possuir uma consciência esclarecida. Na verdade, estamos diante de duas *ilusões* da consciência, sobretudo porque ambas se creem plenamente morais, plenamente humanas, plenas na (sua) verdade. Valadier (1977, p. 24) pondera que "ser adulto, do ponto de vista moral, é sempre ter que se tornar adulto; ter uma consciência esclarecida é tentar sem parar mantê-la desperta". Importa estar abertos a um processo de humanização contínuo, como contínuo é o despertar da consciência e sua educação; aliás, "uma tarefa de toda a vida" (CATECISMO DA IGREJA CATÓLICA, 1993, n. 1784).

A consciência pode ainda deslizar em duas armadilhas, que merecem nossa atenção. São elas o *fideísmo* e o *racionalismo*. O fideísmo, buscando combater o racionalismo, o agnosticismo e o liberalismo, cai no menosprezo da razão em matéria religiosa e no excesso de fundar a fé sobre si mesma (LATOUTELLE, 1994, p. 327-328) Alia-se ao *tradicionalismo*, atingindo a moral ao afirmar que "tudo, na decisão, depende de tal forma de Deus e só de Deus, que a pessoa pode e deve renunciar a qualquer mobilização de si, para se jogar passivamente e inteiramente ao poder da graça" (VALADIER, 2003, p. 49). Na linha protestante, essa impostação remete para a *sola fide*, ou seja, "mediante a fé, o homem joga-se em Deus independentemente da adesão a um corpo doutrinal [...], na convicção absoluta de ser justificados pelos méritos de Cristo" (LATOUTELLE, 1994, p. 328). O Magistério da Igreja Católica, repetidas vezes, tem denunciado os desvios dos fideístas e dos tradicionalistas; igualmente, tem apontado os exageros dos *racionalistas*, que, por sua vez, caem numa mentalidade positivista, sem "qualquer alusão à visão metafísica e moral" (JOÃO PAULO II, 1998, n. 46, p. 59). gerando o niilismo e propalando uma razão instrumental e utilitarista. O racionalismo nos faz lembrar do *pelagianismo*, que se traduz na afirmação e na pretensão de que o ser humano é capaz por si só de controlar o curso das coisas e dos acontecimentos, não dependendo para isso de Deus; afirma-se, assim, uma autonomia fechada e exclusiva, prescindindo da graça e negando o seu papel preponderante na economia da salvação.

Como última indicação, sem querer esgotar este assunto, aponto para possíveis *bloqueios* da consciência, que paralisam seu despertar e crescimento progressivos (AGOSTINI, 1990, p. 205-207). Sabemos que a tendência normal é a consciência ir amadurecendo, partindo do estágio ingênuo e primário até atingir o estágio maduro, autônomo, crítico, capaz de discernimento e de juízos prudentes. Este não é o caso, por exemplo, quando ela fica presa a uma visão *mágica* e/ou *fatalista*, ou quando assume uma vertente *fanatizada* e/ou *manipulada*. Essas situações se transformam em verdadeiros bloqueios da consciência, que reduzem sua capacidade de emitir juízos críticos e prudentes, comprometendo o lastro indispensável para o exercício da responsabilidade. Uma consciência mágica e/ou fatalista costuma prender-se a uma visão ingênua e primária da realidade, captando apenas fatos isolados, aos quais a consciência se submete, porque lhes atribui um poder superior que viria do exterior e que a dominaria inexoravelmente; reage com resignação; cruza os braços; sente-se vencida; "deixa como está para ver como é que fica". Uma consciência fanatizada e/ou manipulada, mesmo num estágio pós-primário ou até pré--crítico, sente-se inibida na sua capacidade criadora, pois está entregue a soluções paliativas, quer de puro assistencialismo tópico (de casos isolados), quer de radicalismos servis. São *bloqueios* da consciência, capazes de levá-la a regredir, a deslizar em visões míopes, distorcidas, sectárias, fundamentalistas, até enquadrá-la em verdadeiras *cegueiras ideológicas*. Entendemos, então, as palavras de Paulo Freire, que comenta as distorções da consciência nesses casos, com as seguintes palavras:

> A possibilidade de diálogo se suprime ou diminui intensamente e o homem fica vencido e dominado sem sabê-lo, ainda que se possa crer livre. Teme a liberdade, mesmo que fale dela. Seu gosto agora é o das fórmulas gerais, das prescrições, que ele segue como se fossem opções suas. É um conduzido. Não se conduz a si mesmo. Perde a direção do amor. Prejudica seu poder criador. É objeto, e não sujeito (FREIRE, 1989, p. 63).

c) **Balizas para uma consciência reta e verídica, crítica e prudente**

A consciência necessita de apoio para o discernimento moral, a fim de que possa emitir juízos retos e verídicos, críticos e prudentes. Esta é como que sua missão própria (CATECISMO DA IGREJA CATÓLICA, 1993, n. 1777-1782). Por isso, enumero vários pontos, verdadeiras mediações, para que se possa, inclusive, superar os erros, os desvios, as ilusões, os deslizes e os bloqueios acima elencados, nos quais a consciência pode deslizar, comprometendo o exercício da responsabilidade. À medida que vai se dando o processo de crescimento e de formação da consciência, tarefa que dura a vida inteira, necessitamos de recursos ou de mediações que funcionem como balizas. Assim, a consciência pode constituir-se num "lugar hermenêutico privilegiado em que se revela o projeto de Deus com o homem, sacrário mais íntimo do indivíduo, seu centro mais oculto, do qual brotam todas as decisões morais" (DEMMER, 1999, p. 30).

Enquanto comunidade eclesial, oferecemos as seguintes mediações para auxiliar a consciência moral a ser este *lugar hermenêutico privilegiado*:

• *Saber se situar no contexto histórico*: discerne bem a consciência que sabe situar-se no *tempo* e no *espaço* em que vive, levando a pessoa a agir como *sujeito* da ação moral, superando toda forma de redução a mero *objeto*. Muitos são os dados e as discussões que aqui entram em jogo (FERRARO, 1988).

Neste texto, nos detemos a sublinhar a necessidade de "um discernimento prático das razões e dos bens", para que possamos chegar a um "juízo feito sobre os atos concretos a praticar ou já praticados" (CATECISMO DA IGREJA CATÓLICA, 1993, n. 1780). É indispensável conhecer, no concreto da nossa existência, a *matéria* em questão e as *circunstâncias* que a envolvem, para que se estabeleça o *juízo prudente* da consciência. Isso nos leva a estar igualmente atentos às situações sociais e culturais, cujo conhecimento "é uma exigência imprescindível para a obra da evangelização [...]. Não só, mas os pedidos e os apelos do Espírito ressoam também nos acontecimentos da história" (JOÃO PAULO II, 2003, n. 4, p. 7).

• *A iluminação da fé*: ao buscar a verdade e fundar retamente a dignidade humana, a consciência tem especial auxílio ao abrir-se à iluminação da fé. "A consciência boa e pura é esclarecida pela fé verdadeira" (CATECISMO DA IGREJA CATÓLICA, 1993, n. 1794). Todos os cristãos são chamados a cooperar nessa busca. A diversidade de dons e de carismas, presentes no Povo de Deus, enriquece o discernimento. Tanto os pastores quanto os leigos, Cristo "constituiu-os testemunhas e ornou-os com o sentido da fé e a graça da Palavra (cf. At 2,17-18; Ap 19,10), para que brilhe a força do Evangelho na vida cotidiana, familiar e social [...]. Mas não escondam essa esperança no íntimo da alma, e sim [...] também a exprimam nas estruturas da vida secular" (VIER. *Lumen Gentium* 35, p. 81). O Concílio Vaticano II foi claro ao afirmar que "o Povo santo de Deus participa do múnus profético de Cristo, pela difusão do seu testemunho vivo, sobretudo através de uma vida de fé e caridade [...]" (VIER. *Lumen Gentium* 12, p. 52). Cristo "concedeu-lhe o sentido da fé" (VIER. *Lumen Gentium* 35, p. 81). Entendemos, então, as palavras claras de João Paulo II, quando afirma que os próprios "leigos, em razão da sua vocação particular, têm o dever específico de interpretar à luz de Cristo a história deste mundo, enquanto são chamados a iluminar e dirigir as realidades temporais segundo o desígnio de Deus Criador e Redentor" (JOÃO PAULO II, 2003, n. 5, p. 9). Todo esse discernimento "atinge-se pelo sentido da fé" (JOÃO PAULO II, 2003, n. 5, p. 9; OLIVIERO, 1981, passim; AUBERT, 1979, p. 251-273).

• *Sagrada Escritura, Tradição e Magistério*: acolhida na fé e colocada em prática, a Palavra da Sagrada Escritura "é a luz do nosso caminho" (CATECISMO DA IGREJA CATÓLICA, 1993, n. 1785). Nela reside uma das fontes constantes e principais para todo discernimento (BONNET, 1978). Como pessoas de fé, engajadas numa comunidade eclesial, colocamo-nos igualmente em atitude de escuta atenta da Tradição e do Magistério da Igreja; constituem-se fontes que colaboram para o ensinamento autorizado da Igreja (BONNET, 1980). A Sagrada Escritura, a Tradição e o Magistério "estão de tal maneira entrelaçados e unidos, que um não tem consistência sem os outros, e que juntos, cada qual a seu modo, sob a ação do mesmo Espírito Santo, contribuem eficazmente para a salvação" (VIER. *Dei Verbum* 10, 1991, p. 128; CATECISMO DA IGREJA CATÓLICA, 1993, n. 82; JOÃO PAULO II, 1993, n. 64, p. 83). Essas instâncias "representam uma ajuda para a consciência cristã [...]. A mediação eclesial é essencial para a acolhida do Espírito e o discernimento de suas inspirações autênticas" (MELINA, 1995, p. 127). "A Igreja põe-se sempre e só a *serviço da consciência*" (JOÃO PAULO II, 1993, n. 64, p. 83). Isto é o próprio de nossa pertença à Igreja, que nos reenvia sempre a Jesus Cristo; seu seguimento, na comunhão eclesial, constitui o modo próprio de o cristão crescer em espírito e verdade.

• *As normas morais*: as normas adquirem a sua consistência moral à medida que são um auxílio à consciência, sendo um suporte para a decisão moral da pessoa. Não substituem a pessoa que, livre e responsável, tem a tarefa de formular o juízo concreto (ABIGNENTE, 1987, p. 67-70; HORTELANO, 1970, p. 243-246; PIVA, 1986, passim; VIDAL, 2003, p. 636-638). "As normas não propõem o juízo prático operativo previamente formulado, mas ajudam o sujeito a formar o seu próprio juízo em vista da decisão" (ABIGNENTE, 1987, p. 69). Fica reservada à pessoa, em sua consciência, empenhar-se livre e responsavelmente à luz dos valores, dando forma à sua decisão. As normas buscam traduzir o *ethos* cristão e apontam para *valores*; aí reside o seu caráter normativo, sobretudo quando são expressão do Evangelho e traduzem o modo próprio de ser de Jesus Cristo. Remetem, portanto, para o fundamento último, que é Cristo, sendo portadoras de "algo" que transcende as culturas e a própria história humana. Podem conter valores de caráter universal e perene. Mediadas pela linguagem humana, intérpretes *mais* ou *menos* fiéis a Jesus Cristo, as normas supõem um esforço de "procurar e encontrar *a formulação mais adequada* aos diversos contextos culturais, mais capaz de lhe exprimir incessantemente a atualidade histórica, de fazer compreender e interpretar autenticamente a sua verdade" (JOÃO PAULO II, 1993, n. 53, p. 73). Cabe um esforço de precisá-las e determiná-las, tendo em conta as circunstâncias históricas.

Enquanto portadoras de valores, as normas contêm um "conteúdo" a ser interiorizado na fé pelos que creem, não constituindo assim um apelo do exterior, mas do próprio interior da consciência, um auxílio à sua liberdade.

• *Outras mediações para um bom discernimento moral*: indicaremos aqui outras mediações ou suportes da consciência, sem nos deter em pormenores. Trata-se de localizar outros caminhos que venham somar no sentido de um bom discernimento moral. Sem absolutizar um ou outro referencial, eis aqui outras indicações:

- O recurso aos *sinais dos tempos*, como ausculta dos apelos de Deus nos acontecimentos da história (VIER. *Gaudium et Spes* 11, 1991, p. 153).

- O recurso à *lei natural*, "presente no coração de cada homem e estabelecida pela razão..." (CATECISMO DA IGREJA CATÓLICA, 1993, n. 1956), "conforme a natureza, difundida em todos os homens, [...] imutável e eterna" (CÍCERO, apud CATECISMO DA IGREJA CATÓLICA, 1993, n. 1956), para captar os planos de Deus atinentes ao ser humano, o sentido de nossa existência, bem como a missão que nos cabe frente ao que é conforme e necessário à natureza humana.

- A criação do ser humano *à imagem e semelhança de Deus*, criatura de Deus, dotado inteiramente de uma dignidade enquanto criado à imagem de Deus (WESTERMANN, 1985, p. 118-119), interlocutor de Deus, parceiro de Deus no cuidado da criação, livre, chamado a amar a Deus e ao próximo e a ser *cocriador*, isto à medida que modela e produz realidades várias, organiza os espaços por meio da ciência, tecnologia e trabalho (RIBEIRO, 1998, p. 76s.) e administra retamente os bens da criação.

Capítulo 3
Liberdade, responsabilidade e opção fundamental

Numa época em que os paradigmas estão em processo de mutação, faz-se necessário que nos mobilizemos no sentido de uma inadiável procura pelas bases de sustentação moral a partir de uma nova concepção da realidade. Para isso, queremos incorporar as lições do passado e avançar num esforço de "construção" de uma humanidade que tenha a ética como referência, numa "fidelidade dinâmica" ante a criação toda. É hora de reemergirmos como homens e mulheres livres e responsáveis, artífices de uma comunhão de amor generoso, justo, bom e verdadeiro, porque respondem com uma "fidelidade confiante" ante a "luz" refletida em todos os seres da criação, espelhos do Deus Criador.

1 Liberdade humana e estruturas sociais: Modernidade, globalização

O anseio de liberdade acompanha o ser humano desde sempre. Longe de ser um simples adendo, a liberdade constitui-se uma prerrogativa de especial magnitude, conatural ao seu ser, na qual ele adquire especial grandeza. Ela é o fundamento de sua própria dignidade.

A liberdade concretiza-se, no entanto, de maneira diferenciada e progressiva. Explicita-se na descoberta de um "poder fundamental", num acordar da humanidade em etapas diferenciadas, fundado na consciência que o ser humano tem de si (ROMBACH, 1974, p. 47). Numa primeira etapa, o ser humano percebe que consegue resistir face à natureza. A partir daí, ele prossegue no seu despertar demarcando o seu "lugar distinto", tendendo a colocar-se num nível superior ante os demais seres da criação, sobretudo ao buscar a sua subsistência. Segue uma outra etapa, na qual o ser humano introduz diferenciações dentro de sua própria espécie, fazendo despontar o "indivíduo" e mesmo a percepção de "grupo distinto". A noção de liberdade acompanha essa descoberta que o ser humano faz de si, até explicitá-la na busca/desejo de *emancipação*, vértice no qual a Modernidade buscou situar-se, e ponto fulcral de sua própria crise.

Deste caminhar da humanidade, é devedor o projeto moderno de "emancipação". Como busca da liberdade, no sentido de livre-disposição de si, esse projeto não consegue, no entanto, esquivar-se da força das estruturas sociais. A pretendida autonomia e a velha heteronomia digladiam-se ininterruptamente. Mesmo se necessárias na sustentação do tecido social, essas estruturas tendem, não raro, a resvalar em formas de domesticação e manipulação, o que nos introduz no campo da dominação, hoje extensivo ao processo acelerado de globalização em curso.

1.1 A "emancipação" na Modernidade

O ser humano já não se contenta mais em estar apenas livre da dependência da natureza. De maneira explícita na Modernidade, ele alimenta o desejo crescente de *emancipação* em todos os campos da vida, seja no cultural-religioso, seja no sociopolítico. Não se trata mais de indicar por liberdade somente a distinção do homem livre (ou "nobre") do escravo (LABURTHE-TOLRA; WARNIER, 1997, p. 184). Por *emancipação*, quer exprimir o seu

190

desejo de "autodeterminação frente a uma autoridade imposta e a autodeterminação de diversos grupos e de minorias frente a outros grupos ou a outras maiorias dominantes" (MERINO, 1991, p. 97). A ênfase está no sentido sociopolítico; porém, não se pode descartar outros direcionamentos de sentido.

Entendemos, então, que a Modernidade tenha operado uma grande mudança de paradigmas. Buscou opor-se a todo tipo de império, quer entre nações, grupos e/ou indivíduos. Proclamou a autonomia dos indivíduos, os direitos humanos e as liberdades individuais, bem como a liberdade religiosa, de consciência, de pensamento, de expressão etc. Buscou libertar-se da razão mítica, bem como da razão teológica e metafísica, para substituí-las pela razão físico-científica e pela razão técnica e mesmo instrumental.

A história dos últimos cinco séculos ilustra muito bem essa busca de *emancipação*.

> Copérnico, Galileu e Newton emancipam a razão científica da *razão* teológica. A Revolução Francesa, seguindo a *razão* dos iluministas, *liberta* o cidadão do absolutismo monárquico. O marxismo se propôs libertar os proletários do domínio burguês. Nietzsche pretendeu libertar a vida instintiva e vital da metafísica, da religião e da cultura dominante. Freud elaborou um projeto para libertar o psiquismo das diversas neuroses e psicoses. O movimento feminista mundial promove a emancipação da mulher da cultura patriarcal e machista. Nosso tempo é testemunha do movimento emancipatório e de libertação no campo pessoal, familiar, juvenil, sexual, moral e religioso daqueles princípios, normas ou critérios de orientação vigentes em outros tempos e que atualmente estão seriamente questionados (MERINO, 1991, p. 97-98).

Um grito de liberdade continua soando por todos os lados; são movimentos os mais diversos, sistemas de pensamento, religiões, até revoluções. Seu sentido varia muito, podendo ser ambíguo. Às vezes, o conceito e a busca de liberdade quer significar espontaneidade. Outras vezes, aponta para a libertação frente a algo ou libertação para algo. Há circunstâncias em que é utilizado como reivindicação de realização de uma necessidade. Também pode ser expressão de um ato voluntário, de autodeterminação, de liberdade de expressão etc.

A Modernidade canalizou esse desejo de emancipação e liberdade ao fundar-se no "homem da razão". Proclamou um ser humano autônomo, livre, sujeito de si e da história, detentor de direitos, um quase super-homem (AGOSTINI, 2007, p. 22s.). Surge, então, uma pergunta: Será este ser humano moderno, cioso de si, tão poderoso assim? Conhecemos como personagens da própria Modernidade questionaram tal pretensão. Karl Marx sublinhou o papel das forças sociais, chegando, inclusive, a afirmar que "é a existência social que determina a consciência" das pessoas (MARX, 1971, 1-528). Sigmund Freud apontou para a força dos instintos o papel dos interditos e o lugar de nosso inconsciente em nossos comportamentos e ações, levantando uma suspeita sobre o real espaço de liberdade de que dispomos. Friedrich Nietzsche, com sua crítica total, rejeitou todo recurso aos valores existentes ou já recebidos, chamando-os de reacionários; apontou para um "nihilismo de fato" que compromete a liberdade enquanto expressão do "ser". Claude Lévi-Strauss buscou demonstrar que o "eu penso" é reflexo da cultura circunstante; eu penso como pensa o mundo em volta de mim.

Na verdade, o ser humano não é tão autônomo assim, como imaginaram os modernos. Ele é dependente de toda uma constelação de fatores tecidos fora de si que o condicionam fortemente. Assim o é quando tratamos, por exemplo, dos fatores genéticos que o diferenciam dos demais seres humanos, dando-lhe uma identidade toda própria. O mesmo vale diante de fatores biológicos (hormônios e outros agentes), presentes em nosso corpo, que suscitam mudanças nas atividades neurofisiológicas. Fatores familiares e educacionais (pais, língua materna, família, pátria, escola, religião, meio social) vêm se juntar a estes, deixando marcas no ser humano. Fatores ambientais também participam dessa modelagem da pessoa, pelo clima, alimentação etc. Fatores de ordem sociopolítica e econômica incidem fortemente sobre as pessoas e, não raro, ditam o lugar (e o feixe de relações) que a pessoa ocupa no meio social, bem como determinam a sua qualidade de vida. Fatores *globalizados* redesenham, hoje, as relações em nível mundial, criando um "mundo sistêmico", regulador não só do Estado-nação, mas também dos indivíduos.

O ser humano, que se crê livre, autônomo e sujeito, não faz o que realmente sonha e quer. Está sujeito a uma gama de fatores que o condicionam e, não raro, buscam manipulá-lo. Isso aponta para a crise na qual se encontra o projeto de Modernidade e, consequentemente, o ser humano que aí alicerçou a via de sua realização. Não podemos, portanto, negligenciar a força de condicionamentos de diversa índole, das estruturas sociais e do processo de globalização em curso, fatores que acabam incidindo fortemente sobre nossas vidas.

1.2 A força das estruturas sociais

É um fato fundamental a afirmação de que "a sociedade é sociologicamente definida", mesmo que as definições sejam sempre *encarnadas* em indivíduos concretos e/ou grupos de indivíduos (BERGER; LUCKMANN, 1983, p. 38s., 157). Esse universo socialmente construído constitui-se uma realidade ordenada. "Seus fenômenos acham-se previamente dispostos em padrões que parecem ser independentes da apreensão que deles tenho e que se impõem à minha apreensão" (BERGER; LUCKMANN, 1983, p. 38). É o mesmo que dizer que a minha vida na sociedade está marcada por coordenadas objetivas que me são dadas de antemão, o que na prática implica reconhecer que esta vida está cheia de objetos dotados de prévia significação.

No entanto, em seu ponto de partida, essa significação foi, em algum momento, tecida juntamente com os outros seres humanos, na situação do face a face, numa interação de comunicação, em um mundo comum[21]. É o momento do "instituinte". Só que a abertura ao mundo, característica do ser humano, coloca-o numa correlação com o ambiente, para além do próprio face a face, em meio a toda ordem cultural e social. Isso faz com que ele esteja submetido a uma contínua interferência do social. Tornamo-nos seres humanos nessa correlação com o ambiente. Esta é uma característica própria do *ser social* que somos.

Graças a essa sociabilidade, chegamos a ser produtores de ambientes sociais para dar estabilidade, ordem e direção à existência humana. Conferimos a esses ambientes formações socioculturais e psicológicas; abrimo-los ao religioso-transcendente; tecemos uma constelação de ligações afetivas. Essa "produção" (momento do instituinte) de uma ordem social permite dirigir os impulsos, canalizar as energias e a agressividade, conferir significados. É como que uma necessidade de nossa "desprovida" natureza instintiva/ biológica, uma necessidade antropológica (DURKHEIM, 1968). Para isso, criamos hábitos, moldamos padrões, instituímos "tipificações" (esquemas de apreensão), controlamos a conduta humana. Um mundo social está, assim, em processo de construção.

A institucionalização (momento do instituído) desse mundo social carrega, em contrapartida, o fato de ele existir acima ou além do indivíduo. É como se as instituições tomassem aos poucos vida própria, transformando-se em realidades objetivas, com uma dinâmica particular, independente.

---

21. Isto dá-se intermediado por elementos *tipificadores* (esquemas pelos quais os outros são apreendidos), mesmo que vulneráveis; as tipificações podem tornar-se "progressivamente anônimas à medida que se afastam da situação face a face". Cf. BERGER; LUCKMANN, 1983, p. 50.

As instituições estão *aí*, exteriores ao indivíduo, persistentes em sua realidade, queira ou não. Ele não pode desejar que não existam. Resistem a suas tentativas de alterá-las ou de evadir-se delas. Têm um poder coercitivo sobre ele, tanto por si mesmas, pela pura força de sua facticidade, quanto pelos mecanismos de controle geralmente ligados às mais importantes delas (BERGER; LUCKMANN, 1983, p. 86).

Compreendemos, então, que haja uma institucionalização das condutas, com o consequente desenvolvimento de mecanismos de controle social. Isso passa por fórmulas legitimadoras, conjuntos de sanções, medidas coercitivas etc. A instituição tende a "programar" os canais pelos quais a própria consciência individual vai captar as estruturas objetivadas do mundo social. Atua preferencialmente por meio da linguagem e do aparelho cognoscitivo, influindo assim na própria ciência. Acaba por adquirir o poder de "configurar" o indivíduo num mundo social definido e controlado.

Instaura-se, como vemos, uma relação dialética; o ser humano e seu mundo social atuam em mão dupla, ou seja, atuam reciprocamente um sobre o outro. Porém, a interação entre ambos não anula a autonomia e o poder do mundo social. Este vai além do plano individual e atua poderosamente sobre os indivíduos (DURKHEIM, 1968, p. 3-14). Estes não fazem exatamente o que querem; fazem suas escolhas reais dentro dos limites das condições sociais.

Ocorre, no entanto, que esta análise necessita hoje ser ampliada ante a lógica do processo de *globalização* em curso; ou seja, na formação deste "mundo-como-um-todo". As estruturas sociais participam desse processo de diferentes formas e graus, já que "o sistema global não é o resultado de processos de origem basicamente intrassocial" (ROBERTSON, 1994, p. 36). Amplia-se a percepção do fenômeno e redesenham-se as interações. Vivemos um processo de transnacionalização crescente que tem na economia o seu eixo condutor, com injunções "externas" sobre o Estado-nação; este tem sua capacidade diminuída frente à força cada vez maior das corporações transnacionais e das organizações multilaterais. Decresce, consequentemente, a importância das forças sociais "internas". A sociedade civil tem sua força reduzida ante o Estado, que traça suas políticas segundo as diretrizes e práticas neoliberais.

A partir daí, criam-se poderosas e ativas *estruturas mundiais de poder* (IANNI, 1998, p. 20s.). Crescem os processos de interdependência econômica, política, legal, militar e cultural, reduzindo a capacidade "regulatória" do Estado moderno. Criam-se cadeias de decisões e de atuações políticas inter-relacionadas, influindo nos sistemas políticos nacionais. Redesenham-se as identidades culturais e políticas, diminuindo a representatividade do Estado-nação. Corporações transnacionais controlam cada vez mais a mídia, não só como donos dos meios de comunicação e informação, mas como detentores do poder de selecionar e interpretar os fatos, formando e conformando as mentes e os corações com sofisticada tecnologia de persuasão. A publicidade ganha peso, incitando ao consumo desenfreado e até compulsivo, numa indústria cultural gerada mais pela imagem do que pela palavra. A cultura da imagem transforma a realidade social, econômica, política e cultural, em todas as esferas, em realidade virtual. As técnicas de *marketing* influem fortemente sobre a capacidade decisória do cidadão. As tecnologias eletrônicas, informáticas e cibernéticas redimensionam o nosso sentido de realidade e as noções de espaço e tempo.

Perguntamo-nos, então, qual é o real espaço que temos ao fazer escolhas nas condições sociais e globais do momento presente? O que representa a "configuração" moderna e agora globalizada dos indivíduos? Que ressonâncias isso tem na vida das pessoas?

1.3 A crise da Modernidade

A configuração própria da Modernidade passa pela multiplicidade das ciências, tendo a razão um lugar de destaque e a produção um lugar de sua aplicação preferencial, numa versão técnico-científica do mundo. Fundada na "revolução do indivíduo consciente", dotado de razão, capaz de produção, a Modernidade pensou ter enfim chegado à afirmação do ser humano autônomo, sujeito de si e da história. Grandes, é claro, foram as conquistas, sobretudo ao lançar as bases da ordem democrática, bem como ao proclamar os direitos humanos. Com o advento da razão, o ser humano buscou conhecer e transformar a natureza e a sociedade, extraindo delas o máximo de benefícios para si. As ciências lhe deram o saber de que necessitava e as técnicas lhe ofereceram os instrumentos, fixando a partir daí as bases de legitimação e validade de tudo o que passara a compor a sua vida. A utilidade e a eficiência transformaram-se logo em critérios por excelência.

No entanto, este ser humano, que parecia tão autônomo e poderoso face a toda injunção externa (heteronomia), enfim emancipado, não demorou em sentir-se mergulhado num desequilíbrio do que lhe é vital. A razão deslizou na pretensão de tudo dizer e definir a partir de campos relativos a esta ou àquela ciência, fragmentando a realidade e atendendo apenas parcialmente o ser humano. A produção, já delimitada pelo que é útil e eficiente, passou a nortear-se pela busca da lucratividade sem limites, num acúmulo de bens capitalizados, com a consequente depredação da natureza e submissão do ser humano, quando não simplesmente a exclusão deste. Confundiram-se valores, prioridades e necessidades vitais, num desequilíbrio grave, cujo preço social atingiu rapidamente grandes e escandalosas proporções, denunciador do capitalismo selvagem que se instalou entre nós, sobretudo em sua versão neoliberal, com a hegemonia do econômico globalizado.

O processo de globalização, por sua vez, não só coloca em crise o princípio da soberania nacional, bem como influencia decisivamente na "conformação" dos indivíduos, tendo a mídia um papel decisivo. Sua ação não se restringe aos indivíduos; busca também induzir grupos, classes e blocos, com forte ingerência no social, econômico, político e cultural. Isso gera insegurança, exigindo dos indivíduos e grupos mudanças de atitudes, forçando-os a administrar de forma diferente a sua vida. Esse processo induz ao consumismo; para isso, a mídia faz uso da publicidade não só para "vender" mercadorias, mas também para oferecer política, religião, cultura etc. como bens de consumo. "Poder consumir" acaba sendo traduzido como sinônimo de participação, inserção social e mesmo exercício de cidadania. Com isso, damo-nos conta como "o leitor, ouvinte, espectador, audiência ou público é informado, orientado, induzido, subordinado ou manipulado" (IANNI, 1998, p. 23).

Esse contexto acaba, sim, "configurando" o *indivíduo*, eleito como elemento-pivô da Modernidade, pretensamente livre, autônomo, sujeito de si e da história. Porém, ele se descobre *de facto* numa situação extremamente frágil. Dentro desse quadro, ele tem dificuldade de definir-se, pois cabe a ele – só a ele – captar, escolher, decidir, "virar-se", diante de um universo agora múltiplo e fragmentado de saberes e técnicas, que lhe impõe condições para "ser incluído" e ter chance de sobrevivência. O indivíduo moderno, dentro desse emaranhado, tem dificuldade até de autoidentificar-se, é instável e incapaz de estabelecer relações mais duráveis e engajamentos por um tempo mais longo. Entrega-se fácil ao consumismo, buscando saciar-se, para assim preencher os vazios (não raro, verdadeiros rombos) de sua vida; assume uma atitude mimética ante a publicidade; fica à mercê das "ondas" do momento, sugeridas sobretudo pelos meios de comunicação social. Além de extremamente frágil, esse indivíduo revela-se vulnerável.

O peso dado ao processo produtivo, passando pelo crivo da razão técnico-científica, acaba sacrificando elementos vitais desse indivíduo, deslocando o lugar do gratuito, do afetivo, do simbólico e do espiritual, quando não os excluindo sem mais. Compreendemos, então, que o ser humano esteja, em nossos dias, entregue a uma crise, marcada sobretudo por um vazio afetivo e espiritual. As mais diversas formas de explosão da subjetividade trazem à tona os sinais dessa crise. Não raro, acompanha esse fenômeno a busca compensatória de toda sorte de manifestações e/ou cultivo do estritamente individual, dispensando o comunitário e o social; a ênfase é dada ao indivíduo, caindo até no intimismo. O surgimento do fenômeno das "novas religiosidades", o acento de vertentes mais "psicológicas", bem como a busca de novos "espaços de experiências" remetem para um indivíduo em busca de segurança e insatisfeito, gritando contra a disparidade entre o ritmo da "máquina" moderna e o ritmo da vida e da natureza toda. O mundo das técnicas e das ciências, da produção e das invenções não está preenchendo e realizando o mundo da vida.

Estamos, hoje, diante do dilema: ou nos dispomos a nos conformar à "configuração" das forças sociais e/ou globais que tendem a impor o seu poder, moldando-nos por inteiro, ou assumimos o princípio de liberdade e de responsabilidade pessoais, num cultivo do que funda o *humanum* e num abraço reverente de toda a criação. Faz-se ainda necessário decifrar a Pós-modernidade, que indivíduo ela produz, neste cenário de mudança de época em que nos encontramos.

2 A responsabilidade que brota da opção fundamental

Em nossos dias, soa forte o desafio de sermos responsáveis. Não por imposição, mas enquanto fruto de uma opção fundamental; esta gera uma liberdade que é, ao mesmo tempo, responsável. Porém, não podemos esquecer que estamos num contexto que já contém sinais claros de Pós-modernidade. Precisamos decifrar melhor o contexto desse indivíduo pós-moderno. Vejamos, então, o caminho a percorrer.

2.1 O contexto de Pós-modernidade

Encontramo-nos, hoje, num cenário pós-moderno. Quais os traços do indivíduo que se deixa embalar pela Pós-modernidade? Se, por um lado, se propaga a ideia de que o indivíduo é livre, autônomo, sujeito de si e da história, por outro lado, eis que ele se torna facilmente vulnerável, tendo dificuldade até de autoidentificar-se. Apresenta-se instável e incapaz de estabelecer relações duradouras e de assumir engajamento por um tempo mais longo. Entrega-se facilmente ao consumismo, buscando saciar-se para assim preencher os vazios de sua vida, não raro comprometedores; assume uma atitude mimética ante a publicidade; fica à mercê das "ondas" do momento, sugeridas sobretudo pelos meios de comunicação social. Além de extremamente frágil, esse indivíduo revela-se vulnerável (AGOSTINI, 2002b, p. 121).

Aprofunda-se o individualismo, ao mesmo tempo em que se multiplicam as possibilidades de escolhas. No entanto, justamente na hora em que mais precisaria de referenciais, eis que o indivíduo não os tem. Liquefazem-se os marcos referenciais, minando os sentidos, os valores que a própria Modernidade lhes tinha fornecido. Ainda mais, as balizas disciplinares e institucionais são descartadas, jogando-o de vez em sua própria subjetividade, na esfera privada, num verdadeiro culto ao individualismo de cunho narcisista. Aliam-se, então, o individualismo, o consumismo e o narcisismo, formando uma teia que prende o humano e que está revelando a sua força desumanizadora (VALADIER, 2005, p. 19).

Essa teia é globalizada e complexa, mesmo que frágil. Quais são os traços que ela infunde no ser humano? Os homens e as mulheres, capturados por essa modalidade, trazem as seguintes características (TAVARES, 2006, p. 36; cf. RUBIO, 1997, p. 49-50):

> • Um ser humano instrumentalizado, à mercê do mercado e do consumismo.

- Um ser humano voltado para a competitividade, dissociado da solidariedade e da colaboração mútua.
- Predomina um individualismo associal, voltado apenas para sua própria satisfação e realização.
- Continua presente o racionalismo tecnocrático. Uma total e inquestionável adequação e obediência ao modelo do mercado globalizado.
- Reforça-se a "bem-aventurança" do consumo, onde o homem e a mulher são vistos de maneira elitista, e destinados ao consumo: "Bem-aventurado aquele que pode consumir, e mais bem-aventurado ainda aquele que pode consumir mais" (RUBIO, 1997, p. 49-50).
- Quem não pode consumir é excluído, entra nas massas descartáveis.
- Uma cultura internacional sobressai, desvalorizando as expressões culturais regionais ou nacionais ou apenas integrando-as como elementos folclóricos.
- Desenvolve-se uma cultura internacional audiovisual, entre outras.

Pode-se falar numa nova configuração do humano, marcado pelo desejo de consumo, até arrastado por ele. Impõe-se, assim, uma mudança de valores, sendo o "ter" e o "prazer" de consumir os impulsos que comandam a vida. A economia de subsistência cedeu seu espaço para a economia do desejo. Na economia de subsistência, busca-se a satisfação das necessidades básicas. Na economia do desejo, instaura-se uma insaciabilidade das necessidades. Nesta última, não há balizas, não há limites, não se pode falar de restrição ou autocontrole. Cai-se no hedonismo materialista. Cria-se um sistema de valoração que se pauta na posse e no desejo de "ter" sem limites. A mídia massifica o consumidor, sob a falsa impressão de qualidade de vida, de segurança e de realização humana. Nesse cenário, "sem posses, não há pessoas" (MARDONES, 1988, p. 196).

A felicidade do consumo desemboca no hedonismo materialista. Uma demanda de prazer que não tem fim, porque nunca satisfaz o que promete. Joga com a estimulação do desejo e desperta a sede indefinida de mais coisas e mais gozo. Ter, possuir, desfrutar, ganhar, alcançar sucesso, deslumbrar os que estão em volta, são valores que se encontram na sociedade consumista (MARDONES, 1988, p. 196).

Existe uma visão coisificada e possessiva do mundo. Veem-se "coisas", "objetos". O desejo é consegui-los, manipulá-los, usá-los e desfrutá-los. A relação com os outros seres humanos acaba por ser estabelecida sob o mesmo registro. Eles têm valor pelas suas "posses" ou pelo prazer e satisfação que trazem ao usufruir delas ou ser usufruídos por elas.

Hoje há um excesso de escolhas, o que coloca em crise o consumidor que tudo quer abocanhar, já que não aprendeu a estabelecer prioridades, dispensando ou se privando disto ou daquilo (BAUMAN, 2001, p. 75). Instaura-se uma angústia e irritação; pois, tomado pelas garras do individualismo consumista, esse indivíduo não consegue sequer realizar o princípio do consumo, o único a propiciar-lhe identidade, *status* social, exercício de liberdade e bem-estar (GALIMBERTI, 2004, p. 71-79). O consumismo é um vício novo!

O ser humano não consegue, na verdade, sentir-se pleno; vive miniaturizado. O narcisismo, aqui impulsionado pelo consumismo, é reflexo ou manifestação "miniaturizada do processo de personificação" (LIPOVETSKY, 1983, p. 13). A convivência social segue a lógica das miniaturas; criam-se grupos afins, tribos afins, circuitos e redes de grupos, minigrupos. O desejo é se encontrar com aqueles que sejam parecidos e tenham as mesmas preocupações imediatas. Não há o encontro com o diferente que desafia o ser humano a sair de si, de ir além, de crescer superando-se. Tudo aqui é expresso pela atenção a si mesmo, numa "dessubstancialização pós-moderna", numa "lógica do vazio" (LIPOVETSKY, 1983, p. 15). Os indivíduos são, na verdade, fracos, sem convicções, indiferentes, sem conteúdo, vulneráveis, volúveis. Tudo se liquefaz com a mesma rapidez das mesmices que se tecem e se desfazem, porque a atenção a si mesmo é o que conta.

2.2 Responsabilidade

Mesmo em meio ao contexto em que emerge a Pós-modernidade, de forte individualismo, entrevemos um momento novo que está surgindo. Sim, esse individualismo reinante já dá mostras de graus de responsabilidade, aberto às regras morais, à equidade, aberto ao futuro, como que numa reabilitação da inteligência sob forma de ética. Isso mostra, por um lado, que as sociedades não conseguem viver sem um regulador, e, por outro lado, que os "breviários ideológicos deixaram de responder às urgências desse momento" (TOURAINE, 1997, p. 23). Isso fez Gilles Lipovetsky afirmar: "O século XXI será ético ou não existirá" (LIPOVETSKY, 1994, p. 235). Ou, segundo Regis de Morais: "Repor a ética como referência à capacidade humana de ordenar as relações a favor de uma vida digna é desafio da atualidade" (MORAIS, 1992, p. 5). Somos éticos quando vivermos a liberdade com responsabilidade. Esta deve ser vivida no contexto de uma opção fundamental de vida. Qual a nossa contribuição de cristãos no tocante à responsabilidade? Vejamos o que segue.

A responsabilidade está intrinsecamente ligada à liberdade. Somos responsáveis porque somos livres. Por sua vez, a liberdade tem a ver com a fidelidade, fundada numa consciência livre e fiel. Assim viveu Jesus Cristo, numa obediência ao Pai, numa liberdade fiel. Como primeiro passo, ser livre é ser fiel a si mesmo, fruto de uma consciência reta e verídica. E, vendo como Cristo viveu, desdobra-se em nós a busca de um viver "em Cristo" e, nele, sermos capazes de acolher a herança do passado, de sermos responsáveis no momento presente, projetando-nos para um futuro seguro. Essa liberdade fiel é vivida como resposta a um chamado de amor. Deus criou o ser humano para que possa responder ao seu amor, doando-se numa resposta de amor. Porém, o ser humano pode fechar-se ao dom de Deus e dar uma reposta egoísta, ficando comprometida a sua realização.

A responsabilidade é para o cristão a melhor resposta ao chamado de Deus, num esforço pessoal contínuo para responder a Ele, que se manifestou em plenitude em Cristo Jesus. Falamos, então, de uma fidelidade responsável, que é consequentemente fidelidade a Cristo, resultado de uma transformação de vida e de um empenho moral autêntico. Häring afirma: "Todas as vezes que penso em liberdade ou dela falo, brota em meu coração a palavra 'fidelidade' a Cristo" (HÄRING, 1978, p. 3).

Esta liberdade fiel tem, ademais, uma qualidade, ou seja, ela é criativa. Os discípulos de Cristo são partícipes da ação do Espírito Santo, que renova os corações e a face da terra. Abertos à lei do Espírito, os fiéis sentem palpitar a vida, numa moral dinâmica, atraída pelos valores que brotam do Evangelho, pelos mandamentos tornados meta e por orientações diversas emanadas das Sagradas Escrituras. A liberdade é um dom de Deus que nos coloca sem amarras ante o seu chamado, capaz de nos autodeterminarmos numa resposta generosa e numa abertura ilimitada a tudo o que é realização do e no amor.

A liberdade nasce do amor e nele se realiza, unindo Deus e ser humano. Faz da fé uma vivência livre, fruto de um "sim" igualmente livre do ser humano a Deus. Não há lugar para o egoísmo e a indiferença. Isso seria o pré-anúncio da própria condenação. Jesus realiza, por sua vez, a missão salvífica e nos resgata dessa situação de morte para nos libertar de toda escravidão, de todo pecado. Isso implica uma conversão; esta supõe uma libertação de todas as formas de pecado, quer pessoal quer social. É em toda a sua história que o ser humano projeta a fé e vive a liberdade. Ele é modelado e projetado, numa transformação de todo o seu ser.

A responsabilidade é a forma humana de responder ao chamado de Deus. É uma resposta de fé da pessoa chamada por Deus e para Deus. Busca sempre o bem, numa resposta à lei do amor inscrita por Deus no coração humano, que se resume no Amor a Deus e no Amor ao próximo. Esta é a resposta justa que se concretiza na fidelidade a Cristo.

2.3 Opção fundamental

A categoria antropológica da responsabilidade humana, por excelência, foi amalgamada na noção de "opção fundamental". É a ela que nos dedicaremos agora. Ela é a expressão do núcleo que orienta a pessoa em todas as suas decisões. Não se resume a um ato; porém, a todos eles ela está ligada, pois faz brotar as atitudes que levam a escolhas concretas, os atos. A opção fundamental pode ser realizada numa opção para Deus ou contra Deus. Sim, a pessoa pode permanecer aprisionada no pecado do mundo, na conivência que leva para a perdição, desviando a sua vida de Deus. Porém, numa opção fundamental para Deus, toda a nossa vida entra em comunhão e coloca-se, em espírito e vida, na vivência do Amor. A pessoa coloca-se livre e comprometida com Deus, inserida na comunidade, responsável no cuidado da vida, inclusive de toda a criação. Define-se, assim, a orientação básica da vida.

Quem se orienta no sentido de uma opção fundamental para Deus coloca-se igualmente num processo de conversão permanente. A conversão ocupa um lugar central na vida do cristão. Assim, a opção fundamental passa a ser personificada em virtudes que são o lastro das atitudes coerentes e dos consequentes atos. É o cristão vivendo na humildade, alimentado pela esperança, sabendo que o equilíbrio da temperança é indispensável, cioso em colocar-se na fortaleza de Deus, vivendo a justiça e sabendo discernir segundo a prudência. Estas virtudes, chamadas de morais, são evidentemente fundadas nas virtudes teologais – fé, esperança e caridade –, centrais na opção fundamental, pois animam a vida do cristão, caracterizam o agir moral, informando todas as demais virtudes (CATECISMO DA IGREJA CATÓLICA, 1993, n. 1813).

Seguindo o pensamento do grande teólogo da Moral Bernard Häring, a opção fundamental revela o pecado como uma ruptura da íntima relação de amor com Deus, o qual também envolve uma relação com o próximo e o mundo todo. Nesse contexto, Häring, na perspectiva da Moral atual, fala que o pecado envolve mais do que atos externos. O pecado é a expressão concreta da orientação pessoal que se dá. Por isso, o autor enfatiza a necessidade da busca da opção fundamental voltada para Deus. O pecador é chamado a mudar de vida e a se reconciliar com Deus, por meio de seu Filho Jesus, na vivência da comunidade de fé, onde celebra a sua realidade de conversão e penitência (HÄRING, 1978, p. 378-470).

É importante nos darmos conta que foi após o Concílio Vaticano II que um novo esquema assumiu, de maneira personalista, a opção fundamental como uma chave antropológica apropriada para evidenciar a pessoa mais do que o objeto em questão. João Paulo II, na *Veritatis Splendor*, convidou os teólogos moralistas a se comprometerem em "clarificar cada vez melhor os fundamentos bíblicos, os significados éticos e as motivações antropológicas que sustentam a doutrina moral e a visão do homem proposta pela Igreja" (JOÃO PAULO II, 1993, n. 110).

Este novo esquema se apresenta agora da seguinte forma (AGOSTINI; MANZINI, 2007, p. 51): Opção fundamental – Atitude – Ato.

Agora, toda a compreensão ética dos atos morais é entendida dentro dessa dimensão da opção fundamental e das atitudes.

a) *Opção fundamental*: é determinada pela decisão pessoal sobre o sentido último de sua vida, partindo de um modo próprio de conduta. A opção fundamental é o eixo norteador e determinante para todas as decisões particulares, tendo como significado fundante a dimensão antropológica.

> O emprego da categoria de opção fundamental para expor a responsabilidade moral oferece notáveis vantagens: destaca-se a unidade da vida moral, expressa-se com maior relevância o aspecto dinâmico e personalizador da moralidade; [...] mediante o conceito de opção fundamental, pode-se entender melhor a incidência da graça, da fé, da caridade, na vida moral do cristão (VIDAL, 1993, p. 44).

b) *Atitude*: é a opção fundamental, como postura, como conduta, que irá transformar-se em atitudes. São elas que concretizam a decisão global do seguimento radical do Cristo. É sempre uma ação determinada que reagirá diante de uma situação específica.

> O conceito e a realidade de atitude é muito fecundo para a educação moral. Esta consiste fundamentalmente em criar no educando sensibilidades que descubram os valores morais e convicções internas que interiorizem tais valores. A interiorização ou subjetivação dos valores identifica-se com a criação de atitudes. Por isso, estimulamos os educadores cristãos no sentido de trabalharem na proposta de conjunto harmonioso e hierarquizado de atitudes morais cristãs, segundo o espírito evangélico e levando em conta a autêntica sensibilidade do homem atual (VIDAL, 1993, p. 45).

c) *Ato*: os atos morais são a decorrência concretizada da opção fundamental e das atitudes. O ato moral é aquele que pressupõe o conhecimento e a decisão livre, tornando, assim, a pessoa sujeito dos seus atos.

> O ato moral é a manifestação (o sinal: enquanto significação e conteúdo) da opção fundamental e da atitude. Com base em sua condição de sinal, o ato moral adquire notável diversidade de formas, segundo sua

maior ou menor profundidade. Na vida do homem existem:

- atos instintivos ("atos do homem");
- atos "reflexos" (gestos rotineiros ou dependentes da educação); estes atos não são totalmente privados da liberdade, já que no decurso dos anos subsequentes foram aprovados ou reprovados pela pessoa livre e, dessa maneira, elevados na livre-realização de si mesma;
- atos "normais" incorrem entre o rotineiro e o decisivo;
- atos-ápice (momentos decisivos; com solenidade externa jurídica ou sem tal solenidade) (VIDAL, 1993, p. 47).

PARTE IV

TEMAS FUNDAMENTAIS

Capítulo 1
O mal desafia a nossa fé e nos pede respostas

O ser humano quer ser feliz. Este é um desejo profundo e tem caráter universal. Não importam os desafios que tenha que enfrentar, nem mesmo eventuais derrotas. Sente-se impelido a construir algo e, com incansável ardor, a buscar o sentido da vida. Esse desejo de realização e/ou de felicidade subjaz a qualquer vocação. Sente-se feito para ser feliz. Pascal já afirmara: "Todos os homens buscam ser felizes, mesmo aquele que vai se perder" (apud AUBERT, 1987, p. 25).

Esse anseio vem acompanhado da busca de sentido, investindo num caminho próprio, no intuito de vencer na vida. Instala-se, no entanto, uma tensão, pois este ser humano descobre a distância entre a realidade cheia de desafios, revezes e até derrotas e o sonho de realização. Ante tal situação, alimenta mesmo assim a esperança de um dia ser feliz, apesar das provações do tempo presente.

No dia a dia, o ser humano sente-se aquém, como que habitado por uma falta permanente de algo mais, sendo seu distintivo – como em todos os seres vivos – necessitar de outros seres e elementos da natureza para viver. Essa necessidade apresenta-se além da esfera do simples biológico e atinge uma gama variada de dimensões, abrindo-se à própria transcendência. A realização requer, portanto, o atendimento de necessidades que perpassam a sua integralidade, apontando para o fato de que ele é uma pessoa jamais acabada/completa. O ser humano traduz essa condição na busca de atender suas necessidades, sobre as quais projeta muito de sua ânsia de realização.

Esse desejo é, no entanto, ilimitado. Manifesto desde a infância e acompanhando-o a vida toda, ele se apresenta qual sede, muitas vezes voraz, podendo ser procurado lá onde ele não se encontra cabalmente. Revela-se, então, a frustração ante a infelicidade, fruto de uma visão míope, distorcida, ou mesmo cega da realidade. Mesmo que o ser humano consiga atender momentaneamente um desejo, ele permanece insatisfeito, pois a cada necessidade satisfeita cria-se um novo desejo.

O desejo de consumir, a busca do poder, o absoluto da técnica são algumas das formas redutoras às quais, não raro, o ser humano se entrega na ânsia de realização e de felicidade. Porém, ele não demora em descobrir a sua parcialidade, pois não preenchem a sua vida. Ao cair na ilusão de coisas finitas, dá-se conta, mais dia menos dia, de que estas são incapazes de responder à verdade de si mesmo.

Instala-se, então, um certo desencanto. Este é maior quando o ser humano se defronta com o mal nas suas variadas formas. Sente-se atingido no seu âmago e nem sempre consegue explicá-lo convincentemente. Condição ou deslize? Uma questão individual ou global/coletiva? A razão consegue dizer algo? E a experiência de fé? E... seu desejo de realização, não raro, esbarra nesta realidade do mal. Castigo, expiação? E o amor de Deus? Não há como prescindir desta realidade. Faz-se necessário enfrentá-la.

1 O mal: uma realidade

No ser humano há uma frustração cuja origem remete ao mal. Pode chegar a comprometer a sua realização. É uma realidade sentida na vida do dia a dia que lhe surge como contraditória.

1.1 Uma realidade sentida/vivida

O mal apresenta-se ao ser humano como uma realidade e uma interrogação que o acompanha desde os primórdios. Os grandes textos fundadores de nossa cultura no-lo apontam. Desde a Bíblia (em especial Gênesis, Salmos e Jó), passando pelas tragédias gregas e a literatura através dos séculos, perfilam-se interrogações, recriminações e figuras terríveis para evocar o mal.

Trata-se de uma constatação de todos os dias (BIRMAN; NOVAES; CRESPO, 1997). Aí estão diante de nós e em nós situações várias que evocam os escândalos de sofrimentos físicos e morais que nos tocam não só por todos os lados, mas também no âmago de nós mesmos. Sentimo-nos dilacerados ante o espectro das mortes prematuras, da condição dos deficientes físicos e mentais, da crueza de solidões vividas, do esquecimento no qual são confinadas pessoas, sobretudo idosas.

Acrescentam-se aí formas variadas de racismo, a crueza da fome, a ausência de diálogo, as ameaças ao planeta em seu equilíbrio ecológico, as guerras de toda sorte. Os numerosos crimes e atentados contra a vida fazem soar aos nossos ouvidos o grito de alarme de uma situação que já ultrapassou os limites justificáveis e sustentáveis.

A vida humana, em particular, é violada de muitas formas, entre as quais destacamos:

> toda a espécie de homicídio, genocídio, aborto, eutanásia e suicídio voluntário; tudo o que viola a integridade da pessoa humana, como as mutilações, os tormentos corporais e mentais e as tentativas para violentar as próprias consciências; tudo quanto ofende a dignidade da pessoa humana, como as condições infra-humanas, as prisões arbitrárias, as deportações, a escravidão, a prostituição, o comércio de mulheres e jovens, e também as condições degradantes de trabalho, em que os operários são tratados como meros instrumentos de

lucro, e não como pessoas livres e responsáveis (JOÃO PAULO II, 1995b, n. 3; VIER. *Gaudium et Spes* 27, 1991, p. 171).

Caímos num desequilíbrio do que é vital. A própria natureza, ecologicamente falando, está sendo agredida em níveis insuportáveis, resultando numa degradação tão profunda, que já se fala de um "Planeta Terra ferido de morte". Damo-nos conta dos limites da natureza; ela já não consegue mais absorver a quantidade elevada de gases, especialmente do gás carbônico[22]. O consequente aumento da temperatura atmosférica (efeito estufa), se atingir 2 a 3 graus centígrados, representará real ameaça à vida sobre a face da Terra[23]. Acrescente-se aí o problema da poluição atômica, sonora, das águas, bem como a contaminação da terra por inúmeros agentes químicos e plásticos não degradáveis.

A natureza tem seus limites, e nós seres humanos também. Estamos ultrapassando os limites suportáveis. Já soou o alarme da crise ecológica, que aponta para uma simbiose entre o *ser humano*, a *sociedade* e o *meio ambiente*. O espectro aumenta quando abordamos as grandes concentrações urbanas, o crescimento demográfico, o subdesenvolvimento, a pobreza, a habitação, a higiene, a saúde, o perigo de esgotamento de matérias-primas, as guerras etc.

Estamos, outrossim, tomando consciência de que o modelo econômico atual agride fortemente a vida neste planeta. Desenvolvido na civilização ocidental, hoje invadindo os mais recônditos lugares da Terra, esse modelo corrói não só o humano, mas desfaz o equilíbrio vital que une a natureza toda. A busca desenfreada do

---

22. A América do Norte, a CEI (ex-URSS) e a Europa são os que lançam mais CO_2 na atmosfera, com taxas respectivas de 24, 19 e 21% da emissão mundial. Cf. KLINKEN, 1991, p. 76, nota 9.

23. Tal aumento de temperatura atmosférica provocará a formação de desertos, fome generalizada, inundação de regiões litorâneas e muito populosas e destruição de habitats, com a extinção acelerada das espécies.

214

lucro, capitalizado/acumulado, levou a uma sede voraz de posse sobre a limitada natureza, hoje com sinais de depredação comprometedores. E mais! O alarmante ritmo de extinção das espécies não é um fenômeno natural, nem espontâneo e muito menos autônomo. Sabemos do enorme impacto causado pela interferência do ser humano na criação. Em curto espaço de tempo estamos rompendo o equilíbrio que custou bilhões de anos para se formar e poder acolher/abrigar a vida[24].

Com as técnicas modernas e respectivos conhecimentos científicos, o ser humano tornou-se capaz de intervir na natureza; transforma-a, submete-a, manipula-a, busca conhecer os seus segredos. Desde os primórdios da humanidade ele vem realizando isso, buscando garantir a reprodução da própria espécie e a sua sobrevivência. No entanto, essa intervenção mostrou-se ambivalente. Por um lado, o ser humano foi capaz de dotar a humanidade de benefícios extraordinários. Por outro lado, na medida em que a sua intervenção mostrou-se voraz e desequilibrada, saltou aos nossos olhos a sua capacidade de depredar e destruir além dos limites ecologicamente suportáveis. Hoje, temos consciência de que esse desequilíbrio está na raiz da crise ecológica e humana.

Não dá mais para tapar o sol com a peneira. O mal, sob formas variadas, faz-se presente... e parece dominar. Não adianta fazer de conta que tudo está bem, criando ilusões e simulando mundos paradisíacos numa fuga da realidade do mal que está aí diante de nós

---

24. Vejamos alguns exemplos de elementos que permitem a vida orgânica sobre a face da Terra, após bilhões de anos de "gestação" do seu habitat ideal. Esta vida aproveitou-se de toda uma constelação de possibilidades materiais; p. ex., "ondas eletromagnéticas para poder ver; ondas sonoras para ouvir; água, ar e terra para biótipos diversificados; os ritmos do dia e da noite, do verão e do inverno; aves que se movimentam pelo magnetismo da Terra; vida exige ozônio, dióxido de carbono (i. é, CO_2) e oxigênio em concentrações precisas; ozônio de menos e radiação solar ultravioleta destroem as moléculas orgânicas; ozônio demasiado torna-se um gás venenoso; CO_2 é necessário para a vida com assimilação de carbono e para a estabilização da temperatura da atmosfera; o oxigênio do ar é um produto de vida e desapareceria sem a assimilação do carbono". Cf. KLINKEN, 1991, p. 75-76.

(AGOSTINI, 2007, p. 32-33). Constatamos um desequilíbrio do que é vital para nós. Vidas são excluídas e sacrificadas. Os indicadores econômicos e sociais em nosso país apontam para o escândalo moral que representam as desproporções existentes em termos de oportunidade de vida digna, no fosso entre riqueza e pobreza. A mentalidade calculista e tecnicista, aliada à rápida industrialização, está reduzindo o ser humano a peça de uma máquina de produção e consumo. O individualismo exacerbado embaça nossa visão; elegemos o indivíduo como a medida de tudo, inclusive do que está além dele mesmo. A política continua sendo um palco privilegiado para nossas elites corruptas continuarem sua forma arcaica de domínio oportunista e irresponsável. Com isso, até as instituições andam debilitadas; sua legitimidade é posta em dúvida.

Esse cenário coloca a Modernidade, tão ciosa de sua emancipação, em crise. Na realidade, nos deparamos com um ser humano abandonado num caminho sem suporte adequado, passível de muitas quedas e capitulações, presa fácil de forças hegemônicas e muito bem-aparelhadas que desejam sugá-lo sem escrúpulos, amarrá-lo em função de interesses traiçoeiros, ajustando-o e acomodando-o como "peça" do sistema, rebaixando-o ao estado de "objeto".

O mal campeia por todos os lados. Destroça a vida, depreda a natureza, desequilibra o humano em suas relações fundamentais. Quer fazer do próprio Deus um comércio lucrativo, no mercado onde a vida já foi sugada, a natureza tragada e a transcendência reduzida.

1.2 O mal sentido através da história

Através da história perfilam-se muitas e variadas tentativas de explicação do mal. Vamos percorrer algumas delas. Chamo a atenção que, no capítulo seguinte, abriremos espaço para analisar a realidade do mal e do pecado na Sagrada Escritura.

O mal desafia o ser humano a dar-lhe uma explicação. São múltiplas e variadas, através da história, as tentativas de responder a esse desafio. Entre estas podemos enumerar a explicação dos mitos, a perspectiva metafísica e várias tentativas modernas. São como que níveis diferentes na especulação sobre o mal.

O *mito* tem por função própria apontar tanto para o lado tenebroso quanto para o lado luminoso da condição humana. Incorpora a experiência humana do mal em grandes relatos da origem, chegando a localizar o mal antes mesmo da criação, no caos primitivo. Não se centra apenas no ser humano; inclui toda a criação, o cosmos. "Dizendo como o mundo começou, o mito diz como a condição humana foi concebida nesta sua forma globalmente miserável", afirma-nos Ricoeur (1986, p. 18).

A *perspectiva metafísica* interpreta o mal de formas diversas. Nela, identificamos uma tendência pessimista, à medida que *ser* é um *mal*. Quanto mais intensamente vivemos o *ser*, tanto mais fortemente experimentamos o mal e o sofrimento. O ser é aqui associado aos desejos (instintos e paixões) e às solicitações do mundo e da história. Importa buscar o *não ser*, expurgando de nossa vida todo desejo, raiz do sofrimento. Entra-se, assim, num "nirvana".

Ainda na perspectiva metafísica, identificamos uma tendência dualista, para a qual a realidade atual é regida por dois princípios antagônicos: o *bem* e o *mal*. No mundo antigo, encontramos essa visão tanto no dualismo persa-irânico de Zaratustra como no dualismo platônico e neoplatônico gregos. Para Zaratustra, Ormus (luz) e Arimã (trevas) travam uma luta contínua entre si, repercutindo no ser humano que se sente, por isso, dividido entre o bem e o mal. No entanto, o bem vencerá no final. Para o platonismo e neoplatonismo, o mal consiste no fato de o espírito se deixar aprisionar pelo corpo e pela matéria. Importa esquivar-se da desordem material e das aparências sensíveis deste mundo degradado, para fazer reinar em si a virtude, em cujo centro está a ideia do bem e da justiça.

Há, igualmente, uma tendência otimista na perspectiva metafísica. Esta aponta para o ser como bom em si mesmo. Baseada na Sagrada Escritura, ela identifica a existência de um só Criador para todas os seres e, por isso, todos os seres que dele emanaram são ontologicamente bons. Lemos em 1Tm 4,4a que "toda criatura de Deus é boa". Esta passagem nos remete a Gn 1,31: "E viu Deus que era bom tudo quanto havia criado". Esse otimismo, no entanto, ainda não dá uma resposta cabal ao problema do mal.

Entre as várias *tentativas modernas* de explicação do mal, destacam-se as de Leibniz, do marxismo, da Teoria da Evolução e das ciências humanas. Esta escolha, é claro, não quer cobrir toda uma gama de posicionamentos muito variada. Para Kant, por exemplo, o mal moral é encarado como desobediência à lei moral que brota da razão humana (imperativo categórico). Hegel, por sua vez, situa o mal na liberdade humana, não em Deus.

A escolha de *Leibniz* deve-se ao seu impacto no mundo ocidental por construir uma visão otimista e defender Deus ante a existência do mal. Para ele, a existência do mal e Deus não são incompatíveis. Para chegar a esta afirmação, distingue os diferentes tipos de mal. Um é o *mal metafísico*, uma "privação do bem" (cf. Santo Agostinho e Santo Tomás de Aquino), um "não ser", apontando para a situação criatural e finita inerente ao ser humano. Esse limite não é em si um verdadeiro mal, fato que não responsabiliza Deus do mal existente. Outro é o *mal físico*, minimizado por Leibniz, pois Deus teria criado o melhor mundo possível, sendo o mal físico inerente às limitações do ser criatural, que é o homem/ mulher. Outro ainda é o *mal moral* (pecado); Deus o "permite" com vistas a um bem maior, não sendo Ele a causa desse mal que, nesta visão, será castigado e eliminado. Temos aqui a ideia de um universo harmonioso, sendo o mal insignificante diante da belíssima harmonia da criação, desejada por Deus.

O *marxismo*, bem a seu modo, situa o mal no plano puramente histórico, sem referência ao transcendente. Para este, o mal deve ser enfrentado na história humana, com ênfase no nível estrutural, como fruto da infraestrutura econômica que cria o mal maior da alienação. Importa investir contra o mal numa luta coletiva, guiada pelo proletariado, que se transforma em luta de classes. O objetivo final é a supressão das classes, configurando-se aí a vitória contra o mal.

A *Teoria da Evolução*, por sua vez, apresenta o mal como subproduto inevitável de uma criação em fase de organização e realização, num vir a ser. A caminho da unificação, a fase atual paga o preço dos conflitos inerentes ao processo evolutivo, pois forças divergentes ainda se manifestam, entram até em conflito; há passos em falso, desordem, malícia, mal.

As *ciências humanas* sugerem uma visão do mal mais como "frustração", "disfuncionalidade", "anomia" etc. Pode ser situado no relacionamento entre o ser humano e o seu ambiente, na forma de condicionamentos diversos, ou no interior mesmo do ser humano, enquanto domínio dos instintos e agressão destrutiva (e não apenas funcional).

Mesmo trazendo contribuições relevantes, todas as explicações acima não dão uma resposta cabal à questão do mal. Às vezes, apresentam-se simplistas demais; outras vezes, incapazes de explicar realmente toda crueza do mal e do sofrimento no ser humano. Pode-se até resvalar no fatalismo (com Leibniz), numa visão limitada (com o marxismo), numa explicação insuficiente (da Teoria da Evolução), em visões fragmentadas (com as ciências humanas). Importa continuar a nossa investigação. O mal nos desafia a uma busca de impostações claras.

2 A eterna busca de impostações claras

Continuamos nossa busca. Trata-se de ir desentranhando impostações que venham a elucidar sempre mais o fenômeno do mal em suas formas diversificadas. Este é um desafio sem igual lançado ao ser humano.

Torna-se imperioso, a essa altura de nossa reflexão, superar as ideias distorcidas que temos do mal. Na própria linha dos Padres da Igreja, o mal não é uma coisa, nem um elemento do mundo ou uma substância em si. O mal tem sua raiz no exercício da liberdade, o que remete para um ser responsável. Portanto, não é de *per si* o mal "do mundo". Ele nem sequer reside na sensibilidade, no corpo ou na razão. Ele é sempre algo inscrito no coração do ser humano, enquanto sujeito livre e responsável; portanto, moral. Dizer sujeito é aqui colocá-lo na "relação" que se estabelece diante de um chamado; é lembrar uma "eleição" que acaba por nos remeter ao próprio Deus.

A reflexão sobre o mal nos faz chegar àquela ruptura que se enraíza no ser, sem esquecer sua relação com o absoluto. Existe aí um apelo à transcendência, qual origem radical, irredutível; porém, inscrita no tempo e na história na qual nos encontramos mergulhados. Buscando compreender melhor todo esse contexto, a teodiceia tem tradicionalmente se debatido com as três afirmações: Deus é todo-poderoso; Deus é absolutamente bom; no entanto, o mal existe. Permanece o enigma para o ser humano, que não consegue dar cabalmente a resposta. É, antes, um mistério no qual nos sentimos mergulhados.

Visto que o mal, como tantos outros termos, é uma palavra polissêmica, nós embutimos nela sentidos não raro díspares como o pecado, o sofrimento e a morte. Por isso, fazem-se necessárias algumas distinções básicas (RICOEUR, 1986, p. 13s.). Uma primeira é a que distingue o mal físico do mal moral. No mal físico, podemos enumerar, entre outros, cataclismas naturais, epidemias, doenças incuráveis; produzem muito sofrimento de inocentes e apresenta-se como intolerável. O mal moral já aponta para aquele causado pelo ser humano mesmo, que chega a oprimir, espoliar, torturar seus semelhantes, tirando-lhes a esperança de realização. Neste nível, o sofrimento recai sobre quem não é responsável pelo mal praticado.

A análise do fenômeno do mal leva-nos a estabelecer igualmente uma distinção entre o mal cometido e o mal sofrido. Chegamos ao mal moral. A linguagem religiosa o identifica com o pecado. Trata-se sempre de uma ação humana, passível a um grau de imputabilidade, de acusação e de censura. Quando falamos em imputabilidade, estamos nos referindo a um sujeito responsável, cuja ação é suscetível à apreciação moral. A acusação, por sua vez, aponta para uma ação que violou o código ético da comunidade. A censura representa o julgamento e respectiva condenação da ação que, declarada culpada, merece ser punida.

Mesmo que a punição, acima aventada, provoque um sofrimento, faz-se necessário distingui-lo do pecado. A rigor, o sofrimento tem a característica de algo que nos afeta sem termos escolhido; dele somos vítimas. Podemos enumerar, neste ponto, as adversidades de natureza física, doenças do corpo e do espírito, aflições diversas, medo da morte, sentimentos vários. Opõe-se ao prazer, diminui a integridade física, psíquica e espiritual. O sofrimento faz o ser humano vítima, diante do qual reage pela lamentação.

O mal está na raiz tanto do pecado quanto do sofrimento. No entanto, cabe distinguir o mal cometido e o mal sofrido. Vejamos a explicação de Paul Ricoeur:

> Uma causa principal de sofrimento é a violência exercida sobre o ser humano por outro ser humano: na verdade, o "mal fazer" é sempre, a título direto ou indireto, causar dano ao outro; consequentemente, fazê-lo sofrer. Em sua estrutura relacional – dialó-

gica –, o mal cometido por este encontra sua réplica no mal sofrido por aquele; é neste ponto de intersecção maior que o grito da lamentação é o mais agudo, quando o ser humano se sente vítima da maldade do próprio ser humano (RICOEUR, 1986, p. 16).

O ser humano, em sua condição mesma, sente-se como que tomado pelo mistério do mal ou da iniquidade. Desde as raízes mais profundas de seu ser, descobre que algo há de confuso, assentado num fundo nebuloso. É como se forças superiores o seduziram, introduzindo-o numa história do mal, desde sempre para cada um em particular. Dá-se conta que uma fissura o compromete na sua unidade profunda. Vamos percorrer o itinerário da fé para a iluminação necessária diante das questões suscitadas pelo mal.

3 O itinerário da fé

A experiência de fé não nos desvia das questões suscitadas pelo mal. Coadjuvada pela razão, busca – tateando – a inteligibilidade possível ante esta realidade. Mergulha no *mistério* e encontra em Jesus Cristo o caminho seguro para fazer face ao mal.

3.1 Um dilema insuperável?

O ser humano sempre sonhou com a possibilidade de um mundo sem o mal. Porém, na vida factível/concreta, esse ideal, como os demais, nunca se cumpre totalmente. "Por sua própria natureza, o mal aparece como facticidade irredutível e contraditória; como aquilo que não deveria ser e que, no entanto, *é*" (QUEIRUGA, 2001, p. 182). O desejo de onipotência coloca o ser humano na ânsia, senão na pretensão, do "tudo é possível". Faz-se, no entanto, necessário que ele se submeta ao *princípio da realidade*.

Outro dilema é o que introduz o mal na divindade. Neste momento, uma dificuldade acompanha a reflexão; quer filosófica, quer teológica. Ela vem apresentada como uma contradição, expressa no famoso dilema de Epicuro, que traz a seguinte formulação: "Ou Deus quer eliminar o mal do mundo, mas não pode; ou pode, mas não quer eliminá-lo; ou não pode nem quer; ou pode e quer. Se quer e não pode, é impotente; se pode e não quer, não nos ama; se não quer nem pode, não é o Deus bom e, ademais, é impotente – e isto é o mais seguro –, então, de onde vem o mal real e por que Ele não o elimina" (GIGON, 1949, p. 80).

Andrés Torres Queiruga traduz esse dilema da seguinte forma: "Ou Deus *pode e não quer* evitar o mal, e então não é bom; ou *quer e não pode*, e então não é onipotente; ou *nem pode nem quer*, e então não é Deus" (QUEIRUGA, 2001, p. 187). Logo nos damos conta de que estamos diante de alternativas insuperáveis. Dada a visão da onipotência e da bondade divinas, a continuidade do mal no mundo seria explicada pelo fato de Deus *onipotente* não querer eliminá-lo. O mesmo afirmar-se-ia do Deus *bom* que, ante a persistente presença do mal, não poderia então evitá-lo. Nota-se que, nesta argumentação, permanece o pressuposto de um mundo sem mal.

Muito se tem escrito ao longo da história no sentido de que Deus não é a fonte do mal. No entanto, numa investida especulativa, são muitos os autores que permanecem apenas em indicações (BERNHART, 1966, p. 16), haja vista a dificuldade de uma leitura mais aprofundada face aos dilemas que logo aparecem, como vimos acima. Mesmo assim, vamos trazer à tona algumas explicitações que nos auxiliam a dar mais alguns passos nas questões aqui levantadas.

Entretendo-se com a questão acima, Santo Agostinho pensa Deus como *vere esse* e *summum bonum* (AGOSTINHO, 2017; *De moribus manichaeorum* I, 1949; *Confissões* 4, 6). Em Deus, o Ser e o Bem coincidem, formando uma Unidade. E os seres da criação são bons em si porque derivam deste Uno, sendo o mal nada mais do que a privação do ser. Entendemos, então, que, para esse autor, o mal seja entendido como *privatio boni*. Por outro lado, Santo Agostinho desdobra a sua teodiceia colocando um peso decisivo na *voluntas*; ou seja, encontra na vontade livre a resposta para o significado moral do mal.

Essa visão de Santo Agostinho move-se dentro da noção de uma "ordem" que tudo governa, sendo o mal externo à ordem. É o mesmo que dizer que o mal é uma desordem, não porque o seja ontologicamente, mas porque o é numa dimensão moral. No entanto, ao cair no mal, inicia-se no ser humano um processo de depauperamento ontológico. Ocorre uma corrupção no ser, no sentido de uma privação (ou, o que se opõe à natureza), nunca no sentido de gerar uma segunda natureza[25]. Se o fundamento de toda realidade é Deus, o mal aparece como uma deficiência ontológica. Ao mesmo tempo, sendo o ser humano dotado de uma vontade livre, esta se torna a causa positiva e primeira do mal; sendo este envolto, portanto, de um significado essencialmente moral. Mesmo assim, há algo que precede o ato voluntário (moral) e que atinge o ser na sua origem, na sua radicalidade, e que vai além de sua própria vontade. Nesse caso, Agostinho se detém no conceito de pecado original.

Hoje busca-se esclarecer as questões de fundo superando posições extremas. Cuida-se para não cair numa postura de "fracasso de toda teodiceia", de refúgio no "fideísmo", de acentuação do mistério e sua incompreensibilidade (QUEIRUGA, 2001, p. 190-204). Faz-se necessário uma nova formulação que explique o problema do mal em si mesmo, buscando desentranhar o mal na sua causalidade histórica e mundana. Tal análise dá-se logo conta da *limitação* da realidade mundana, não porque é má em si mesma,

---

25. "Ita et malum ostenditur quomodo dicatur; non enim secundum essentiam, sed secundum privationem verissime dicitur" (AGOSTINHO. *De moribus manichaeorum*, 4,6, 1949).

mas por sua *condição de possibilidade*, sendo inevitável a aparição dos males no concreto de nossa existência. Isto é o mesmo que afirmar que estamos numa realidade finita e carencial. A própria *liberdade* do ser humano é limitada e, consequentemente, realiza-se entre erros, deficiências e conflitos.

Portanto, um mundo finito e perfeito ao mesmo tempo é uma contradição. Seria o mesmo que afirmar um "círculo quadrado". Andrés Torres Queiruga é que desenvolve essa impostação, enfatizando que "a realidade *enquanto finita* [...] é incompatível com a perfeição plena e com a exclusão de todo o mal" (QUEIRUGA, 2001, p. 212). Assim, superamos o equívoco e o absurdo de querer "culpar" Deus pelos males, já que estes são inerentes a toda realidade finita.

> Deus "não pode" fazer um círculo quadrado. Deus "não pode" fazer um mundo sem mal. Um mundo sem mal seria, a rigor, um mundo perfeito; um mundo perfeito seria um "não mundo", isto é, uma contradição, um círculo quadrado. Que Deus não o faça não significa que "não queira", mas que "não pode"; não porque Ele não seja onipotente, mas porque a proposição é absurda (QUEIRUGA, 1993, p. 756).

A realidade finita é em si boa; porém, *"afetada" pelo mal.* Ela é boa, porém não de modo cabal; há nela algo de não acabado e não pleno. Ela é afetada pelo mal, enquanto condição de possibilidade; isto é, em algum momento pode surgir o mal, quer na forma de mal físico (por limitação material; p. ex., dois corpos se chocam porque não podem ocupar o mesmo lugar, daí acidentes diversos...), quer na forma de mal moral (no exercício da liberdade, quando esta cede e escolhe a pior dentre duas ou mais escolhas).

Podemos afirmar, então, com Andrés Torres Queiruga:

> Deus quer o mundo por si mesmo, *apesar da* finitude e do que ela comporta, pois a finitude não é um "meio para", mas a *coisa mesma concretamente*, é seu único

modo possível de *existir* [...]. O mal impõe-se como um inevitável "apesar de"; mas justamente "apesar do mal", o ser e o bem são e se afirmam. O "não dever ser" do mal revela-se, assim, como o dinamismo da realidade rumo à sua máxima realização *possível*... (QUEIRUGA, 2001, p. 216).

3.2 As razões da fé

Que sentido tem a realidade se ela é *inevitavelmente assim*? Quer dizer que o mundo é bom, porém a seu modo? É, ao mesmo tempo, capaz de realizações grandiosas, bem como passível de deslizar na própria violência e no horror. Este é o momento de buscar na fé o sentido da própria vida no mundo. Importa mostrar as *razões* da própria fé. Esta nos diz que Deus nos criou por amor, livres para amá-lo; quis nos tornar participantes de sua felicidade. Mesmo se o mal é uma possibilidade, haja vista a finitude inerente à realidade na qual vivemos, a experiência de fé nos introduz na certeza do amor criador de Deus. É dele a vitória final sobre toda forma de mal. Isso fez com que Santo Agostinho chegasse a afirmar que "Deus onipotente [...], sendo como é sumamente bom, não permitiria que houvesse algum mal em suas obras se não fosse tão onipotente e tão bom o suficiente para poder extrair o bem até do mal" (AGOSTINHO. *Enchiridion de fide, spe et caritate*, cap. 3, 1975).

O amor de Deus não se opõe ao respeito da liberdade humana. Nem por isso deixa de ser aquilo que há de mais real, mesmo que nem sempre seja evidente à nossa percepção imediata. Há momentos que gritamos e, como Jesus, também sentimos surgir em nós o grito: "Por que me abandonaste?" (Mc 15,34; Mt 27,46). No entanto, sabemos como a confiança, mesmo nas horas mais difíceis e cruéis, levou Jesus à afirmação: "Em tuas mãos entrego o meu espírito" (Lc 23,46). Este itinerário nos aponta para a necessidade de reconquistar em nossa própria vida essa convicção que alimentou Jesus.

Jesus crucificado e ressuscitado torna-se o ponto de referência de nossa fé.

Uma vez que Jesus superou a dúvida e que sua confiança foi confirmada por Deus na ressurreição, para nós abriu-se *já* a certeza da fé; de tal forma que, por trás das nuvens da obscuridade histórica, sempre à espreita, podemos estar certos do incansável sol de amor que, para além delas, embora às vezes pareça eclipsada pelo mal, nunca se apaga nem nos abandona jamais (QUEIRUGA, 2001, p. 232).

Como vemos, é na perspectiva de fé em Jesus Cristo que se apresenta o lugar legítimo para a discussão do mal. A discussão ou a busca de respostas não se detém numa evidência filosófica, porém mergulha no *mistério*, onde vai tateando a possível inteligibilidade. Apresentam-se dificuldades e escuridões, porém a difícil tarefa não é impossível.

Nós fazemos a experiência do amor de Deus enquanto mergulhados na realidade finita que somos e enquanto mediados pelo tempo. Haja vista a nossa situação de criaturas e imperfeitos, sabiamente uma pedagogia divina se instaura; esta já fora captada por Santo Irineu ao afirmar que "Deus nos conduzirá gradualmente à perfeição, como uma mãe que deve, primeiro, amamentar seu filho recém-nascido, e vai lhe dando, à medida que cresce, o alimento de que necessita" (IRINEU, 2000, *Adv. Haer*, IV, 38,1, PG 7, 1105-1109). Intui-se, desta afirmação, que a temporalidade e a imperfeição nos apontam para a impossibilidade de uma criatura ser criada já pronta. É como dizer que é impossível, mesmo para Deus, criar uma liberdade finita já perfeita[26]. Nessa mesma

---

26. Já H. de Lubac, numa obra de 1946, intitulada *Surnaturel*, tem levantado tais questões, sendo acompanhado, bem mais tarde, por Hans Urs von Balthasar na obra *Theodramatik*, II/1 e IV. Einsiedeln, 1976, 1983.

linha de pensamento, Andrés Torres Queiruga afirma: "Se Deus, criando-nos por amor, e, portanto, exclusivamente para nossa felicidade, não nos criou já completamente felizes, é simplesmente porque isso *não é possível*" (QUEIRUGA, 2001, p. 242). Se, por um lado, não podemos negar a finitude, por outro lado, cremos na salvação. Esta aponta para a superação, para a libertação de todo mal, o que significa a superação da própria finitude. A reflexão teológica nos faz entrever, nesse ponto, o caráter dinâmico da liberdade e da relação existente entre o Criador e a criatura. A liberdade, mesmo que esteja inevitavelmente exposta ao erro e à deficiência, se descobre alimentada por uma ânsia de plenitude e realização, numa "aspiração infinita", insaciável, sem limites. O Criador, na sua relação com as criaturas, faz-se presente por um "amor preveniente", para conduzi-las à participação em sua glória. A criatura é chamada à comunhão com Deus, concretizada numa participação na qual "Deus será tudo em todos", como no-lo anuncia São Paulo (1Cor 15,28)[27].

A criatura finita tem o mal como inerência inevitável. É como que um "pano de fundo obscuro" (QUEIRUGA, 1999, p. 155-166). Essa situação a torna incapaz de alcançar a plenitude ou a salvação pelo seu próprio esforço ou por si mesma. O segredo, portanto, está em abrir-se à graça e à esperança da salvação em Jesus Cristo. "A atitude fundamental do cristão diante dessa realidade não é o medo diante do mal, mas a esperança na sua superação definitiva [...]. A fé na criação atesta que tudo o que existe só existe pelo fato de que Deus o faz participar por amor e livremente de seu próprio ser" (KASPER, 1992, p. 55-56). O pressuposto é um Deus de ternura, misericordioso, que não se

---

27. Ao falar de *aspiração infinita*, Bernard Welte usa a expressão *infinitude finita*. Com relação ao amor preveniente de Deus, K. Barth e E. Jüngel chegam a propor a expressão *infinitização* ou *eternização* da pessoa finita. Cf. QUEIRUGA, 2001, p. 244-249.

contenta com a morte do pecador, mas quer que ele viva (cf. Sl 103,8; Ez 18,23-32). Há, portanto, uma dinâmica positiva da fé, fundada num Deus que cria por amor, apoiando sempre a criatura em sua caminhada até a comunhão final. Para E. Schillebeeckx, este Deus é o antimal; Ele nos apoia na luta contra o mal (SCHILLEBEECKX, 1981, p. 105-162).

Importa deixar-nos mover pela graça de Deus que já nos foi dada. Numa resposta livre e decidida, cabe-nos assumir, junto com Deus, a luta contra o mal. "*Crer é aqui, por definição, atuar*, inserindo-se na ação criadora e salvadora de Deus, combatendo aquilo que se opõe à nossa realização e a dos demais" (QUEIRUGA, 2001, p. 255). Não é por acaso que o amor ao próximo seja o centro da fé cristã; junto com o amor a Deus, ele constitui o eixo central ou a seiva que a tudo "carrega" de vida, realizando o projeto de Deus.

Mesmo sabendo que nossas realizações não esgotam o Reino de Deus, temos consciência de que importa buscar "o Reino de Deus e a sua justiça" (Mt 6,33). Importa fazer com que este Reino se torne presente já. Há uma tensão escatológica que se estabelece; esta "transforma-se em missão, para que o Reino se afirme de modo crescente, aqui e agora" (JOÃO PAULO II, 1996, n. 27).

4 "Bater em retirada" ou lutar contra o mal?

O mal nos desafia. Porém, não vamos bater em retirada diante das sombras e das exigências que se apresentam. Sabemos, na experiência de fé, que "tudo, mesmo o mal, depende da sabedoria de Deus e está incluído no seu desígnio criador-salvador" (RUBIO, 1989, p. 549). Mesmo que a razão humana não consiga penetrar no último porque da existência do mal, sabemos que encontramos saída na escuta atenta da palavra que Deus dirige ao coração angustiado e sofrido. É Deus quem resgata o ser humano da passividade e da alienação, chamando-o ao amor, ao serviço. Hoje, importa "reabilitar o amor [...]; existe nele um verdadeiro projeto cristão e mesmo um projeto de Igreja" (GES-CHÉ, 1986, p. 121).

"A glória de Deus é o homem vivo, e a vida do homem é a visão de Deus" (IRINEU, 2000, *Adv. Haer*, IV, 20,7). Sem escapismos, precisamos reconhecer a iniciativa de Deus, que nos chama para a sua promessa de vida, ligada à noção de justiça, cuja realização é a verdade última sobre o ser humano, o seu julgamento (CHA-REIRE, 1998, p. 70). Nisso toma pulso o realismo cristão face ao mal. Disponível para realizar a vontade de Deus, o cristão assume a luta contra o mal e todas as suas causas. Mesmo que persista o seu caráter misterioso, não se deixa tomar nem pelo ceticismo nem pelo otimismo ingênuo. A realidade é desafiadora sim; porém, a confiança em Deus leva-o a crer que a última palavra não é morte, nem pecado ou degradação, mas vida, amor, graça divina.

A atitude fundamental será, na verdade, a do amor-serviço gratuito. Este é o convite do Deus-Ágape; este é o chamado de Jesus. Sela-se aí o compromisso de lutar contra o mal. Nunca no sentido de querer vencer o mal com o mal, do "olho por olho, dente por dente". A recomendação de Jesus Cristo é clara. Trata-se de retribuir o mal com o bem. "Vencer o mal com o bem" (Rm 12,21). Mesmo na relação com os inimigos, significa ser capaz da experiência da gratuidade e de um amor-serviço, sem olhar a quem.

A luta contra o mal não pode ficar restrita apenas às relações interpessoais, mas urge que se estenda aos sistemas e estruturas. Toda forma de desumanização, de injustiça, de discriminação, de dominação, de corrupção e de exploração tem do cristão a firme decisão contrária, numa dissolidarização do sistema injusto, numa deslegitimação do mesmo. Não falte a coragem evangélica de denunciar as situações perversas e desumanizadoras no nível estrutural.

O itinerário a ser trilhado é o de Jesus. Ele mostra o caminho que o discípulo é chamado a seguir. "Jesus procedeu contra a ignorância e confusão dos homens, ensinando-os. Quantas vezes se sublinha nos Evangelhos que Jesus os ensinava (Mc 2,13 e passim), que ensinava o povo como de costume (Mc 10,1). Agiu contra a doença curando (Mc 1,34 e passim). Agiu contra o pecado perdoando (Mc 2,5; Lc 7,47; cf. Lc 23,34) e não cometendo, Ele mesmo, nenhum pecado (Jo 8,46; 1Pd 2,22). Agiu contra o mal fazendo unicamente o bem (Mc 3,4; At 10,38). Agiu contra o ódio (Jo 7,7; 15,18), amando até a morte (Rm 5,8; 8,37). Ao invés de julgar o mundo, o salvou (Jo 3,17)" (HAAG, 1981, p. 278; RUBIO, 1989, p. 554).

A luta contra o mal nunca será efetiva se pretender estigmatizar territórios, povos ou nações, na presunção de que o bem esteja de um lado e o mal do outro lado. Todo e qualquer ser humano, povo ou nação traz dentro de si o bem e o mal. O discurso maniqueísta que queira pleitear tal divisão do mundo cria, na verdade, um clima propício para o aumento da violência. "O bem não possui apenas um representante legítimo (em geral, o modelo ocidental)" (FARAH, 2001, p. 16). Torna-se extremamente oportuno lembrar o que afirmara São Gregório de Nissa: "Na realidade, há uma confusão na natureza do mal: suas profundezas escondem a perdição, como um disfarce astuto, mas a aparência é enganadora, pois apresenta de alguma forma as aparências do bem" (GRÉGOIRE DE NYSSE, 1982, p. 114).

CAPÍTULO 2
O pecado: um desafio para
a pessoa de fé

Nesta unidade captaremos o mal e o pecado na Sagrada Escritura. Estudaremos, em seguida, a noção de "pecado original". Ao chegar nos tempos atuais, merece nossa atenção o processo de perda do sentido de pecado. Identificamos, igualmente, um deslocamento do sentido de pecado. Ele se apresenta como um desafio para a pessoa de fé. É uma realidade a ser tomada a sério, residindo em Jesus Cristo a vitória sobre o pecado.

1 O mal e o pecado na Sagrada Escritura

A Sagrada Escritura capta o drama da existência do mal. Mostra, ao mesmo tempo, como Deus intervém para libertar o ser humano do mal, especialmente quando este é fruto do pecado e das suas consequências. No Novo Testamento fica claro que a existência do mal deve ser tomada a sério, sobretudo na forma de pecado. Os Evangelhos sinóticos focalizam "a luta prática de Jesus contra o mal, a vitória sobre ele, bem como a atitude que devem adotar os discípulos de Jesus face ao mal e aos maus" (HAAG, 1981, p. 34; RUBIO, 1989, p. 508).

Com São Paulo se estabelece a realidade e o poder do pecado, no sentido do mal moral. Quando utilizado no singular, o termo pecado aponta para aquele "fechamento radical, fonte da má conduta moral e das diversas transgressões" (RUBIO, 1989, p. 508). O mais grave para São Paulo reside no fato de que o mal é praticado "contra a vontade" (cf. Rm 7, 14-24) do ser humano, identificando-o como expressão do seu próprio ser. Há algo de desconcertante na existência humana, pois, mesmo desejando o bem, eis que este ser pratica o mal. Há uma situação de incapacidade de vencer o mal. Só com Jesus Cristo, sua presença e a atuação de sua graça é possível a vitória (Rm 7,25; 12,17.21; 1Cor 10,6 etc.).

Tanto para o Antigo como para o Novo Testamento, o ponto central é a salvação oferecida por Deus. Mesmo que a experiência do mal ocupe um espaço importante, a suposição principal é a ação da graça de Deus que é oferecida gratuitamente, buscando resgatar o ser humano, pois este, sozinho, não é capaz de vencer o mal.

No entanto, o mal cria uma situação em contradição àquela realidade primeira; ou seja, da criação do ser humano à imagem e semelhança de Deus. A morte, a inclinação para o mal e a incapacidade de evitar o pecado formam, assim, uma tríade de males que, entre outros, suscitam a pergunta pela origem do mal.

Podemos captar na Sagrada Escritura várias orientações sobre a existência do mal, cuja origem fica explicada da seguinte forma: o mal atribuído a Deus, o mal como desobediência humana, o mal como obra de satanás, o mal como inerente ao ser humano, o mal como fruto do pecado original.

Numa primeira explicação, todas as forças que operam na vida, tanto positivas como negativas, boas ou más, eram *atribuídas a Deus* pelo crente israelita. Ele via em Deus "o primeiro fundamento, a única causalidade da sua vida" (FLICK; ALSZEGHY, 1971, p. 225-248; RUBIO, 1989, p. 509). O próprio mal, quer físico, com mais frequência, quer moral, com menos frequência, é, portanto, interpretado como proveniente da vontade de Javé (cf., entre outros, Gn 32,23-33; Ex 4,24-26; Is 6,10; 1Rs 22,19-22). Na verdade, busca-se, com isso, ressaltar a total soberania de Deus em relação às criaturas. Entretanto, isso não chega a excluir a responsabilidade do ser humano, sobretudo quando se fala do mal moral, pois ele pode escolher entre o caminho do bem e o caminho do mal (cf. Eclo 15,11-13.15-17).

Outra orientação bíblica aponta para o *mal como castigo*, consequência da *desobediência humana*. Isso se dá quando se rompe a relação dialógica com Deus ou quando se deturpa as relações fraternas na comunidade humana. Esta explicação encontra-se na origem do relato javista de Gn 3 e 4. A intensa busca de explicação do mal, do sofrimento e, sobretudo, da morte, leva o javista a apresentar a condição humana real; ou seja, o ser humano necessita da misericórdia e do perdão de Deus para viver (WESTERMANN, 1975, p. 22-25; RUBIO, 1989, p. 510-511). Por outro lado, deixa claro que é Deus Criador quem se opõe a toda sorte de maldades, buscando refrear o mal. Ao mesmo tempo, sublinha que Deus não abandona o ser humano: "Deus o sustenta, apesar de sua propensão ao mal" (WESTERMANN, 1985, p. 150).

O mal como obra de satanás é uma explicação tardia (pós--exílica). É mencionada no Antigo Testamento; porém, tem toda a sua carga de tentador explanada no Novo Testamento. Ele é o tentador do ser humano, também de Jesus de Nazaré. O pecado surge quando o ser humano cede à tentação de satanás. Seu poder é apontado na linha do anticristo ou antidivino; porém, nunca em pé de igualdade com Deus. A vitória é de Jesus Cristo, assegurada por sua morte e ressurreição, que aponta para a consumação plena na "parusia".

A explicação do mal como *inerente ao ser humano* é outra perspectiva bíblica, sobretudo presente na literatura sapiencial. "O sofrimento, as ambiguidades e os diversos males que afetam a condição humana são perfeitamente naturais, simplesmente fazem parte da criaturalidade própria do ser humano [...], como mistério inescrutável para a limitadíssima compreensão humana [...]. O próprio Jesus não aceita a crença popular segundo a qual todo sofrimento seria consequência do pecado (cf. Jo 9,3)" (RUBIO, 1989, p. 513-514). É clássica, nesse sentido, a reflexão sobre o sofrimento no Livro de Jó.

A explicação do mal que ficou gravada mais fortemente na história e tradição eclesiais é, no entanto, a que relaciona a existência do mal com o pecado original. A origem do mal vem apontada como consequência do pecado cometido nos primórdios da humanidade. Os textos bíblicos clássicos que fundamentam essa explicação são Gn 3 e Rm 5,12-21. Coube a Santo Agostinho a explicitação e a formulação doutrinárias do pecado original na tradição eclesial. O trabalho exegético e teológico não cessou, desde então, de buscar refletir sobre essa questão com desdobramentos diversos, mesmo permanecendo a afirmação fundamental aí existente. Vamos dedicar o ponto que segue a essa explicitação.

2 O mal e o "pecado original"

Estamos aqui diante de uma afirmação fundamental para a questão do mal. Mesmo assim, não é raro encontrar certa confusão e incerteza reinantes com relação à teologia do pecado original. Trata-se de um tema que não pode ser negligenciado por quem queira auscultar o mistério da salvação. Além disso, o pecado original nos ajuda a tratar devidamente o problema do mal, bem como do próprio pecado.

2.1 O pecado "originante/originado"

Há quem considera que esse tema já se encontra claramente exposto nos cânones do Concílio de Trento. Outros acham que não adianta querer perscrutar um tema que nos escapa porque desembocamos naquilo que é um mistério insondável. No entanto, a coexistência do homem com o mal, quer na sociedade quer na sua própria pessoa, abre-nos à realidade de uma "estruturação" do pecado. Quando essa realidade atinge a pessoa humana (como capaz de praticar o mal), a teologia a denomina de pecado original. Enquanto expressão em si, o "pecado original" não tem um sentido unívoco. Há dois aspectos conexos, mesmo que distintos. Tradicionalmente falamos em *peccatum originale originatum* (pecado original originado) para exprimir o estado, a situação presente do homem, a sua condição de pecador. Os teólogos modernos (como Schoonemberg) preferem falar de pecado do mundo. Há também a designação *peccatum originale originans* (pecado original originante – das origens, que dá origem) para designar o pecado de Adão. A mentalidade evolucionista e poligenista costuma ter dificuldades na abordagem desta segunda designação.

Os grandes pronunciamentos da Igreja sobre o pecado original foram feitos em meio a disputas cristológicas, trinitárias e antropológicas muito intensas. Buscando combater os erros dos adversários, a Igreja foi emitindo afirmações com acentos próprios, característicos também das discussões realizadas em cada contexto. Por isso, as definições têm seu sentido mais clarividente quando entendidas dentro do contexto em que foram elaboradas. Elas nos deixam dados fundamentais para a fé e para a compreensão, tanto do mal quanto do pecado.

Os primeiros concílios que abordaram a questão do pecado original foram os de Cartago (em 418) e de Orange ou Arausicano (em 529). Tem especial importância o segundo; mesmo sendo de caráter local, recebeu a aprovação de Bonifácio II e teve uma ampla recepção em diferentes Igrejas. Entre as preocupações principais desses concílios estava a de rechaçar o pelagianismo, o que Santo Agostinho assumiu com inegável virulência (SCIUTO, 2000, p. 61-77). A oposição entre Agostinho e Pelágio foi retomada ao longo dos séculos pelas disputas entre Bernardo e Abelardo, entre Lutero e Erasmo e, mais tarde, entre jansenistas e jesuítas (GONZÁLEZ FAUS, 1987, p. 336s.). Entrevemos nessas disputas diferentes visões subjacentes.

Pelágio, movido por um ideal ascético e desenvolvendo uma antropologia acentuadamente otimista, achou que o ser humano conseguiria por si mesmo evitar o pecado. Igualmente, conseguiria por si mesmo realizar o bem que o conduziria à vida eterna. Não seria necessária uma graça interna para combater o pecado. Como já podemos deduzir, este pensamento levou à negação da existência do pecado original, sendo o mal "algo natural" e a concupiscência uma realidade própria do ser humano. Essa visão esvazia a necessidade da redenção de Cristo e de sua graça oferecidas a todos (universalidade) (MARROU, 1966, p. 405-413).

Para os seguidores do Monge Pelágio, o pecado original não seria diferente do pecado atual. Ele seria mais um pecado "por imitação" do mau exemplo que nos deixou Adão e que atravessa as gerações. Os que não cometem pecados pessoais não são, portanto, afetados pelo pecado original. Isto é, as crianças podem ser batizadas por razões as mais diferentes, menos por causa do pecado original.

O Concílio de Cartago (418), por sua vez, afirma a necessidade do batismo para as crianças *in remissionem peccatorum*; isto é, elas contraem a culpa original na própria geração (DENZINGER, 2007, n. 222, 231)[28]. O Concílio de Orange explica, em 529, que o ser humano, em sua condição atual, não está intacto, mas em estado deteriorado, e sua liberdade não está ilesa, mas tomada pela corrupção (Dz 371, 372).

---

28. Doravante, usaremos a sigla Dz, acrescido do número, no próprio texto.

O Concílio de Trento (1546) retoma as conclusões de Cartago e Orange (MOSER, 1977, p. 49; GONZÁLES FAUS, 1987, p. 345s.); nelas afirma-se o que, de maneira sucinta, segue:

a) Pelo pecado, Adão perdeu a santidade e a justiça original em que fora constituído (cf. Dz 1511).

b) A transgressão de Adão afetou toda a sua descendência e é transmitida por geração (e não por simples imitação) (cf. Dz 1512, 1513).

c) Embora um na sua origem, o pecado se multiplica em cada novo nascimento (cf. Dz 1512).

d) Trata-se de um verdadeiro pecado que só pode ser remido pelo batismo em Cristo (cf. Dz 1514, 1515).

e) Pelo batismo, o pecado é totalmente perdoado, mas sobram as consequências (uma inclinação para o mal) (cf. Dz 1515).

Vemos que é de fundamental importância termos uma clareza sobre os principais textos bíblicos e conhecermos os caminhos abertos pela Teologia contemporânea.

2.2 Os relatos bíblicos: Gn 3; Rm 5,12-21

Gn 3

A estrutura básica deste relato aponta para a rejeição do convite de Deus por parte do ser humano. Este prefere a autossuficiência, rejeita o diálogo com Deus e com os irmãos e deturpa o relacionamento com a própria natureza. No seu orgulho, o ser humano quer autonomia total, vira as costas para Deus até cair em si e descobrir-se impotente, indigente, desamparado, nu; enfim entregue à própria fraqueza. E, seguindo o pensamento de Santo Tomás, o ser humano mudou; consequentemente, mudou a sua percepção do mundo, dos outros seres humanos e de Deus. Etiologicamente, isso explicaria as suas tribulações, os sofrimentos e as fadigas no momento presente.

Não faltam estudos que tendem a afirmar que existe na base desse relato uma experiência de desvirtuamento vivida[29] no tempo da monarquia. Os escribas da escola javista teriam trabalhado nesse texto na época de Salomão, inclusive preocupados pela sedução com o "vinho de fora", dos povos vizinhos e seus cultos idolátricos[30].

Buscando desentranhar essa experiência vivida, diz-nos José I. Gonzáles Faus:

> O conteúdo desta experiência é a monarquia que parecia "muito boa", porque permitiu a expansão e o engrandecimento de Israel e até foi olhada como realização da promessa. No entanto, a monarquia era portadora dos gérmens de sua própria ruína (deterioração): o rei obrigará a um trabalho mais duro, se apropriará das mulheres para o seu harém e os filhos para suas guerras, dividirá Israel e provocará a inimizade de Deus. Os gérmens dessa deterioração já estavam na origem mesmo da monarquia, pois com ela o povo pôs sua confiança no rei mais do que em Javé e preferiu ser mandado do que se autogovernar. Diríamos em linguagem nossa que a eficácia histórica falou mais alto do que a dignidade de povo. Desse modo, na origem

---

29. Carlos Mesters, ao analisar a narração de Gn 2,4–3,25, afirma ser este texto uma denúncia da situação desastrosa em que vivia o povo de seu tempo, buscando mostrar a raiz do mal detectado e a responsabilidade de todos pela situação, com o intuito de combater o mal e suscitar a confiança num Deus que é maior do que os males. Por isso, segundo o exegeta, o texto apresenta o mundo dos seres humanos, com suas ambivalências, e o mundo desejado por Deus, este marcado pela harmonia entre o homem e a mulher, entre o homem, Deus e os irmãos, entre os homens e a criação. Cf. MESTERS, 1991, p. 27-39.

30. Para José I. González Faus, este texto retrata, na verdade, a experiência de desvirtuamento vivida com a monarquia em Israel. O texto seria da época de Salomão. Os escribas da escola javista que escreveram este texto nos mostram um Adão entronizado qual um rei. A centralização da humanidade em Adão só parece possível quando se tornou conhecida a centralização própria de um poder real. A noção de um jardim só pode brotar de um povo que já fez a passagem de tribo para um estado de sedentarizado. Os autores querem mostrar também que Israel fez essa passagem deixando-se seduzir pelo "vinho de fora", dos povos vizinhos, projetando isso como a sedução de todo gênero humano. Trata-se de explicar uma experiência vivida. Cf. GONZÁLES FAUS, 1987, p. 325-326.

mesmo da realeza, se deteriorou a relação do povo com Deus: deixou de ser uma relação de responsabilidade; o povo preferiu entregar essa responsabilidade ao rei, sendo que teve de entregar-lhe também a liberdade: isto para "ser como os outros povos" (1Sm 8,5), pois foi isto que fez grandes os outros povos. Porém, o que também faria aparentemente grande a Israel, embaralhará todas as relações ao interior do povo, pois Israel não foi eleito para ser "grande", senão para ser "povo"; isto é, para ser fraterno (GONZÁLES FAUS, 1987, p. 325-326).

A "terra prometida" já pode pertencer a um clã, a um indivíduo ou ao rei e a sua corte (este detém o saber). Há um único exército. Tudo isso custa muito sacrifício ao povo. Também há problemas entre as tradições do norte e do sul.

Seja qual for a leitura, o certo é que para o Antigo Testamento, "todos tomamos universalmente parte no que concerne o pecado, todos somos solidários, a ponto de sermos um: Adão = todos os adões" (BONNARD, 1978, p. 25-26). Se há uma solidariedade no mal, o AT busca também fontes que estão além dela, identificando aí as forças maléficas, demoníacas ou a cumplicidade com o mal que está dentro do próprio ser humano. No entanto, o Antigo Testamento enfatiza, numa perspectiva moral, a responsabilidade também pessoal do pecador: "Cada um é Adão por si". Adão emerge como o ponto de partida da corrupção de todo o cosmos.

Podemos concluir que no Antigo Testamento o pecado é com frequência tematizado dentro da história, numa perspectiva situacional, buscando desentranhar por essa via o que seria o *original do pecado original*. Afirma o teólogo da moral Antônio Moser:

O que é original em cada um de nós não se perde na noite dos tempos à raiz do nosso ser. O original do pecado não é alguma coisa que viria juntar-se num segundo momento a nós, numa etapa determinada da vida [...]. O original é alguma coisa que já está em nós pelo fato de existirmos, de sermos humanos. Está em nós não porque deveria estar, mas porque participamos de uma comunidade humana pecadora. O original do pecado original [...] aponta forçosamente para o existente em cada um de nós, como inerente à nossa condição de ser-no-mundo (MOSER, 1977, p. 48).

Rm 5,12-21

Este é um dos textos clássicos sobre o pecado original, especialmente pelo uso que o Concílio de Trento, entre outros, fez dele. Trento assume Rm 5,12 dizendo que "a Igreja difundida por toda a terra sempre o tem entendido dessa maneira" (DS 1514). Sabemos hoje que essa leitura é devedora à compreensão de Santo Agostinho (GONZÁLES FAUS, 1987, p. 329s.). Para a leitura de Agostinho, influiu muito a sua compreensão do grego, explicitamente da sua tradução de *eph'o* (*in quo*) no pecado (= "no qual, em cujo pecado todos pecaram"). Posteriormente, Agostinho dá-se conta de que pecado, em grego, é feminino (em latim é neutro); por isso, ele traduziu "em quem" (= "em quem [Adão] todos pecaram" ou "nele [Adão] todos pecaram [originalmente]"). Esta tradução do relativo condiciona o verbo "pecar", referindo-o ao pecado cometido por todos em Adão, excluindo praticamente os pecados pessoais, quando o termo grego *hermaton* (= pecaram) os supõem (dos quais Paulo fala em Rm 1–2).

Existem ao menos três versões, dependendo do uso que se faz do relativo *eph'o*:

a) *O antecedente é Adão*: "O pecado entrou no mundo por um homem – em quem todos pecaram – e pelo pecado entrou a morte, e a morte passou para todos".

b) *O antecedente é a morte*: "Por um homem entrou o pecado no mundo e pelo pecado a morte. E a todos a morte alcançou, por causa da qual todos pecaram".

c) *Não há antecedente*: "Por um homem entrou o pecado no mundo, e pelo pecado a morte, e a morte passou a todos, dado que todos pecaram".

A tradução da Vulgata assume *eph'o* em sentido relativo (*in quo*) e, portanto, referido a Adão. É esta versão que fundamentou a doutrina do pecado original ("no qual – Adão – todos pecaram) (RUBIO, 1989, p. 522). Com isso, a nossa situação pecaminosa atual não depende só dos nossos pecados, mas também do pecado do outro (Adão), anterior a nós. Desse texto e o de Gn 3 apreende-se que esta "situação" pecadora e miserável em que se encontra a humanidade atual não corresponde ao desígnio de Deus sobre o homem (RUBIO, 1989, p. 518).

Porém, Rm 5,12 não deve ser tomado isoladamente. É importante enfatizar o paralelismo entre Adão e Cristo, pois coloca em evidência uma "afirmação didática básica do autor: a salvação obtida por Jesus Cristo é completamente universal" (RUBIO, 1989, p. 517). Toda a humanidade beneficiou-se da obediência de Cristo. Se na perdição todos os seres humanos estão "incorporados", o mesmo vale dizer da salvação em Cristo.

O pecado original precisa ser lido no âmbito da eleição gratuita de Deus; ou seja, numa perspectiva soteriológica. A graça de Cristo é indispensável a todos, pois existe em todos e em cada um de nós um mal do qual devemos ser salvos/redimidos. Sozinhos, sem Cristo, somos impotentes frente ao pecado que nos afeta. Portanto, esse texto nos remete à *graça*, mais do que o pecado; à redenção de Cristo, que é explicitadora da graça de Deus ou da vida divina. Fomos redimidos em Cristo e nele somos co-herdeiros da herança divina. Concluindo, diríamos que o ser humano é um ser pecador originário desde Adão e, ao mesmo tempo, um redimido em Cristo (RAHNER, 1972-1976, col. 338). É como afirmar que "existe um pecado particular, cometido nos inícios da história humana, que possui, por assim dizer, um estatuto especial, um influxo comparável ao da obediência de Cristo em ordem à salvação" (FLICK, 1982, p. 1.345).

O Concílio de Trento ficou com a tradução *in quo*, todos pecaram. Desse Concílio importa reter aquele que é seu ensinamento fundamental, sua intenção básica ao se pronunciar sobre o pecado original. Esta pode ser resumida assim:

• O batismo liberta o homem de todo pecado (contra a justificação protestante).

• Todo ser humano que vem a este mundo precisa do perdão de Deus (doutrina do pecado original).

• Propositalmente, o Concílio não se pronuncia sobre a essência do pecado original (questão discutida entre os teólogos) e, assim, faz uma descrição muito geral do mesmo; utilizando, para tal, o relato genesíaco do paraíso.

• No tempo do Concílio de Trento esse relato era compreendido por todos literalmente e de maneira fixista e, assim, o decreto tridentino não teria pretendido afirmar como doutrina de fé a historicidade estrita do relato (RUBIO, 1989, p. 525; FLICK, 1982, col. 1.336).

3 Contexto atual: perda do sentido de pecado?

O Papa Pio XII, numa radiomensagem em 1946, já falava que o pecado do século XX era a perda do sentido de pecado (PIO XII, 1947, p. 398). Ainda no final do século XX, verificava-se que "também na América Latina esta crise é um fato que se evidencia de forma muito forte na queda da frequência ao Sacramento da Penitência. No Brasil, chegou-se a falar em 'colapso da práxis do confessionário'" (FRANCISCO, M.J. 1991, p. 27; LEERS, 1984, p. 298).

Há muitas razões para isso. Duas parecem de imediato importantes de serem mencionadas: "Em primeiro lugar, *uma ideia deformada da própria fé em Deus* [...] de cristãos que não chegaram a uma vivência autêntica da própria fé, mas que ficaram a meio-caminho, aceitando formulações e práticas eclesiais situadas na periferia de uma experiência profunda de Deus" (MIRANDA, 1980, p. 5). Para estes, a confissão tornou "um refúgio psicológico para pessoas imaturas, como um obstáculo mesmo a um compromisso sério na construção de si mesmas e de uma sociedade mais justa" (MIRANDA, 1980, p. 5).

A queda da frequência ao Sacramento da Penitência é explicada pelo teólogo Mario de França Miranda com as seguintes palavras:

Outra razão de peso para explicar a situação hodierna está na *perda crescente do sentido do pecado* em nossa sociedade, a qual é consequência de vários fatores. Um deles é o embotamento da consciência cristã devido à sociedade pluralista em que vivemos; onde falta, como no passado, um *ethos* comum e aceito por todos [...]. Outro fator que diminui ou destrói o sentimento de pecado, decorrente do desenvolvimento crescente das ciências humanas, é uma certa convicção latente, mas muito difundida em certa camadas, de que uma falta moral não provém tanto da liberdade, de onde emerge então a consciência da própria responsabilidade e da própria culpa, mas resulta de uma "situação", produto da confluência de vários condicionamentos (biológicos, psicológicos, fatos do próprio passado, contexto social) [...]. Ainda outro fator que contribui para esse embotamento moral: a lista clássica dos pecados, aprendida na infância e na juventude, não corresponde ao que o cristão adulto experimenta como pecaminoso [...]. Também influi nesse sentido uma certa secularização da noção de pecado, na qual sua dimensão teológica desaparece, dando origem à consciência de que se peca somente contra a humanidade ou a sociedade (ficando sem sentido o Sacramento da Penitência) [...]. Uma terceira razão para a crise hodierna provém da dificuldade que sentem nossos contemporâneos de compreender e aceitar a *mediação da Igreja* para o perdão de Deus. Há certamente uma concepção mágico-ritualista dos sacramentos, em especial do Sacramento da Penitência, que ainda subsiste em largas camadas do povo de Deus; há também, nessas camadas, uma ideia extremamente individualista do Sacramento da Penitência, herdada da longa práxis unilateral da confissão auricular, que vê no sacerdote apenas o homem que tem o poder sobre o rito do perdão; com isso, a mediação eclesial desse perdão, comunidade e sacerdote, tal como aparece na práxis penitencial dos primeiros séculos da Igreja, permanece incompreensível; esse fato é agravado pela ausência de uma autêntica vivência comunitária por parte desses católicos, membros anônimos no interior da grande massa dos fiéis que constituem as grandes paróquias de nosso país (MIRANDA, 1980, p. 5-7).

Jon Sobrino, por sua vez, dá destaque ao avanço das ciências. Ele explica esse fato da seguinte maneira:

Parece bastante claro que o avanço das ciências repercutiu na perda de consciência do próprio pecado. A psicologia tende a diluir a culpa em complexos fatores do comportamento humano e preconiza a liberação de culpabilidades exageradas que conduzem a neuroses. As ciências sociais responsabilizam as estruturas pelo pecado objetivo, o qual tende a levar ao anonimato as responsabilidades pessoais (SOBRINO, 1988a, p. 15-16).

Os estudos de cientistas como S. Freud, K. Lorenz, B.F. Skinner, K. Marx contribuíram muito para uma mentalidade diferenciada face ao pecado.

S. Freud levanta uma grande desconfiança sobre a real liberdade humana e sua consequente responsabilidade ao apresentar o mal como fruto da dicotomia entre o instinto de morte (*thánatos*) e o instinto de vida (*eros*). O ser humano não controlaria o instinto de morte, sendo "condenado aos desmandos de seus próprios instintos de destruição, agressividade e morte" (BOFF, p. 120-121).

Lorenz (1995, 1986) se apoia na ideia de que, semelhante a todo animal, o ser humano tem na agressividade a origem de todo mal, sendo inevitáveis as guerras e a violência em geral. Por isso, o ser humano não pode ser responsabilizado pelo mal que pratica, posicionamento que é semelhante ao de S. Freud.

Skinner (1978) apresenta o ser humano como um jogo de impulsos e reações que podem ser programados e controlados, inclusive biogeneticamente, numa "modelagem" do ser humano. Tende, assim, a extinguir a responsabilidade pessoal. O ser humano seria como que "robotizado" por um sistema que o controlaria, sem moral e sem liberdade. Partindo dessa compreensão, seria estranho falar em pecado e culpa.

Marx (2013) identifica o mal na organização social, e não no ser humano. Desaparece o mal quando são superadas as estruturas injustas que oprimem os homens e os empurram para a violência e a revolta.

Vejamos o que o Papa João Paulo II (1984) afirmou sobre esses posicionamentos no documento *Reconciliação e Penitência* (n. 18):

> Desvanece-se esse sentido do pecado na sociedade contemporânea também pelos equívocos em que se cai ao apreender certos resultados das ciências humanas. Com base em algumas afirmações da psicologia, a preocupação de não tachar alguém como culpado nem pôr freio à liberdade leva a nunca reconhecer uma falta. Por indevida extrapolação dos critérios da ciência sociológica acaba-se – como já aludi – por descarregar sobre a sociedade todas as culpas, das quais o indivíduo é declarado inocente. E uma certa antropologia cultural, por seu lado, à força de aumentar os condicionamentos e influxos ambientais e históricos, aliás inegáveis, que agem sobre o homem, limita-lhe tanto a responsabilidade, que já não lhe reconhece a capacidade de fazer verdadeiros atos humanos e, por consequência, a possibilidade de pecar.

A postura de autossuficiência é, sem dúvida, uma outra forma de vida que conduz ao esvaziamento da consciência de pecado. Autossuficiência correlaciona-se com o individualismo e cai facilmente na indiferença. Então, seguro de suas próprias capacidades, o ser humano acha que não precisa dos outros, nem mesmo de Deus e seu perdão, esvaziando o reconhecimento do próprio pecado (SOBRINO, 1988b, p. 16).

Para uma impostação a partir da fé, há uma causa mais radical que se imiscui no drama humano com relação ao pecado. Trata-se da questão do mal, em sua experiência, mistério e desafio, como refletimos e estudamos no capítulo anterior. Vejamos, agora, como nas últimas décadas foi sendo desdobrado o sentido de pecado e como foi sendo situada a correspondente responsabilidade humana.

4 Desdobramentos do sentido de pecado

Como vimos, fala-se muito em nossos dias de perda do senso de pecado. Toda uma série de sintomas é evocada para reforçar essa tese. No entanto, não podemos parar nos sintomas. Somos convidados a analisar mais amplamente as raízes do problema. Primeiramente, olharemos com atenção o quadro evolutivo pelo qual passou a noção de pecado. Em seguida, estudaremos as principais causas dessa evolução. Sem pretender um estudo exaustivo, recolhemos apenas elementos mais indicativos. Estes (*passado* e *hoje*) não se excluem mutuamente; antes, acenam para um quadro que estamos elaborando juntos (THEVENOT, 1984; MARLIAN-GEAS, 1982; MOSER, 1977, 1996; VIDA, 1978, p. 337-468; GUILLUY, 1983, p. 249-294; VIDAL, 2003).

4.1 Desdobramentos na compreensão de pecado

Os elementos básicos que marcam o "ontem" e o "hoje" dos desdobramentos da noção do pecado são os seguintes:

a) Num *passado* ainda recente a noção de pecado ressoava ainda muito forte sobre a vida dos indivíduos, atravessando-a por inteiro (estava onipresente). A relação com o pecado e/ou com o confessor lembrava (caricaturando) a de um tribunal, onde não faltava o "juiz" (divino, estigmatizado no confessor), as sanções e o medo ("Pastoral do medo").

Hoje, de uma concepção onipresente e legalista do pecado, tende-se a criar um ambiente de relação de ajuda e de escuta "não diretiva". No lugar do medo, procura-se instaurar um clima de confiança e apontar para a misericórdia. Tende-se a não se fixar ou exigir detalhes e minúcias, mas enfatizar a clareza do projeto de vida, na linha da opção fundamental, sem esvaziar a especificidade moral dos atos (JOÃO PAULO II, 1993, n. 71 a 81).

b) No *passado*, predominava uma concepção "coisificada" do pecado. Falávamos dele em termos de "atos" e como "coisa suja", com qualidades contagiosas. Não está distante de nós aquela ideia da "alma que se torna preta pelo pecado". A confissão tornava-se uma "lavação da alma" (limpar as manchas do pecado). Falava-se de purificação.

Hoje, passamos da simbólica da sujeira para frisar mais a dimensão "relacional", o que supôs os seguintes passos: houve um deslocamento do plano objetivo (coisificado – atos: O que você fez? Quantas vezes?) para o pessoal (Quem você é? Qual é o seu projeto de vida?); no lugar dos atos passou-se a acentuar as atitudes; e desse plano pessoal passou-se para o social. (Qual é o seu projeto de vida fraterna/social? De que lado você está?) Em vez de mancha, preferimos falar de mal causado ao outro; por isso, em vez de purificação, falamos de reconciliação, justiça, amor e misericórdia.

c) No *passado*, a concepção do pecado era mais individualizada e intimista. Tudo se passava no íntimo dos corações. As questões de gravidade tocavam sobretudo os pecados de ordem sexual.

Hoje, desdobramos essa visão excessivamente individual para uma visão que é ao mesmo tempo pessoal e social de pecado. O grande pecado não se atém somente àquele de ordem sexual, mas desdobra-se para também identificar como pecado o individualismo, a indiferença e toda sorte de discriminação e injustiças. Aqui, um novo sentido de pecado está surgindo, cujos indícios são os protestos contra as estruturas desumanas, contra a exploração, contra as injustiças e descriminações, contra a violação dos direitos humanos, contra toda forma de violência, corrupção, guerra etc.

d) No *passado*, nossa concepção de pecado era mais legalista. Ela supunha uma desobediência voluntária da lei de Deus, das normas decorrentes, de tudo o que era proibido.

Hoje, passamos para uma concepção mais dialógica e mística; acentua-se o pecado como sendo uma recusa em seguir o apelo de Cristo (que propõe; cabe a nós a resposta), uma recusa em atender ao convite de Deus (que chama à vida) e uma recusa em viver na força santificadora do Espírito (que renova a face da terra, estando presente desde o nosso íntimo), sendo a Santíssima Trindade fonte e meta da vida moral cristã.

e) No *passado*, dentro de uma visão prevalentemente teocêntrica, o pecado era descrito como uma ofensa a Deus, como se causasse dano à glória de Deus.

Hoje, desenvolve-se uma visão mais cristocêntrica, na qual o pecado adquiriu igualmente um conteúdo antropocêntrico. Privilegia-se a relação com o outro, os danos causados a este. A visão antropocêntrica deve articular com atenção e equilíbrio o lugar de Deus na noção do pecado.

Este quadro nos mostra que não podemos nos fixar somente na perda do sentido de pecado, mas temos necessidade de compreender os desdobramentos de sua compreensão que se operaram e que estão se operando. Por outro lado, reconhecemos o desafio de progressivamente ir situando e definindo o sentido de pecado. Uma fase não anula a outra; antes, a desdobra, acrescentando uma nova linguagem, ampliando seus conteúdos, alimentando-a com novas facetas da espiritualidade.

4.2 Causas desta evolução

4.2.1 O impacto das ciências humanas

O avanço das ciências humanas em geral transformou a percepção que temos do que é ser homem e ser mulher. A reflexão sociológica, o desenvolvimento dos meios de comunicação e a psicologia trazem-nos elementos novos para a abordagem da culpabilidade humana.

a) O acento na dimensão social do ser humano

Aqui verificamos um desdobramento na compreensão do ser humano. Passamos de uma percepção do ser humano enquanto fundado numa liberdade individual para assumi-lo enquanto um ser que integra todo um tecido de relações. A tomada em conta dessa dimensão relacional e social do homem fez-nos descobrir, enquanto cristãos, a sua dimensão política. Isso significa que todos os nossos comportamentos têm igualmente uma dimensão sociopolítica. As questões para situar o pecado são, então, as seguintes: De quem eu sou solidário? Quais são e em que direção vão as lutas da minha vida? Do lado de quem estou? Qual é a sociedade que procuro promover? Participo do pecado social? Em que nível? Isto difere muito e questiona o comportamento que faz da confissão o meio de descarregar o que me pesa na consciência, num nível estritamente individual, sem um compromisso real com a construção de uma sociedade mais justa e fraterna.

b) O progresso da psicologia e o impacto da psicanálise

Não podemos negar que, com o progresso da psicologia abriram-se outros desdobramentos na compreensão do pecado. Foram as correntes psicanalíticas que trouxeram o maior número de contribuições para a abordagem do pecado.

Primeiramente, os freudianos mostraram a existência de um certo compromisso existente entre a realidade exterior e as exigências do inconsciente, o que determinaria nossas condutas. Os comportamentos humanos são percebidos como sintomas de uma realidade psíquica mais "profunda". Até que ponto, então, somos realmente responsáveis por todos os nossos atos? Assim, o grau de imputabilidade moral pode ser eventualmente variável, como variável pode ser o grau de liberdade, de consciência e deliberação.

A psicanálise lança, na verdade, uma enorme dúvida sobre o real espaço de liberdade que dispomos. O ser humano seria dominado por suas pulsões, como alega Freud. Não podemos negligenciar os condicionamentos do inconsciente sobre o ser humano. Porém, sabemos que isso não é tudo o que se pode afirmar sobre o ser humano.

A psicanálise afirma também que a culpabilidade tem suas raízes em nossa infância, cuja origem arcaica se localiza por volta dos 2 anos no contato sobretudo com a mãe. Há, por isso, quem se faça a seguinte pergunta: Será que aquilo que nós chamamos de pecado não seria o prolongamento de um velho mal-estar psicológico localizado na infância? Além disso, as ciências psicanalíticas tendem a acentuar uma relação de acolhimento não diretivo do outro, sua não condenação quando se confia a alguém, bem como o seu acolhimento incondicional.

4.2.2 Causas de ordem sociológica

Um primeiro fenômeno de grande envergadura das últimas décadas é o fato de o mundo ter virado uma "aldeia". Hoje tomamos conhecimento dos problemas em nível planetário. Sentimo-nos ao mesmo tempo solidários em nível mundial. Isso condiciona nossas escolhas, tornando muitas vezes difícil de saber quais são nossas metas prioritárias e nossas reais responsabilidades. Por vezes, sentimo-nos impotentes face às problemáticas. Acontece também que não nos sentimos mais tão responsáveis assim, já que são os tecnocratas que têm os destinos nas mãos. Aqui apresenta-se igualmente a dificuldade de definir o pecado social.

A influência dos meios de comunicação é outro fator sociológico de grande repercussão na moral e na noção do pecado. Primeiro porque eles trazem às claras a existência de um *pluralismo* real em termos de modelos éticos. A televisão, por exemplo, têm um papel relevante em nossa sociedade brasileira. Todo esse quadro influencia a atitude e o discernimento ético frente a questões como o respeito à vida, o aborto, o divórcio, a coabitação juvenil etc.

O pluralismo cultural e religioso, junto com a insistência na liberdade centrada no indivíduo, relativizou a ideia de desobediência a Deus (que está na raiz do pecado) e leva ao descrédito toda posição intransigente nessa matéria.

A incredulidade e a secularização, numa sociedade que privilegia a eficiência, o lucro e o consumismo, fragilizam não só toda referência ao pecado, mas também ao religioso em si. O que conta é a satisfação mais imediata, não raro baseada num individualismo narcisista, aliado ao materialismo.

4.2.3 Causas de ordem teológica

Quando tratarmos da concepção de pecado na Moral Renovada e do pecado social, veremos com mais acuidade os elementos que estão presentes na evolução do sentido teológico do pecado. Para o esboço de um primeiro quadro, destacamos os seguintes traços:

252

a) Verificamos que novas imagens de Deus são introduzidas nas últimas décadas. Passa-se da noção de um Pai legislador para a compreensão do Cristo que nos faz uma proposta de vida e nos fascina com a sua boa-nova, atraindo-nos para o seu seguimento. Deus Pai é, assim, aquele que nos convida (e não aquele que nos obriga); Jesus Cristo, aquele que nos propõe (e não aquele que nos impõe). Acentua-se também a presença viva e ativa do Espírito Santo em nossas vidas e em nossa história, o que vem dar igualmente uma nova dinâmica à percepção ou à consciência de pecado. Trata-se de uma nova percepção que se funda na própria Santíssima Trindade.

b) O lugar que a *cruz* ocupa no pensamento teológico é um outro desdobramento no sentido do pecado, à medida que ela é também apresentada como fruto de um pecado coletivo que levou Jesus ao processo que conhecemos. A cruz também nos convida a não sermos criadores de fardos para os outros, evitando ser cruz para os nossos irmãos; numa vivência do amor que dá a própria vida pelos outros. A cruz assumida na obediência ao Pai e na vivência do Amor liberta e supera a própria morte, num anúncio de Vida plena, tão claramente expresso na ressurreição de Cristo.

c) O tema da escatologia, por sua vez, não representa uma ruptura entre este mundo e Deus; antes, engaja os cristãos no empenho de construir o Reino de Deus a partir do momento presente, que chegará a termo com a ressurreição, transfigurando toda a nossa realidade.

d) O face a face com o pobre, a escuta de sua lamentação e do seu grito por justiça, a sua organização em comunidades eclesiais e em movimentos populares ressituam toda a problemática da teologia do pecado numa perspectiva social, de conscientização e de libertação.

e) A misericórdia, como o coração pulsante de Deus (FRAN-CISCO, 2014, p. 11), nos aponta para Cristo, revelador do amor-misericórdia de Deus, e nos convida a nos deixarmos guiar, antes de tudo, pelo amor e pela misericórdia em nossas vidas, pois "essa exigência faz parte da própria essência da mensagem messiânica e constitui a medula do *ethos* evangélico" (JOÃO PAULO II, 1997, n. 3).

Capítulo 3
Conceituação teológica do pecado

Esta unidade continua a anterior. Aqui trataremos dos conceitos fundamentais de pecado em sua compreensão bíblica e teológica, como uma realidade que nos toca profundamente. Ninguém consegue ficar indiferente ao pecado. Podemos ter dificuldade em tratar dele e sentir um certo mal-estar ou mesmo indefinição com relação à sua definição e delimitação; no entanto, ele sempre volta à tona.

O pecado nos remete à maneira como construímos nossa escala de valores, nossas regras de vida, com as suas proibições e a própria busca de prazer. A noção de pecado mexe com as nossas ansiedades, com a nossa liberdade, com os nossos desejos profundos e muitas vezes encobertos, sobre os quais nem sempre falamos. Remete para o exame de nossa maturidade psicológica. Toca duas realidades de nossa vida, a saber: a sexualidade e a agressividade. O pecado tem igualmente a ver com a morte.

A publicidade evoca o pecado com frequência; busca vender produtos diversos, fazendo uma ligação entre o proibido e o prazeroso/pecaminoso. Isso tem um efeito direto sobre nós porque há em nós uma busca constante de prazer, de satisfação e de "liberdade" que tendem ir além das barreiras dos interditos (proibições). Marcel Pagnol, no filme intitulado *César* (por ele escrito e dirigido em 1936), e na sua obra com o mesmo título, chega a afirmar que "se os pecados nos fizessem sofrer quando os fazemos, nós seríamos todos santos" (PAGNOL, 2004, p. 17).

O capítulo 4 continuará na busca de captar e aprofundar o sentido de pecado através das noções de reconciliação e de misericórdia. Não vamos nos abster do esforço necessário ante tão desafiadora realidade de nossas vidas.

1 Dimensões do pecado no Antigo Testamento

Verificamos, no Antigo Testamento, toda uma evolução na consciência do pecado. Inicialmente, examinaremos a concepção que os povos vizinhos de Israel nos legaram; os textos são mais antigos do que os bíblicos. Em seguida, analisaremos a evolução veterotestamentária da noção de pecado, onde nos deteremos fundamentalmente na visão profética e sapiencial.

1.1 Nos povos vizinhos: a concepção egípcia e babilônica

Documentos anteriores aos textos bíblicos testemunham a existência de uma certa consciência do pecado fora dos limites de Israel. O *Livro dos Mortos* (Egito, séc. XVI a.c.) e os *Mandamentos da Babilônia* (séc. XIV a.c.) nos atestam isso (MOSER, 1977, p. 73-74; BARGUET, 1967, p. 158s.; BABBINI, 1969, p. 35s.). Vejamos isso melhor.

Livro dos Mortos

• Não cometi nada do que os deuses detestam.
• Não denegri ninguém diante dos meus superiores.
• Não deixei ninguém com fome.
• Não fiz ninguém chorar.
• Não matei ninguém, nem ordenei que o matassem.
• Não causei mal algum a ninguém.

- Não tirei o leite da boca das crianças.
- Não enganei, nem roubei, nem provoquei litígios.
- Não insultei.
- Não abusei da palavra.
- Não rompi a fidelidade conjugal.
- Não pratiquei o vício carnal.
- Não fui rude à voz da justiça.

Mandamentos da Babilônia
- Não peques contra teu deus ou tua deusa.
- Não separes o pai do filho.
- Não desprezes teu pai ou tua mãe.
- Não entres na casa do teu próximo.
- Não te avizinhes da mulher do teu próximo.
- Não roubes a veste do teu próximo.
- Não digas falsidades.
- Não digas ou faças impurezas.

Notemos que estas prescrições se reduzem ao fazer ou não fazer; isto é, à materialidade do ato (externo). Contradizer tais códigos, para os povos vizinhos de Israel, provoca a ira dos deuses, sendo necessário um rito (externo) de purificação. O Antigo Testamento, na experiência de fé de Israel, supõe a noção de "Aliança".

1.2 No contexto bíblico: o Antigo Testamento

Encontramos fundamentalmente três palavras-chave usadas para designar o pecado no Antigo Testamento (BÖCKLE, 1984, p. 109-114; VIDAL, 1989, p. 93-107; MOSER, 1977, p. 74s.; RÉMY, 1979, p. 129-133; RINCON ORDUÑA; MORA BARTHES; LOPEZ ASPITARTE, 1983, p. 410-412). Cada uma denota um nível próprio de abordagem. São elas: **hattá** (nível externo; significa errar o alvo; indica a falha ou transgressão quando relacionada com o Código da Aliança), **awôn** (significa estar torcido, desviado, ser terreno propício para as faltas; indica o homem pecador, num sentido mais profundo e interior) e **pésha** (significa separar-se, romper, revoltar-se; indica o homem revoltado contra os planos de Deus manifestos pela Aliança).

Os profetas preferem os termos *awôn* e *pésha* por refletirem melhor o contexto da Aliança. Vemos assim Jr 33,8 dizer: "Eu os perdoaria das suas iniquidades (*awôn*) de que se tornaram culpados revoltando-se contra mim (*pésha*)". Ou ainda Is 1,2: "Eu criei filhos [...] eles porém se revoltaram contra mim (*pésha*)". Fundamentalmente, pecar é romper a Aliança. Esta, porém, exprime também uma ruptura com Deus e uma ruptura com o irmão, com o povo, numa compreensão já coletiva do pecado.

Na Aliança, o pecador está sob o olhar de Deus, que busca instaurar a dinâmica do retorno, do perdão, em termos de salvação e de libertação. Esse olhar de Deus ou esse estar face a Deus leva o pecador a instaurar a verdade sobre sua situação, numa tomada de consciência que o leva a "fazer a verdade". Nessa dinâmica, Deus, através dos profetas, desvela/revela o que contraria uma exigência sem limites: a injustiça (Amós), a infidelidade (Oseias), o orgulho e a arrogância (Isaías), o mau coração (Jeremias). Isso leva à lembrança das leis, dos códigos a serem seguidos, sem que haja uma oposição entre profetismo e a busca equilibrada das leis.

O aspecto coletivo e comunitário constitui um dos aspectos mais importantes do pecado no Antigo Testamento, pois o pecado cria um mundo de pecadores, estabelecendo uma solidariedade entre os indivíduos submersos na mesma situação. A mentalidade de clã está na base dessa concepção. Portanto, é muito primitiva. Ela guarda, porém, a concepção dificilmente sustentável de que o castigo pela culpa de alguém se estende a toda a família, levando as gerações vindouras a expiar as culpas dos antepassados. Se a Bíblia não está isenta de tais concepções, percebe-se uma mudança paulatina para uma consciência pessoal do pecado, mesmo não desaparecendo o aspecto comunitário e/ou coletivo. Há uma correção sobre a qual Ezequiel insiste ao recordar o refrão clássico dos israelitas: "Os pais comeram uvas verdes e os dentes dos filhos ficaram irritados". E observa o Profeta Ezequiel: "Por minha vida, oráculo do Senhor Deus, não repetireis jamais este provérbio em Israel. Todas as vidas me pertencem, tanto a vida do pai como a do filho. Pois bem, aquele que pecar, esse morrerá" (Ez 18,3-4). Ez 18,20 retoma com clareza essa questão.

A consciência pessoal do pecado vai se afirmando progressivamente até chegar a uma interiorização do pecado. No Sl 51(50),5-6, lemos:

> Pois reconheço os meus delitos,
> tenho sempre presente o meu pecado.
> Contra ti, só contra ti pequei,
> pratiquei o mal diante dos teus olhos.

Vemos, nesta perícope, que a consciência se reconhece culpada *diante de Deus*. Historicamente, essa concepção interiorizada corresponde à situação de Israel no exílio (após 587 a.C.), com a ruína de Jerusalém e o Estado de Israel destruído (não existe mais como povo reunido, mas disperso). A consciência de estar "diante de Deus", sob o olhar de Javé, num contexto de Aliança, vai se atrofiando para um "sou eu que...", ("Senhor, Senhor, eu não sou como este publicano..." Cf. Lc 18,9-14), numa proliferação de normas a observar, própria do universo do farisaísmo.

> A consciência tende a se fechar, a se fixar em práticas; a relação com Deus endurece dentro de um regime de méritos e de castigo; Deus torna-se legislador mais do que libertador; a relação com os outros funciona em termos de justos e de maus; a relação consigo mesmo é vivida num sentimento de uma liberdade totalmente

responsável e totalmente disponível a ela mesma (RÉMY, 1979, p. 133).

O farisaísmo tem sua grandeza ao querer inscrever a lei em toda a vida, fazendo com que a ética dos profetas se traduza nos mínimos detalhes. Para o fariseu, importa seguir com fervor a vontade de Deus. A Lei deve ser observada de todo o coração (Sl 119) porque reflete a vontade de Deus (Lei inspirada). Porém, esta acabou sendo traduzida numa multiplicação indefinida de prescrições. O escrúpulo tomou conta da consciência, o que culminou no "regime da lei", no qual até a relação com Deus estava prescrita (juridicamente), culpabilizando todo aquele que não satisfaz tais exigências.

O olhar dos salmistas e dos sábios incide, no entanto, na corrupção geral dos homens (Sl 12,1-5; 14,1-4; 140,2-6); é o que mais os impressiona, pois constatam que estes já nasceram no pecado (Sl 50,4-5). Apontam para a conversão que pressupõe esforço humano, sendo ao mesmo tempo fruto da graça.

Em conclusão, recolhemos as palavras de A. Gelin, que afirma:

> O Antigo Testamento é uma denúncia constante do pecado como ofensa a Deus. Não se trata de uma doutrina acabada, mas já aí se percebe o essencial: no plano sobrenatural o pecado é uma recusa de Deus, no plano da consciência é uma perversão do homem. Reusando Deus, o homem esconde sua verdade, iludindo a si mesmo. É só na conversão que se revela a ilusão do pecado e o homem pode colocar-se em verdade diante de Deus (GELIN, 1962, p. 42; MOSER, 1977, p. 47).

2 O pecado no Novo Testamento

Fazendo um elo com o que acabamos de descrever, deixemos agora entrar em cena a figura de Jesus, central para a compreensão do pecado. Pierre Rémy nos introduz:

> O pecado é uma noção religiosa. Ele o é sempre "diante de Deus" e diante do Deus que interpela. Nesse sentido, não existe pecado para aquele que não crê. Daí a

diferença com a "falta". Esta o é "diante dos homens", ela diz respeito ao campo ético. O pecado só tem sentido dentro da relação com Deus. O cristão só pode identificá-lo tendo como referência a pessoa de Jesus, o seu discurso, a sua prática, confessados na fé como "palavra" de Deus (RÉMY, 1979, p. 106).

2.1 A prática de Jesus e o seu discurso

Vejamos alguns textos dos Evangelhos que nos retratam a postura de Jesus diante do pecado e o que funda sua maneira de agir e de falar.

> A mulher adúltera (Jo 8,2-11).
> • Escribas e fariseus: acusadores – pedem a morte, segundo a lei de Moisés.
> • Jesus: os acusadores se descobrem pecadores; perdão da mulher e convite de não mais pecar.

Jesus opõe ao ministério de morte da "lei escrita" o seu ministério de vida. Este passa pela denúncia do pecado, pelo perdão e pelo envio; três momentos que sempre voltam na prática de Jesus.

Com Jesus, um novo tempo é inaugurado (cf. Mc 1,15; Mt 4,23). O Reino de Deus irrompe na história dos homens. Jesus fala como quem tem autoridade e proclama a "vontade do Pai".

> Ouvistes o que foi dito [...], eu, porém, vos digo (Mt 5,43ss.).

> Nem todo aquele que me diz: "Senhor, Senhor", entrará no Reino dos Céus, mas quem fizer a vontade de meu Pai que está nos céus (Mt 7,21).

Qual é a vontade de Deus? Seguir as prescrições que buscam santificar a vida toda, ritualizando-a por completo, é o que nos dizem os escribas e fariseus; a menor das prescrições deve, assim, manifestar o absoluto de Deus. Só podemos ver como uma armadilha a pergunta: "Mestre, qual é o maior mandamento da Lei?" Jesus retira do famoso *Shemá Israel* (Dt 6,4-5) a primeira parte de sua resposta – o amor a Deus – (cf. Mt 22,37) e acrescenta uma segunda parte – o amor ao próximo – tirada do Lv 19,18 (cf. Mt 22,39). E conclui que "destes dois mandamentos dependem toda a Lei e os Profetas" (Mt 22,40). A Parábola do Juízo Final volta a precisar que é no amor ao próximo que se cumpre o mandamento do amor a Deus (cf. Mt 25,31-46). Isto é apresentado como caminho para o Reino de Deus e para a realização de sua vontade.

Estamos diante de dois mandamentos com uma reciprocidade evidente para a mensagem cristã. Isso leva São João a dizer:

> Se alguém disser: "Amo a Deus", mas odiar o irmão, é mentiroso. Pois quem não ama o irmão, a quem vê, não pode amar a Deus, a quem não vê. Temos de Deus o preceito: quem ama a Deus, ame também o irmão (1Jo 4,20-21).

> Deus é amor, e quem permanece no amor permanece em Deus e Deus nele (1Jo 4,16b).

Disso resulta que pecar contra Deus passa fundamentalmente pelo mal feito aos nossos semelhantes; não assumir a causa do próximo é não assumir e desconhecer Deus.

Vemos assim que pecar é recusar-se a viver no amor. A Parábola do Filho Pródigo ilustra bem isso, enquanto nos revela o arrependimento e a volta do filho e, especialmente, enquanto nos mostra a bondade do pai. Nela, pode também ser vista a mesquinhez e a incapacidade de perdoar do filho mais velho, que aparentemente era o que vivia mais próximo do pai, mas que não é capaz de viver a economia do dom.

Jesus surpreende por muitas vezes denunciar os "justos" e amar os pecadores. Com isso, quer mostrar que Ele não se deixa prender pelas amarras do legalismo que invadia a religião do seu tempo, próprias de uma mentalidade ou instituição fechadas sobre si mesmas. Ele quer superar um certo movimento idolátrico que absolutiza uma "imagem" que fecha e impermeabiliza a relação com Deus; importa superar a busca narcísea da imagem de si, de seu corpo, que deve ser defendida a qualquer custo contra tudo. Pecado é recusar-se à aventura da abertura a um outro, no dom, na partilha, no respeito do diferente, na renúncia de possuir o outro como objeto compensador dos próprios vazios ou frustrações.

Enfim, podemos dizer que pecar, para Jesus, consiste em fechar-se ao chamado de Deus, não o acolhendo numa atitude de escuta. Várias parábolas ilustram essa postura: a dos convidados às bodas (Lc 14,15-24), o do juízo final (Mt 25,31-46), a das jovens imprudentes (Mt 25,1-13). Aparentemente, os condenados não fizeram mal algum.

2.2 A visão paulina

Ao falarmos do pecado no Novo Testamento não podemos deixar de lado o corpo paulino. São Paulo estabelece algumas distinções ao falar do pecado no singular (*hamartía*), dos atos pecaminosos que se manifestam nas quedas (*paraptôma*), das transgressões pessoais (*parábasis*). O primeiro significado ocupa a primazia nas suas reflexões. É com ele que Paulo identifica o "mistério da impiedade" (cf. 2Ts 2,7), como sendo esta força iníqua que pervade o mundo e invade a pessoa, apodera-se das estruturas e impõe o seu domínio sobre a criação. Aí estaria a razão última da situação trágica na qual a humanidade se sente prisioneira (e aí os nossos pecados pessoais...). Identificamos aqui o ponto característico de Paulo, com uma quase personalização do pecado (como um tumor que vai tomando posse do corpo inteiro).

A humanidade aguarda, segundo a Carta de São Paulo aos Romanos, com esperança a vinda do Salvador. E Cristo vem tirar o mundo da opacidade do pecado. Sua luta não é apenas por uma conversão pessoal, mas busca recriar a graça eliminando o pecado no homem e desenterrando-o das estruturas do mundo.

São Paulo não deixa de denunciar o "regime da lei", que escorrega na ilusão de querer salvar a si mesmo pela lei, substituindo Deus enquanto acolhido como Salvador. Uma lei, feita para ser caminho de vida pode, assim, se transformar em ministério de morte. As prescrições podem se tornar instrumentos de opressão.

2.3 A visão joanina

São João insiste na poderosa cegueira do homem, que ele relaciona com a força diabólica (cf. 1Jo 3,8), sendo a vida do pecador marcada pelo poder satânico (cf. Jo 3,19; 3,20). Isso tem como consequência a recusa maliciosa da luz, a desobediência à vontade de Deus, a autossuficiência (fechamento) do ser humano. Basicamente, para São João, pecar é não aceitar o Cristo e a sua mensagem. Este é o eixo central do quarto Evangelho, enquanto que na Carta de São João o pecado vem tematizado com a vida concreta do cristão. A vida de Jesus Cristo é apresentada como uma luta contínua contra o pecado, buscando destruí-lo em todas as suas manifestações (cf. Jo 7,7; 17,14; 12,31; 16,11).

A teologia joanina, ao mesmo tempo em que realça a força poderosa do pecado, também realça o poder de Cristo. Ele é "o que tira o pecado do mundo" (Jo 1,29). Cristo veio tirar o pecado do mundo enquanto comunica ao homem o Espírito Santo, e assim lhe dá a força para não pecar (VIDAL, 1991, p. 486).

3 O pecado e a pessoa

O Concílio Vaticano II desencadeou um processo de renovação da Teologia Moral, vindo a ser chamado de Moral Renovada. Desde então, ela busca "fazer uma revisão da apreciação teológica do pecado e procura aquelas colocações mais aptas para poder anunciar ao homem de hoje a realidade do pecado" (VIDAL, 1978, p. 343-344). Inicialmente, a Teologia dá-se conta de um novo contexto, marcado pela secularização e pelos deslocamentos de ênfases e de perspectivas na abordagem do pecado. Muito se falou até mesmo sobre a perda do sentido do pecado; sintomas para essa afirmação não faltam, como já vimos. Porém, verificamos que o sentido do pecado não se atrofiou ou desapareceu; houve, na verdade, uma modificação profunda ou desdobramentos diversos na sua compreensão. A Moral Renovada é uma tentativa de repensamento da Moral, buscando uma nova abordagem do pecado; o que possibilitou essa renovação foi sua abertura aos estudos sobre a antropologia da culpabilidade, aliada à perspectiva bíblica. A Teologia passa a entender o pecado utilizando categorias como opção fundamental e alienação do ser humano.

3.1 A concepção de pecado na Moral Renovada

Buscando ser fiel à visão bíblica e à antropologia moderna, uma Teologia Renovada não se contenta com a visão do pecado como uma realidade isolada. Passa a ver o ser humano em sua globalidade, colocando o peso na *pessoa*, e não somente nos atos.

Essa reflexão renovada sobre o pecado não quer ser algo totalmente desligado do que a precedeu. Uma sadia tradição não só integra uma renovação, mas lhe dá maior vitalidade, desdobrando-a. Portanto, a síntese renovada do pecado tem também interesse pela Tradição, como atestam os estudos sobre o pecado em distintas épocas: patrística, idade média, idade moderna e contemporânea.

3.1.1 Deslocamentos e novas perspectivas

No contexto pós-conciliar (Vaticano II) fazia-se urgente uma apresentação teológica renovada com relação ao pecado. As lacunas e os pontos fracos eram patentes, tais como:

O *juridismo*, que faz com que ele seja visto unicamente como desobediência a alguns mandamentos absolutos exteriores; o *objetivismo*, que olha tão somente a materialidade do ato exterior, sem ter em conta a situação real do sujeito; o *individualismo* e o *atomismo*, que fazem com que o pecado seja raramente apresentado como desordem social e como *momento* numa vida concreta. E também, com frequência, na linha de uma moral de *atos*, o pecado aparece artificialmente separado da vida do sujeito (PETEIRO, 1972, p. 324-325).

Para Bernhard Häring, uma adequada apresentação teológico-pastoral do pecado, dentro de um contexto de secularização, requer um deslocamento de ênfases e perspectivas. Eis o deslocamento por ele descrito:

• Da casuística do confessor à moral de vida.
• Da visão estática da vida à moral dinâmica.
• Apresentação do pecado não na "pauta da natureza", mas na "pauta da história".
• Das perspectivas clericais às perspectivas proféticas.
• Aceitação das influências da crise da autoridade na noção de pecado.
• Da determinação monolítica do pecado ao pluralismo dos sistemas de valores.
• Da moral do ato à ética de atitudes.
• Da ênfase sobre as normas proibitivas à ênfase sobre as normas-meta.
• Do essencialismo-objetivismo ao conhecimento histórico da pessoa.
• Da valorização individualista do pecado às perspectivas da solidariedade histórica da salvação.
• Do conceito de pecado-sanção à moral psicológica e pastoral.
• Do pecado de desobediência ao pecado de heteronomia.
• Apresentação do pecado dentro da perspectiva da liberdade religiosa e da liberdade de consciência.
• Aceitação dos novos horizontes históricos: ateísmo e secularismo (HÄRING, 1974, p. 13-34; VIDAL, 1978, p. 344).

Essa mudança de orientação depende de vários eixos que exerceram a função de força motriz no encaminhamento renovador (VIDAL, 1989, p. 110-112). Os principais são:

a) A *perspectiva personalista* como resultado da influência bíblica e da abertura da Teologia às ciências antropológicas. No caso da leitura personalista da Bíblia, o pecado é apontado como um "não" ao Deus pessoal, "não" ao homem, "não" à comunidade, "não" à própria vocação histórico-cósmica.

b) A *dimensão eclesial*, consolidada no/pelo Concílio Vaticano II, foi decisiva, sobretudo ao reconhecer a presença "em seu próprio seio de pecadores" e ao declarar-se "ao mesmo tempo santa e necessitada de purificação" (VIER. *Lumen Gentium* 8, 1991, p. 47). O pecado, segundo a *Lumen Gentium* 11, "fere a Igreja".

c) A identificação das *consequências negativas do pecado sobre a humanidade*, e não só como um "mal para o homem", abriu as perspectivas de abordagem para insistir ao mesmo tempo na "divisão do homem em si mesmo", na "deformação humana" (VIER. *Gaudium et Spes*, 13, 37, 1991, p. 155, 180) e nas consequências sociais do pecado.

d) O *contexto de diálogo* pluralista e até policêntrico de nossos dias, incluídas as ideologias e o contexto de secularização, permeia a noção renovada de pecado. A culpabilidade é vivida em meio aos contrastes e às críticas possíveis. Um discernimento constante precisa ser efetuado para não introjetar modelos e reproduzi-los sem mais.

3.1.2 Uma história acidentada

A colaboração maior que a Moral Renovada traz para a reflexão teológica é a de entender o pecado dentro de uma categoria mais globalizante; no caso, a da *opção fundamental*. A compreensão e a reflexão do pecado supõem uma história longa, ao mesmo tempo rica e acidentada. Recuemos, inicialmente, um pouco na nossa história para, em seguida, melhor entendermos aquilo que se mostrou essencial e inovador na noção de opção fundamental.

Antes do Concílio de Trento, sentiu-se quão difícil era especificar os pecados "objetivamente" graves, distinguindo-os dos leves. Santo Agostinho já entrevia o perigo de tal tentativa, exprimindo-se da seguinte maneira:

> É muito perigoso determinar concretamente o que é pecado grave e o que não é. Se perguntarmos pelos pecados que fecham a entrada do Reino dos Céus, nos defrontamos com uma questão muito difícil e arriscada. Embora me tenha empenhado nessa investigação, até agora nada consegui (TOMMASO D'AQUINO, 1992, q. 27, a. 1 ad 3).

No entanto, mesmo se há exemplos de pecados considerados muito graves na Igreja antiga (p. ex.: apostasia, homicídio, adultério), inclusive não desconhecendo os pecados que podem excluir do Reino (apostasia...), a Igreja tem buscado abrir caminhos para a reconciliação, insistindo na necessidade de uma conversão contínua. Mesmo assim, verificamos já uma tendência, que Trento assume de maneira extensiva, de delimitar certas categorias de pecado. Orígenes († 254) falou de feridas "leves", feridas "graves" e de feridas "incuráveis". A penitência tarifada (do séc. VII ao XII) também pressupunha uma distinção ao fixar as tarifas correspondentes. O Cardeal Cayetano († 1534) falou, por sua vez, em pecados mortais e veniais, acrescentando os "pecados veniais graves", numa visão tripartite (DE VIO, 1571, p. 41-43).

O Concílio de Trento, por sua vez, prescreveu que devem ser confessados todos os pecados mortais segundo o seu número, sua espécie e suas circunstâncias (que podem mudar a espécie). Todos devem confessar-se ao menos uma vez por ano, pela Páscoa. Isso marcou os estudos posteriores dos moralistas, que buscaram especificar o que seria matéria grave e o que seria matéria leve. Desde então ficaram consagradas a distinção "venial-mortal"[31].

Os manuais de Teologia Moral chegaram a definir com clareza tudo o que seria grave e, portanto, passível a penas eternas. Porém, já no final do século XIX, vozes "inovadoras" tentaram rediscutir tal edifício (HÄRING, 1961, p. 369-395). Assim, Hermann Schell (1850-1906) defendeu que o pecado mortal só poderia ser aquele cometido como revolta direta contra Deus. Os demais, que impedissem a comunhão, seriam simplesmente graves. Contemporâneo a este, Linsenmann aplicou os termos grave e leve ao objeto e os termos mortal e venial à pessoa.

Outras tentativas de refazer tal edifício existiram. Houve quem defendesse que só na hora da morte o ser humano encontraria condições para uma opção definitiva de adesão ou de recusa de Deus. Seria a globalidade da existência que daria condições para essa decisão final. Pouco a pouco, chegou-se a colocar a pessoa como questão primeira, sendo que a maior ou menor gravidade não estaria na matéria, mas na disposição da pessoa. Nesse sentido, ficou famoso o texto de Josef Fuchs, que se desenvolve nos seguintes termos:

> O importante no pecado não são os 10 centavos ou 1 milhão de dólares; o elemento principal do pecado consiste em dizer *não a Deus*. Se dizes verdadeiramente não a Deus, cometes um pecado mortal. Isto é verdade, quer se trate de matéria leve ou de 1 milhão de dólares. Se este *não* é de fato um *não* pessoal [...], se este *não* é de fato uma disposição total do meu ser em relação a Deus, então este *não* é sempre pecado mortal (FUCHS, 1966, p. 296)[32].

---

31. "Cometemos pecado mortal se transgredimos a lei de Deus em matéria grave, com plena consciência ou deliberação e com plena liberdade. Cometemos pecado venial se transgredimos a lei de Deus em matéria menos importante ou se a transgredimos em matéria grave, mas sem plena deliberação ou sem plena liberdade" (MOSER, 1977, p. 94).

32. Os trabalhos do teólogo moralista F. Böckle têm igualmente colocado em relevo a importância decisiva da atitude da pessoa (BÖCKLE, 1957, p. 434).

3.1.3 Pecado e opção fundamental

Não querendo ser apenas um remendo num pano velho, a Moral pós-conciliar buscou um enfoque diferente do que o do edifício que a precedeu (MOSER, 1977, p. 97-104; LIBÂNIO, 1975). As conquistas das ciências humanas e a mensagem bíblica mostravam desconhecer um homem dividido em compartimentos. A redescoberta da *Aliança* e o problema da *liberdade* levaram os teólogos a encontrar categorias mais globais para falar do ser humano e, consequentemente, do pecado.

A *Aliança* pressupõe primeiro uma relação pessoal entre Deus e os seres humanos, fundada no amor mútuo. Mesmo se há certas exigências, estas não significam o simples cumprimento de cláusulas.

> Fazer aliança significa comprometer-se com toda a sua vida. A quem ama não se dá presentes. Quem ama se doa totalmente. Os atos humanos são apenas expressão de uma doação total ou recusa total. O pecado não está em fazer isto ou deixar de fazer aquilo. Está nessa atitude de recusa ou aceitação (MOSER, s.d., p. 12).

A *liberdade* não é definida dentro dos quadros de uma antropologia dualista, na qual o ser humano é assumido como se houvesse nele compartimentos estanques ou partes sem comunicação (corpo-alma, sentimento-razão, impulsos-vontade etc.). Sabemos pela Moral mais ortodoxa que o pecado pressupõe responsabilidade e esta exige liberdade; assim como o chamado pecado mortal exige "plena consciência", "plena deliberação" e "plena liberdade" (CATECISMO DA IGREJA CATÓLICA, 1993, n. 1857, 1859).

Segundo a Moral dos atos, eu poderia empenhar minha liberdade de modo diferente inúmeras vezes ao dia; cometer inúmeras vezes pecados mortais e merecer o inferno; confessar-me inúmeras vezes e merecer o céu... Numa Moral Renovada, que se funda na opção fundamental, o foco passa a ser o empenho no conjunto da vida de uma pessoa; ela pode estar se tornando má e se transformando em pecadora; sendo assim, o processo de conversão requer um perfazer-se mais profundo, na unidade moral de todo o seu ser.

Tanto a Aliança como a liberdade nos apontam para uma opção fundamental. Esta apresenta-se como uma atitude básica que funda os centros de interesse e a escala própria de valores que norteiam a vida de uma pessoa. A opção fundamental é o núcleo central do ser humano; não se resume num ato; indica a orientação de vida. Ela não depende da minha inteligência ou (boa) vontade. Ela revela-se no conjunto da vida. Fala-se de constância e de uma linha condutora. Esta não é necessariamente a mesma durante toda a vida; pode haver um amadurecimento progressivo (que não se realiza de um momento para o outro), havendo até mesmo um processo de conversão (mudança de orientação).

A opção fundamental nos faz repensar o pecado e suas categorias. Primeiramente, o centro de interesse desloca-se preferencialmente do *objeto* para a *pessoa*, dos *atos* para as *atitudes*. Existe a possibilidade de uma opção fundamental negativa, sob a forma de um processo progressivo de deterioração. Os atos são geralmente reflexos de uma orientação negativa maior. Porém, isso não relativiza os *atos*; estes apontam sempre para uma atitude global e determinante (um ato amadurecido, cozinhado e não repentino e inesperado revela melhor uma opção fundamental). A *conversão* é igualmente um processo de renascimento, uma longa caminhada (em sentido contrário); pois, tanto a opção fundamental positiva como a negativa têm raízes profundas; não se arrancam ou transformam num piscar de olhos.

A opção fundamental coloca-nos, enfim, na perspectiva de nossa orientação para ou contra Deus. A plenitude da vida moral vai se realizando à medida que o ser humano opta explicitamente por Deus, com todo o seu ser e em toda a sua vida. Este é um dos objetivos primordiais da Teologia Moral.

3.2 A tríplice alienação

Como vimos, a leitura personalista da Moral Renovada fala de pecado como um "não" a Deus, um "não" ao homem, um "não" à comunidade e um "não" à própria vocação histórico-cósmica. A partir desta compreensão, o pecado foi captado igualmente na tríplice alienação; ou seja, em relação a si mesmo, em relação aos outros e ao mundo e em relação a Deus. A alienação desintegra e dispersa, no egoísmo e no individualismo, e compromete a realização da pessoa.

a) Alienação em relação a si mesmo

O maior desejo do ser humano, a sua felicidade, é chegar à harmonia consigo mesmo, numa sintonia com o seu ser mais profundo. Porém, descobre-se aquém de suas aspirações; muito mais, descobre a sua própria finitude. O pecado não se reduz simplesmente à finitude, pois supõe a intervenção da vontade e da liberdade humanas. O pecado consiste em o homem se proclamar autossuficiente na sua finitude, não buscando mais transcender seus próprios limites. O pecado é baixar os braços e não querer mais progredir para dentro de si mesmo, em direção aos outros e ao mundo, e em direção de Deus. Isso significa transformar a própria finitude em absoluto. "Esse *não* do homem às aspirações mais profundas do seu ser é uma alienação, no sentido de conduzi-lo a ser o que ele não é; ou não ser o que ele deveria ser; é um não estar em casa; é fazer-se estranho a si mesmo" (MOSER, 1977, p. 121).

b) Alienação em relação aos outros e ao mundo

As ciências humanas afirmam com clareza que o ser humano não pode realizar-se sozinho, no isolamento. Entrar em comunhão com os outros é descobrir sua própria identidade, bem como o diferente, o original e o irrepetível que o constituem. Ao mesmo tempo, descobre-se um ser-com-os-outros e um ser-para-os-outros. Seu destino está ligado ao de toda a comunidade humana. Esse face a face com os outros só se realizará quando formos *verdadeiros* conosco mesmos, sem máscaras, sem ser estranhos a nós mesmos. Caso contrário, emerge a realidade do pecado, no qual o ser-para-os-outros transforma-se em ser-contra-os-outros, contra a comunidade (também eclesial), contra a natureza (a criação), voltando a fechar-se sobre si mesmo e impossibilitando a comunhão com os outros e o mundo. Um falso eu, enclausurado em si mesmo, não contribui para que o mundo seja a "nossa casa". Sua contribuição será sempre inautêntica, porque não brota da própria originalidade. O fechar-se para os outros e para o mundo é mais uma forma de alienação.

c) Alienação em relação a Deus

As alienações acima descritas pressupõem um ponto de referência; ou seja, a proposta/projeto do próprio Deus. Para nós, o prisma antropológico abre-se a esse prisma originante/fonte.

> A realização do projeto que sou e da verdade do meu ser só é possível no encontro com a origem do meu ser. O pecado remete a um apelo de Deus, apelo que ressoa de formas múltiplas e em tonalidades diversas, mas com o qual o homem se defronta constantemente [...]. O pecado remete a [...] uma recusa de amor a quem nos amou primeiro (MOSER, 1977, p. 122).

Porém, o pecado não fica só no plano da pessoa e sua relação com Deus. O projeto de Deus perpassa toda a criação. O pecado é recusa de um Deus presente em mim e nas criaturas (estas enquanto "vestígios de Deus"), seja no próximo seja na natureza... Instalar-se no próprio eu ou mesmo dominar os semelhantes é sempre se recusar a participar do projeto de Deus, que propõe a economia do Amor. Pecar é fundamentalmente essa recusa de Deus, sistemática, frontal ou velada, que se traduz em surdez e cegueira ao chamado do Reino. Portanto, o pecado contra Deus desdobra-se na incapacidade de um encontro autêntico comigo mesmo e um encontro harmônico com os outros. São diferentes dimensões de uma mesma realidade (alienada e narcísea).

4 O pecado social[33]

João Paulo II afirma, com toda clareza, na Exortação *Reconciliatio et Paenitentia*, que o pecado é como que uma dupla ferida que o pecador abre em si mesmo e na sua relação com o próximo, para concluir: "Por isso, pode falar-se de pecado *pessoal* e *social*: todo o pecado sob um aspecto é *pessoal*, e todo o pecado sob outro aspecto é *social*, enquanto e porque tem também consequências sociais" (JOÃO PAULO II, 1984, n. 15).

Quando se fala em *pecado social* vem à tona sobretudo dois termos próximos para também falar dele. São eles: *situação de pecado* (CONFERÊNCIA GERAL DO EPISCOPADO LATINO--AMERICANO – III, 1979, n. 28, 328, 1032, 1269) e *estruturas de pecado* (JOÃO PAULO II, 1988, 36s.).

Chegou-se ao termo *situação de pecado* porque "não se deve perder de vista a situação histórica e concreta em que o homem se encontra" (CONFERÊNCIA GERAL DO EPISCOPADO LATINO-AMERICANO – III, 1979, n. 1032). Neste caso, reconhecemos a existência de situações dramáticas a que o pecado levou o homem, seja porque "rompeu a solidariedade com o próximo, seja porque destruiu a harmonia com a natureza" (CONFERÊNCIA GERAL DO EPISCOPADO LATINO-AMERICANO – IV, 1992, n. 9). As *situações de pecado* podem ser as mais diversas:

> as guerras, o terrorismo, a droga, a miséria, as opressões e injustiças, a mentira institucionalizada, a marginaliza-

---

33. O texto que segue é da obra de Agostini (2007), p. 148-152, que, depois de 10 edições, encontra-se esgotada.

ção de grupos étnicos, a corrupção, os ataques à família, o abandono de crianças e idosos, as campanhas contra a vida, o aborto, a instrumentalização da mulher, a depredação do meio ambiente; enfim, tudo o que caracteriza uma cultura de morte (CONFERÊNCIA GERAL DO EPISCOPADO LATINO-AMERICANO – IV, 1992, n. 9).

Essa é uma realidade de pecado que tende a "destruir a dignidade humana" (CONFERÊNCIA GERAL DO EPISCOPADO LATINO-AMERICANO – III, 1979, n. 329).

O termo *estruturas de pecado* busca uma compreensão mais profunda da realidade, ou mesmo das situações de pecado, identificando as raízes dos males que nos afligem. Remete para os mecanismos sociais e para as constantes históricas em cuja raiz "encontra-se o pecado, tanto em seu aspecto pessoal como nas próprias estruturas" (CONFERÊNCIA GERAL DO EPISCOPADO LATINO-AMERICANO – III, 1979, n. 1258). Ao se falar de estruturas de pecado aponta-se tanto para aquelas formas de "egoísmo", de "vistas curtas", de "cálculos políticos errados", de "decisões econômicas imprudentes" como para a "avidez exclusiva do lucro", por um lado, e a "sede de poder, com o objetivo de impor aos outros a própria vontade", por outro lado (JOÃO PAULO II, 1988, n. 36, 37). Acaba-se, com isso, "introduzindo no mundo condicionamentos e obstáculos que vão muito além das ações de uma pessoa e do breve período de sua vida. Interfere-se igualmente no processo de desenvolvimento dos povos, cujo atraso ou cuja lentidão devem ser julgados também sob essa luz" (JOÃO PAULO II, 1988, n. 36).

Na Exortação apostólica *Reconciliatio et Paenitentia*, o Santo Papa João Paulo II nos explicava que não só os indivíduos são vítimas das *estruturas de pecado*, e acrescentava:

> Podem sê-lo também as nações e os blocos [...]. Se certas formas de "imperialismo" se considerassem à luz

desses critérios morais, descobrir-se-ia que por detrás de certas decisões, aparentemente inspiradas só pela economia e pela política, se escondem verdadeiras formas de idolatria: do dinheiro, da ideologia, da classe e da tecnologia [...]. Trata-se de um mal *moral*, fruto de *muitos pecados*, que produzem "estruturas de pecado" (JOÃO PAULO II, 1988, n. 37).

O qualificativo *social*, acoplado ao pecado, assume tanto as situações quanto as estruturas. Estas se reforçam mutuamente. O *pecado social* pode, assim, desdobrar-se em três níveis:

• *Comunhão no pecado*: neste primeiro nível, é *pecado social* aquela misteriosa e imperceptível, porém real e concreta, solidariedade humana no pecado. O que aponta para uma *comunhão no pecado*, contraposta à *comunhão dos santos*. Em vez de elevar a si e o mundo consigo, o pecado, mesmo o mais íntimo e secreto, acaba rebaixando a si e arrastando consigo a Igreja e o mundo inteiro. É *social* porque "todo pecado repercute, com maior ou menor veemência, com maior ou menor dano, em toda a estrutura eclesial e em toda a família humana" (JOÃO PAULO II, 1984, n. 16).

• *Agressão direta ao próximo*: sobre este segundo nível, lemos na Exortação *Reconciliatio et Paenitentia*:

É *social* o pecado contra o amor ao próximo, que é tanto mais grave na Lei de Cristo; porquanto está em jogo o segundo mandamento, que é semelhante ao primeiro. É igualmente *social* todo pecado cometido contra a justiça, quer nas relações de pessoa a pessoa, quer na da pessoa com a comunidade, quer, ainda, nas da comunidade com a pessoa. É social todo o pecado contra os direitos da pessoa humana, a começar pelo direito à vida, incluindo a do nascituro, ou contra a integridade física de alguém; todo o pecado contra a liberdade de outrem, especialmente contra a suprema liberdade de crer em Deus e de adorá-lo; todo o pecado contra a dignidade e a honra do próximo. É *social* todo o pecado contra o bem comum e contra as suas exigências, em toda a ampla esfera dos direitos e dos deveres dos cidadãos. Pode ser *social* tanto o pecado de comissão como o de omissão: da parte dos dirigentes políticos, econômicos e sindicais..., como também da parte dos trabalhadores... (JOÃO PAULO II, 1984, n. 16).

• *O mal social nas relações entre as várias comunidades humanas*: neste terceiro nível ou acepção costuma-se apontar para os mais diferentes males sociais que "nem sempre estão em sintonia com o desígnio de Deus, que quer, para o mundo, justiça, liberdade e paz entre os indivíduos, os grupos, os povos" (JOÃO PAULO II, 1984, n. 16). Entre eles, podemos enumerar: a luta programada e sistemática de classes sociais, a contraposição obstinada dos blocos de nações, de uma nação contra a outra e de grupos contra outros grupos no seio da mesma nação.

> Deve admitir-se que realidades e situações como as que acabam de ser indicadas, ao generalizarem-se e até mesmo a agigantarem-se como fatos sociais, quase sempre se tornam anônimas, assim como são complexas e nem sempre identificáveis as suas causas. Por isso, ao falar-se aqui de *pecados sociais*, a expressão tem um sentido claramente analógico (JOÃO PAULO II, 1984, n. 16).

Uma questão que se levanta com relação ao pecado social é sobre quem é o responsável. Reconhecemos, por um lado, a crescente responsabilidade do ser humano como agente da história e da sociedade. Constatamos, por outro lado, o peso dos condicionamentos impostos pelas estruturas socioeconômicas e políticas na formação da própria consciência. Se reconhecemos o peso das estruturas, não podemos esvaziar a responsabilidade de pessoas e grupos. O *pecado social* é apresentado como o fruto, a acumulação e a concentração de muitos *pecados pessoais*. Portanto, cuide-se para não subestimar a responsabilidade individual das pessoas.

Surge, então, a pergunta: Como é que eu, como *pessoa*, participo do *pecado social*? Isto pode se dar nos seguintes níveis:

• quando gero, favoreço ou desfruto da iniquidade ou da injustiça;

• quando nada faço para evitar, eliminar ou limitar os males sociais;

• quando introjeto e me identifico com os contravalores reinantes, assimilando a realidade que me envolve sem nenhum esforço crítico, de discernimento ou de juízo prudencial;

• quando reproduzo, mesmo em escala menor, as formas de violência ou injustiça que acontecem em escala maior;

• quando prefiro me omitir, apresentando a escusa de que "nada tenho com isso" ou "que é impossível mudar o mundo";

• quando não quero assumir a cruz do cansaço ou mesmo do sacrifício, tentando escapar pela tangente, às vezes até apresentando razões de ordem superior;

• quando, por preguiça, por temerosa conivência, por cumplicidade disfarçada ou por indiferença vou me deixando aliciar, enveredando, qual presa fácil, no pecado.

João Paulo II, na Exortação *Reconciliatio et Paenitentia*, afirma que "no fundo de cada *situação de pecado* encontram-se sempre pessoas pecadoras" e exorta que isso constitui "um alerta para as consciências de todos, a fim de que cada um assuma as próprias responsabilidades, no sentido de serem séria e corajosamente modificadas essas realidades nefastas e essas situações intoleráveis" (JOÃO PAULO II, 1984, n. 16).

CAPÍTULO 4
Reconciliação e misericórdia

O Santo Papa João Paulo II foi quem, em 1980, dois anos após da publicação da Encíclica *Redemptor Hominis*, publicou a Encíclica *Dives in Misericordia*. Tratava-se do segundo momento de seu "projeto trinitário", completado pouco depois com a Encíclica *Dominum et Vivificantem*. "Com a publicação de mais esse documento do Magistério Pontifício, João Paulo II pretendeu cumprir um dever pastoral de evangelização, e nessa perspectiva de ordem querigmática desenvolveu uma progressiva reflexão sobre a relação entre as Pessoas divinas" (FELICI, 2005, p. 139).

A experiência de fé necessita descobrir a profundidade e a beleza do rosto de Deus Pai, revelado em Cristo, cuja plenitude nos é descrita em 2Cor 1,3 como "Pai das misericórdias e Deus de toda consolação". Essa misericórdia funda-se no amor, que é mais forte do que a morte e que deve mostrar-se sempre mais forte do que o pecado, atuando firmemente como perdão e reconciliação. "A Igreja vive uma vida autêntica quando *professa e proclama a misericórdia* e quando aproxima os homens das fontes da misericórdia do Salvador" (JOÃO PAULO II, 1997, p. 237), tendo grande significado a Palavra de Deus, a Eucaristia e o Sacramento da Reconciliação. Isso leva a plasmar o momento do *perdão* como "condição fundamental da reconciliação, não só nas relações de Deus com o homem, mas também nas relações recíprocas dos homens entre si" (FELICI, 2005, p. 144).

O Papa Francisco, por sua vez, invoca a misericórdia como o coração pulsante do profundo amor de Deus por nós (FRANCISCO, Papa, 2014, p. 11). Deus revela a sua misericórdia, Ele, que é "misericordioso e clemente, lento na ira, cheio de bondade e fidelidade" (Ex 34,6), sendo "Jesus Cristo o rosto da misericórdia do Pai" (FRANCISCO, Papa, 2015, n. 1). Se aqui está o elemento indicativo, desdobra-se igualmente um elemento imperativo; ou seja, "que os seres humanos se deixem guiar em sua vida pelo amor misericordioso" (FRANCISCO, Papa, 2015, n. 3). Trata-se de "permitir que aquela força mais profunda, que é o amor, plasme a vida humana nas suas várias dimensões" (FRANCISCO, Papa, 2015, n. 12). Estes dois elementos (indicativo e imperativo) nos convidam a fundar a nossa existência humana no *ethos* da misericórdia, pois o ser humano "não pode viver sem amor" (JOÃO PAULO II, 1979a, n. 10).

1 O pecado: obstáculo à reconciliação

O pecado é, na verdade, um obstáculo à reconciliação. É sob a ótica da reconciliação que ele pode ser melhor identificado e compreendido, pois aí adquire suas reais dimensões. Como a reconciliação se dá no amor demonstrado no perdão, é aí que se mensura o real tamanho do pecado. É na relação fundante com Deus que fica clara a noção de pecado. O ser humano, diante de Deus, faz a experiência de sua criaturalidade, de sua limitação. Porém, sente-se também chamado a desinstalar-se, a transcender, a não ficar parado em projetos caducos e passageiros, pois o verdadeiro sentido está em Deus.

O ser humano que não aceita a sua limitação tende a instalar-se na autossuficiência, num dobrar-se egoísta sobre si mesmo, e não num desdobrar-se em Deus, transcendendo. A tentação de autofundar-se acaba rejeitando sua condição de criatura; o ser humano acaba caindo num acúmulo de bens, pensa mais no poder, comete injustiças, subjuga e explora o próximo, numa inversão de valores. A miséria, as guerras, a fome e a morte de toda sorte são resultado disso tudo. O processo passa a ser de desumanização, e não mais de realização em Deus, numa humanização crescente.

Eu quero ter, e não depender. Eu quero poder! É o pecado se instalando! Serei como Deus. Esta foi também a rebelião contra o estatuto criacional que crava no ser humano a concupiscência que alicia, seduz e origina todo pecado e, por fim, gera a morte (cf. Tg 1,14-15). Ao falar de "carne" é a isso que São Paulo se refere também; trata-se de rebelar-se contra Deus, sendo norma para si mesmo, desfrutando do mundo só para si egoisticamente. Veja as obras da carne em Gl 5,21; Ef 5,5; 1Cor 6,9-10; Rm 8,13.

É na idolatria que o pecado se mostra em toda a sua realidade. O Deus verdadeiro não interessa, é desprezado. Nega-se Deus, substituindo-o por algo ou alguém que não é Deus. Idolatria é também querer colocar Deus a nosso serviço, não aceitando a sua transcendência. É como um bezerro de ouro (Ex 32; 1Rs 12,26-33). "Eu sou o Senhor, teu Deus, o que te tirou do Egito, da casa da escravidão. Não terás outros deuses diante de mim" (Dt 5,6-7; cf. Dt 13 e Ex 32).

A idolatria costuma vir camuflada, como um ar poluído. Pode ser sentida, mesmo sem ser vista de imediato; seus efeitos negativos logo aparecem. Na verdade, ídolos querem sacrifícios e produzem vítimas.

As idolatrias de nossos dias também fazem suas vítimas. Isso representa morte, que impera de mil formas (p. ex., nas estruturas injustas, nas mortes violentas), e estendem-se nos massacres, genocídios, desaparecimento de povos indígenas, conflitos armados, morte cultural, morte religiosa pela proliferação de seitas alienantes... e toda forma de desumanização. Sabemos como os ídolos da riqueza (dinheiro), do poder e do prazer são poderosos e insaciáveis.

A idolatria do dinheiro[34] arrasta para o "amor ao ouro" e introduz no pecado. Quem se deixa assim seduzir cai na ilusão do ter, sendo a ruína inevitável, pois muitas são as ciladas (1Tm 6,8-10). Não é tanto o dinheiro em si, mas o amor ao dinheiro, o apego a ele e a consequente cobiça. Deus passa a ser menos importante. "Não ajunteis para vós tesouros na terra, [...] pois onde está o vosso tesouro, aí estará também o vosso coração" (Mt 6,19-21). "Não podeis servir a Deus e ao dinheiro" (Mt 6,24; Lc 16,13). Os bens elevados como absolutos transformam-se em ídolos. E, então, absolutiza o poder político, social e econômico, originando toda sorte de violência estrutural e de subdesenvolvimento de nossos povos.

Outro ídolo, o do poder, logo se instala. Nele usa-se de forma totalitária a força e o poder, e, por isso, também é idolátrico. Puebla já dizia que "é preciso libertar nossos povos do ídolo do poder absoluto" (CONFERÊNCIA GERAL DO EPISCOPADO LATINO-AMERICANO – III, 1979, n. 502). É necessário desmascarar tal ídolo e suas formas de desumanização. Em seguida, é preciso anunciar uma proposta concreta de restabelecimento da justiça, da igualdade dos cidadãos, da dignidade humana etc. O medo e o comodismo, também dos submetidos, participam dessa idolatria. A omissão diante das violações e a corrupção que busca vantagens são, entre outras, formas de prestar culto a esse ídolo.

O terceiro ídolo, o do prazer, é apresentado, por alguns, como a mãe de todos os ídolos; costuma conviver com o dinheiro e o poder. Forma a tríade do egoísmo humano. Onde se estabelece esse ídolo some a solidariedade, a justiça, a gratuidade. As pessoas valem se possuem "coisas"; corre-se avidamente atrás de sexo, riqueza, beleza e prazer. Importa deleitar-se, apesar dos sacrifí-

---

34. Este e os dois parágrafos seguintes retomam, com algumas alterações, o texto de Agostini (2010, p. 105-106).

cios humanos, apesar das vítimas! Pornografia, alcoolismo, drogas, prostituição, tráfico de mulheres, mães solteiras, meninas de rua, crianças abandonadas... São muitas as vítimas! O ídolo do prazer é o mais pernicioso de todos: quer possuir e dominar; confunde o ter com o ser; cai no consumismo, realizador dos desejos pós--modernos, num individualismo narcisista. Fechados numa visão estreita, os adoradores desse ídolo defendem o aborto e a eutanásia como direitos; acham natural a pornografia e a comercialização do sexo; são tolerantes com a droga; são defensores do divórcio; promotores do luxo e do desperdício; e excluem os idosos e inválidos. Mas limpam, penteiam e banham carinhosamente seus animais de estimação, aparam gramas, limpam carros, aveludam suas vestes. Essa idolatria provoca a perversão da própria cultura com o hedonismo, o consumismo e a corrupção.

2 A hora da reconciliação como fruto da justiça e da conversão

Na Encíclica *Dives in Misericordia*, o Santo Papa João Paulo II relaciona o perdão com a justiça e afirma com toda clareza:

> A exigência de perdoar não anula as exigências objetivas da justiça. A justiça bem entendida constitui, por assim dizer, a finalidade do perdão. Em nenhuma passagem do Evangelho o perdão, nem mesmo a misericórdia como sua fonte, significa indulgência para com o mal, o escândalo, a injúria causada ou o ultraje feito. Em todos esses casos, a reparação do mal e do escândalo, o ressarcimento do prejuízo causado e a satisfação pela ofensa são a condição do perdão (JOÃO PAULO II, 1997, n. 14, § 13, p. 145-146).

A reconciliação não encobre os conflitos. Ela se tece como fruto da justiça e da conversão. Supõe o perdão. Em vez do ódio, do desejo de vingança e de desforra, vive o amor, assume a cruz, cria o espaço para a fraternidade. É o amor que reconcilia. "O pecado não é simplesmente algo que se deve evitar (*malum vitandum* da moral clássica), mas algo que se tem de eliminar" (SOBRINO, 1977, p. 52). "Não é apenas um gesto que deve ser corrigido; é uma situação que deve ser renovada; é um homem novo que deve ser gerado" (BOFF, 1991, p. 110).

Em todo ato de verdadeira reconciliação com Deus por meio da penitência está intrinsecamente presente, junto à dimensão pessoal, também a dimensão social. A contraposição do bem e do mal entrou na história do homem [...] seja na vida da pessoa, seja na vida da sociedade (JOÃO PAULO II, 1983).

O conceito de reconciliação, enquanto conceito, tem com muita frequência servido de instrumento ideológico na manutenção de situações injustas e na criação de resignação e submissão servil, por parte dos humilhados e empobrecidos. Portanto, a reconciliação [...] quer ser de preferência uma reconciliação real entre a miséria do mundo e Deus (FRANCISCO, M.J., 1991, p. 99).

O Papa Francisco pede que "abramos o coração àqueles que vivem nas mais variadas periferias existenciais, que muitas vezes o mundo contemporâneo cria de forma dramática" (FRANCISCO, Papa, 2015, n. 15). E pontualiza o papa:

Quantas situações de precariedade e sofrimento presentes no mundo atual! Quantas feridas gravadas na carne de muitos que já não têm voz, porque o seu grito foi esmorecendo e se apagou por causa da indiferença dos povos ricos (FRANCISCO, Papa, 2015, n. 15).

A via da reconciliação não é aquela que encobre os conflitos. Ela é um itinerário que se tece como fruto da justiça e da conversão. Supõe o perdão que sai das entranhas do amor. Prefere o amor, que soergue a fraternidade, busca a reconciliação, envolta da misericórdia. É o amor que reconcilia! Entendemos, então, que o Papa Francisco tenha enfatizado que "a justiça por si só não é suficiente" (FRANCISCO, Papa, 2015, n. 21), e explica:

Se Deus se detivesse na justiça deixaria de ser Deus [...]. Deus, com a misericórdia e o perdão, passa além da justiça. Isso não significa desvalorizar a justiça ou torná-la supérflua. Antes, pelo contrário! Quem erra deve descontar a pena; só que isso não é o fim, mas o início da conversão, porque se experimenta a ternura do perdão. Deus não rejeita a justiça. Ele engloba-a e supera-a num evento superior onde se experimenta o amor, que está na base de uma verdadeira justiça (FRANCISCO, Papa, 2015, n. 21).

Se o pecado existe e não podemos negá-lo, uma postura de fé proclama: "Creio na remissão dos pecados"! É a certeza e a esperança de que "Deus não enviou o seu Filho ao mundo para julgá-lo, mas para que seja salvo por Ele" (Jo 3,17). A misericórdia divina se antepõe à condenação. A graça é mais forte do que o pecado; é como água que se infiltra, se acumula até vencer a barreira. "Água mole em pedra dura tanto bate até que fura." A perseverança é aqui o caminho da vitória. Esta certeza de fé faz ressoar forte o apelo ao perdão e a proposta de reconciliação.

3 Misericórdia: perdão e reconciliação

Para o desenvolvimento desta parte é de especial importância examinar a Carta encíclica *Dives in Misericordia*, sobre a misericórdia divina, de João Paulo II. Cabe igualmente estar atentos à Exortação *Reconciliatio et Paenitentia* (sobre a reconciliação e a penitência na missão da Igreja hoje, publicada em 1984) e à Bula de Proclamação do Jubileu Extraordinário da Misericórdia, *Misericordiae Vultus* (O rosto da misericórdia), do Papa Francisco, publicada em 2015. Nesta parte, atenho-me mais à Carta encíclica *Dives in Misericordia*.

"'Deus, que é rico em misericórdia' (Ef 2,4) é aquele que Jesus Cristo nos revelou como Pai" (JOÃO PAULO II, 1997, n. 1, § 13, p. 89). É bom ter presente que a missão da Igreja se destina ao ser humano concretamente; porém, quanto mais antropocêntrica tanto mais teocêntrica esta missão deve ser, orientando-se em Jesus Cristo na direção do Pai. A obra do Pai torna-se visível em Cristo e por meio de Cristo. "Em Cristo e mediante Cristo, Deus, com a sua misericórdia, se torna também particularmente visível" (JOÃO PAULO II, 1997, n. 2, p. 92). Deus é "Pai das misericórdias"; Jesus Cristo encarna e personifica a misericórdia.

Essa misericórdia remete para o amor. Com Jesus, o amor se fez operante no mundo.

> O amor se dirige ao homem e abraça tudo aquilo que forma sua humanidade. Tal amor torna-se notório especialmente em contato com o sofrimento, a injustiça, a pobreza, no contato com toda a "condição humana" histórica, que de vários modos manifesta as limitações e a fragilidade, tanto físicas como morais, do homem (JOÃO PAULO II, 1997, n. 3, p. 96).

Cristo é a revelação de Deus, que é Amor, de Deus que é "rico em misericórdia". "Cristo, ao revelar o amor-misericórdia de Deus, exigia ao mesmo tempo dos homens que se deixassem guiar na própria vida pelo amor e pela misericórdia" (JOÃO PAULO II, 1997, n. 3, p. 98). A misericórdia tem, assim, uma dimensão divino-humana. "Os misericordiosos [...] alcançarão misericórdia" (Mt 5,7). Importa proclamar a misericórdia com as obras mais do que com as palavras; este é o *ethos* do Evangelho.

No Antigo Testamento, especialmente na pregação dos Profetas, "a misericórdia significa *uma especial potência do amor*, que *prevalece sobre o pecado e sobre a infidelidade* do povo eleito" (JOÃO PAULO II, 1997, n. 4, p. 100). Importa recorrer sempre à misericórdia de Deus, fazer apelo a ela, especialmente nos tempos de queda e de desalento. No amor, a misericórdia é, por sua vez, "maior" do que a própria justiça. "O primado e a superioridade do amor em relação à justiça manifestam-se precisamente através da misericórdia" (JOÃO PAULO II, 1997, n. 4, p. 105).

"A misericórdia difere da justiça, mas não contrasta com ela", havendo "uma conexão entre a justiça e a misericórdia em Deus" (JOÃO PAULO II, 1997, n. 4, p. 105-106).

No Novo Testamento nos é dito que Deus manifesta a sua misericórdia de geração em geração, especialmente com a encarnação do Verbo, Jesus Cristo. A Parábola do Filho Pródigo ilustra, por um lado, as rupturas da aliança (no filho mais velho) e, por outro lado, a misericórdia para com o filho mais novo, que retorna humilhado à casa do Pai. O Pai é fiel ao seu amor pelo filho. Lembra-nos o amor que se derrama em caridade, o que nos remete a São Paulo, que escreve: "A caridade é paciente, é benigna [...]. Não busca o próprio interesse, não se irrita, não tem em conta as injustiças sofridas [...] rejubila com a verdade [...] tudo espera, tudo suporta [...] não passa jamais" (1Cor 13,4-8).

Na própria cruz, e consequentemente na ressurreição, revela-se a misericórdia; no seu sofrimento, Jesus apela para a misericórdia (cf. Jo 19,30). Não é livrado do sofrimento, mas no amor assume os pecados da humanidade para libertá-la da escravidão e da morte, abrindo a todos o caminho da Vida, numa aliança definitiva de Deus com a humanidade. Revela-se aí que o amor de Deus é mais forte do que a morte, mais forte do que o pecado, numa revelação radical da misericórdia. "A cruz é o modo mais profundo de a divindade se debruçar sobre a humanidade [...], libertando o ser humano de todo o mal. Ao ressuscitar, anuncia-se o "novo céu e a nova terra" e nos convoca a exercitar a misericórdia desde já. "Sempre que fizestes isto a um destes meus irmãos [...] foi a mim que o fizestes" (Mt 25,40).

A misericórdia de Deus se manifesta de geração em geração, atingindo também a nossa geração. Hoje temos imensas possibilidades para viver privilegiadamente; desenvolvemos uma atividade criadora, uma inteligência que se desdobra com o trabalho, que provoca mudanças significativas, e com o progresso da ciência e da técnica em geral. Porém, identificamos igualmente sombras e desequilíbrios que apontam para algo mais profundo no ser humano, marcado por limitações, sendo fraco e pecador. Muitos ainda passam fome, a desigualdade é sentida por todos os lados, tensões e contradições se fazem sentir a olhos vistos. Será que basta a justiça? Sozinha, ela não é suficiente. Ela necessita "daquela força mais profunda, que é o amor, plasmando a vida humana nas suas várias dimensões" (JOÃO PAULO II, 1997, n. 12, p. 134).

A Igreja é chamada a "dar testemunho da misericórdia de Deus em toda a sua missão" (JOÃO PAULO II, 1997, n. 12, p. 135). Essa misericórdia deve ser professada como verdade salvífica de fé e deve ser encarnada na vida dos fiéis e na de todos os homens de boa vontade. Isso será sinal de uma vida autêntica da Igreja. Se a misericórdia de Deus é infinita, "são infinitas também a prontidão e a força do perdão" (JOÃO PAULO II, 1997, n. 13, p. 138). O ser humano, para alcançar a misericórdia de Deus, deverá colocar-se no caminho da conversão, da mudança de vida, buscando praticar a misericórdia, especialmente no amor ao próximo. Isso não acontece de uma vez para sempre, mas é um processo contínuo da vocação cristã, uma prática perseverante, fundada num amor criador, não sendo apenas um processo unilateral. A misericórdia é a mais perfeita encarnação da igualdade entre os homens, a mais perfeita justiça, num encontro dos homens entre si, alimentados por um "amor paciente e benigno" que não elimina as diferenças, mas instaura um profundo respeito e promove a fraternidade. Enfim, cultiva a "civilização do amor", com esforço permanente nos campos social, cultural, econômico e político, buscando tornar este mundo mais humano, com relações interpessoais e sociais alicerçadas na justiça e no amor misericordioso. Isso desemboca no momento do perdão.

> O perdão atesta que no mundo está presente o *amor mais potente do mundo*. O perdão, além disso, é a condição fundamental da reconciliação, não só nas relações

de Deus com o homem, mas também nas relações recíprocas dos homens entre si [...]. É óbvio que a exigência de ser tão generoso em *perdoar não anula as exigências objetivas da justiça*. A justiça bem-entendida constitui, por assim dizer, a finalidade do perdão [...]. Assim, a estrutura fundamental da justiça penetra sempre no campo da misericórdia [...]. É necessário o amor para que o homem se afirme como tal. O cumprimento das condições da justiça é indispensável, sobretudo, para que tal amor possa revelar a própria fisionomia (JOÃO PAULO II, 1997, n. 14, p. 146).

4 O amor que plasma a misericórdia e a reconciliação

"O amor divino que brota do Pai é que deve plasmar e regular a vida dos homens; ele tem também o nome de misericórdia" (FELICI, 2005, p. 143). Sendo maior do que a própria justiça, sem se contrapor a ela, a misericórdia remete ao que há de fundamental, o amor. "Ele a condiciona e ela, por sua vez, o serve. O primado e a superioridade do amor manifestam-se precisamente na misericórdia, tanto que nos Profetas e nos Salmos o termo 'justiça' passou a significar a salvação realizada pelo Senhor e a sua misericórdia (Sl 40[39],11; 98[97],2s.; Is 45,21; 51,5.8; 56,1)" (FELICI, 2005, p. 154).

Segundo São Paulo (Rm 10,3-4), importa procurar a justiça de Deus e não estabelecer a própria justiça, ensejando que a justiça que provém de Deus seja concedida a todo aquele que tem fé. O Papa Francisco é claro ao afirmar que "esta justiça de Deus é a misericórdia concedida a todos como graça, em virtude da morte e ressurreição de Jesus Cristo" (FRANCISCO, Papa, 2015, n. 21). E acrescenta o papa: "Deixemo-nos surpreender por Deus. Ele nunca se cansa de escancarar a porta do seu coração, para repetir que nos ama e deseja partilhar conosco a sua vida" (FRANCISCO, Papa, 2015, n. 25).

Deus manifesta o seu amor na história. Maria, mãe de Jesus, soube captar este amor, louvando o Senhor "pela sua misericórdia" que se derrama "de geração em geração" sobre a humanidade. Este Deus não haverá de se esquecer jamais de sua misericórdia em favor de Abraão e de seus filhos para sempre. Jesus Cristo visibiliza esta misericórdia, aproximando-nos dela e com ela ao Pai das misericórdias; Ele a torna uma presença viva entre nós, pois a vive no seu ser e agir. Com especial densidade, a enfatiza na Parábola do Filho Pródigo, "onde a essência da misericórdia se encontra de modo particularmente límpido, ainda que o termo 'misericórdia' aí não apareça" (FELICI, 2005, p. 155).

Em sua tese sobre "o mistério trinitário e o amor divino nas encíclicas e catequeses de João Paulo II", o teólogo Dr.-Pe. Antônio Ilário Felici nos brinda com as seguintes descrições sobre a Parábola do Filho Pródigo, contidas nos dois parágrafos que seguem:

> A misericórdia na Parábola do Filho Pródigo tem a forma interior do amor, o ágape do Novo Testamento. Esse amor é capaz de dirigir-se a todos os filhos pródigos sobre qualquer miséria humana ou moral. Quem é objeto da misericórdia não se sente humilhado, mas reencontrado e "revalorizado". A alegria do pai indica um bem que não foi atingido: o filho, embora pródigo, ainda é filho. Revela ainda um bem reencontrado: no filho pródigo o retorno à verdade de si próprio (JOÃO PAULO II, 1997, n. 1, § 6).

O amor paterno de Deus que leva o Pai a dar-se ao Filho, gerando-o eternamente, e que constitui a própria paternidade divina, é o amor que o Pai devota também às criaturas, de modo especial ao homem, seu filho adotivo. É o amor fiel, amor sem limites, que não se detém diante de nada. É esse amor que, revelado na criação, atravessa toda a história da salvação, no desvelo para com os homens; amor que constrói e que recupera os homens da humanidade destruída, regenerando-os e dando-lhes constantemente a vida. É o amor divino que dá vida ao homem (FELICI, 2005, p. 158).

A misericórdia, que é amor, enaltece a pessoa amada, não a humilha, não a difama. Antes, a dignifica. Estabelece a verdade, como no caso da Parábola do Filho Pródigo, na qual o pai ama o filho e esquece o mal cometido. A misericórdia faz a pessoa viver. Na Encíclica *Redemptor Hominis*, João Paulo II já nos dizia:

> O homem não pode viver sem amor. Ele permanece para si próprio um ser incompreensível e a sua vida é destituída de sentido se não lhe for revelado o amor, se ele não se encontrar com o amor, se não o experimentar e se o não tornar algo seu próprio, se nele não participar vivamente (JOÃO PAULO II, 1979a, n. 10).

O amor desperta o ser humano a crescer, a aperfeiçoar-se, num processo contínuo. E ele mesmo é chamado a viver a misericórdia, como graça de Deus que brota nos corações humanos.

> A misericórdia que brota do homem deve ser uma resposta de amor ao amor misericordioso de Deus e um amor permanente voltado para todos os homens, recordando oportunamente aqui as palavras de Cristo: "Sempre que fizestes isso a um destes meus irmãos [...] foi a mim que o fizestes" (Mt 24,35), e "Bem-aventurados os misericordiosos, porque alcançarão misericórdia" (Mt 5,7). Esta passagem das Bem-aventuranças do Sermão da Montanha, como que uma síntese da Boa--nova de Cristo, vem mostrar que a misericórdia a ser vivida pelo homem diz respeito àquilo que é o próprio mistério divino: misericórdia (FELICI, 2005, p. 167).

5 Reconciliação e libertação na experiência de fé

A experiência de fé passa necessariamente por um itinerário espiritual. Este tem, na raiz de toda espiritualidade, uma experiência datada e concreta, vivida por pessoas em diferentes contextos. Uma riqueza ímpar tem-se desenvolvido na vida da Igreja, nos mais diversos contextos socioculturais e econômico-políticos. Ao beber no seu próprio poço, vimos jorrar, do mais profundo da experiência de fé, uma espiritualidade densa. Isso nos remete para Jo 7,38 onde lemos: "Quem crê em mim, como diz a Escritura: do seu interior correrão rios de água viva". E, no seguimento de Jesus Cristo, isto significa: "Quem beber da água que eu lhe der jamais terá sede. A água que eu lhe der será nele uma fonte que jorra para a vida eterna" (Jo 4,14). Gustavo Gutiérrez, ao comentar estas perícopes, nos afirma:

> Nesses textos, a água viva significa precisamente o dom mesmo do Espírito, oferecido por Jesus. Beber no seu próprio poço é uma experiência espiritual no sentido forte da expressão. É viver no tempo do Espírito e segundo o Espírito (GUTIÉRREZ, 1985, p. 53).

A reconciliação, por sua vez, concretiza essa experiência espiritual como libertação do pecado, que produz uma ruptura de comunhão com Deus e com os irmãos. Essa reconciliação será uma libertação, não se restringindo apenas ao foro íntimo, mas incluindo o nível econômico-social. Assim entendemos que "Cristo salvador liberta o homem do pecado, raiz última de toda ruptura de amizade, de toda injustiça e opressão, tornando-o autenticamente livre; isto é, livre para viver em comunhão com Ele, fundamento de toda fraternidade humana" (GUTIÉRREZ, 1985, p. 44; 1990, p. 167).

A experiência de fé, que bebe de uma espiritualidade evangélica, e é portadora de uma vivência de reconciliação; não se anuncia como acontecimento do passado, mas aproxima-se do presente, olha de frente as necessidades do povo e acolhe as suas aspirações. Buscam-se, em seguida, soluções eficazes, de maneira global, na sociedade, assumindo integralmente o ser humano. Investigam-se as causas e compreendem-se as estruturas de morte injusta e prematura que ainda vicejam, como em nosso continente.

> Viver na América Latina, procurar estar próximo da "miséria inumana" (MEDELLÍN 14,1), da imensa e "antievangélica pobreza extrema" (PUEBLA, 1159) deste povo, conduz a viver em meio à conflitualidade

que na verdade não desejamos, mas que não se pode ignorar. Seria desumano. Mais desumano ainda seria negá-la. Se assim o fizéssemos, estaríamos nos recusando a ser homens solidários e cristãos, que devem viver simultaneamente a universalidade do amor de Deus e sua preferência pelo pobre (GUTIÉRREZ, 1990, p. 95).

Não há como fugir do conflito ao pregar o amor e promover a reconciliação "num mundo em que sistematicamente Caim continua a assassinar Abel (Gn 4,1-11), Acab, o rei, a matar e usurpar a herança do pobre agricultor Nabot (1Rs 21,1-29) e onde os ímpios tranquilos continuam a ajuntar riquezas (Sl 73,12)" (FRANCISCO, M.J., 1991, p. 114). Segundo o teólogo alemão Lehmann (1978, p. 37), há "situações nas quais a mensagem cristã admite uma única via [...]. Entra em vigor para a Igreja a obrigação de tomar partido decididamente". Lehmann, além de se referir à experiência da Igreja na América Latina, trazia, nesta afirmação, a experiência alemã face ao nazismo.

São muitos os modos de participar da luta. Há quem esteja movido por ideologias. Podemos, outrossim, nos sentir impelidos pela fé e estar alimentados por uma forte mística, orientando-nos para uma busca de amor, de paz e de reconciliação. No dizer de João Paulo II, a ideologia transforma o "conflito real em luta programada de classes" (JOÃO PAULO II, 2008, n. 11). A solução, através da ideologia, nos faz depender exclusivamente do esforço humano e da práxis histórica.

A dinâmica de fé, na experiência que lhe é própria, sabe da necessária eficácia, porém identifica sua fonte na gratuidade do Pai e a vive na forma de amor/caridade. Não esconde Deus da história nem a história de Deus. Na situação real de fratura social e de vitimização dos pobres, a fé identifica a injustiça e decifra o pecado existente como ruptura com Deus e com o próximo. Na experiência de fé, sabemos que "somente a libertação do pecado vai à própria fonte de toda injustiça social e de outras opressões humanas, e nos reconcilia com Deus e com os outros" (GUTIÉRREZ, 1988, p. 89). O conflito, a partir da fé, não é camuflado, mas assumido; o cristão vive-o e assume-o na via do amor eficaz, como o é exigido pela fé (Tg 2,14-26; Jo 3,16-18); busca "recompor as fraturas, cicatrizar as lacerações e instaurar, em todos os níveis, uma unidade essencial" (JOÃO PAULO II, 1984, n. 3).

> Também Jesus enfrentou o conflito. Suportou-o, porém, como forma de reconciliação com os próprios carrascos [...]. Sendo morto por ódio, ensinou o perdão. Criou, dessa forma, um novo horizonte de fraternismo que transcende todas as limitações (BOFF, 1972, p. 215).

Vejamos o realismo que o próprio Papa Francisco conferiu à celebração do Jubileu ou Ano Santo da Misericórdia (08/12/2015 a 20/11/2016), quando fala das situações de precariedade e sofrimento no mundo atual:

> Neste Jubileu, a Igreja sentir-se-á chamada ainda mais a cuidar destas feridas, a aliviá-las com o óleo da consolação, a enfaixá-las com a misericórdia e tratá-las com a solidariedade e a atenção devidas. Não nos deixemos cair na indiferença que humilha, na habituação que anestesia o espírito e impede de descobrir a novidade, no cinismo que destrói. Abramos nossos olhos para as misérias do mundo, as feridas de tantos irmãos e irmãs privados da própria dignidade e sintamo-nos desafiados a escutar o seu grito de ajuda. As nossas mãos apertem as suas mãos e estreitemo-los a nós, para que sintam o calor da nossa presença, da amizade e da fraternidade. Que o seu grito se torne o nosso e, juntos, possamos romper a barreira de indiferença que frequentemente reina soberana para esconder a hipocrisia e o egoísmo (FRANCISCO, Papa, 2015, n. 15).

O ser humano, ao fazer e perfazer-se nesse itinerário, depara-se com um Deus que é caridade (*Deus caritas est*), e "da caridade de Deus tudo provém, por ela tudo toma forma, para ela tudo tende" (BENTO XVI, 2009, n. 2). Pela caridade, a Igreja inteira é convidada a "promover o desenvolvimento integral do homem", sendo que "o autêntico desenvolvimento do homem diz respeito unitariamente à totalidade da pessoa em todas as suas dimensões", o que faz da própria evangelização uma obra completa quando se considera "a interpelação que se fazem constantemente o Evangelho e a vida concreta, pessoal e social do homem" (BENTO XVI, 2009, n. 11, 15).

Entendemos que o Papa Francisco nos convoque com as seguintes palavras:

> É meu vivo desejo que o povo cristão reflita, durante o Jubileu, sobre as *obras de misericórdia corporal e espiritual*. Será uma maneira de acordar a nossa consciência, muitas vezes adormecida perante o drama da pobreza, e de entrar cada vez mais no coração do Evangelho, onde os pobres são os privilegiados da misericórdia divina (FRANCISCO, Papa, 2015, n. 15).

Conclusão

O atual contexto histórico-social passa por grandes transformações. Enquanto pessoas de fé, nossa missão de cristãos é a de acompanhar atentamente as mudanças em curso e buscar respostas à altura dos desafios de nosso tempo. Isso requer uma educação que forme sujeitos éticos, capazes de identificar os engajamentos morais, tendo a coragem de assumi-los na vida; quer pessoal, quer social.

> Desde o tempo do Concílio, o contexto histórico-social mudou muito no plano da visão do mundo, mas também em termos de conceitos ético-políticos. A década de 1960 foi um período de espera confiante, graças à convocação do Concílio, mas graças também a uma maior distensão na relação entre os estados. O cenário mudou profundamente em relação ao passado. Evidenciou-se um forte impulso à secularização. O processo de globalização, cada vez mais acentuado, ao invés de favorecer a promoção do desenvolvimento das pessoas e uma maior integração entre os povos, parece limitar a liberdade dos indivíduos e afunilar os contrastes entre os vários modos de conceber a vida pessoal e coletiva (com posições oscilantes entre o mais rígido fundamentalismo e o mais céptico relativismo) (CONGREGAÇÃO PARA A EDUCAÇÃO CATÓLICA, 2014, p. 5).

Diante desses e tantos outros desafios, podemos reagir de diferentes formas. Uma é aquela reação, descrita pelo Papa Francisco, de nos "entrincheirarmos em nosso pequeno mundo" numa posição de defesa, quando não é de combate, fechados em nossas pequenas fortificações. Outra postura é, segundo o mesmo papa, aquela que assume a tarefa de "uma grande reflexão crítica e um empenho de relançar a identidade, em termos propositivos e novos" (apud SCUOLA DI ALTA FORMAZIONE EDUCARE ALL'INCONTRO E ALLA SOLIDARIETÀ, 2014, p. 7).

Inseridos nas realidades de nosso tempo, não negamos os valores da Modernidade nem os anseios da Pós-modernidade; nós também participamos de suas conquistas científicas, democráticas e sociais, bem como de seus sonhos e desejo de realização. Porém, estamos conscientes de que essas conquistas se encontram num quadro ainda incompleto. Propomo-nos, como cristãos, oferecer de nossa riqueza para que as pessoas, as famílias, as comunidades e as sociedades possam se desenvolver mais integralmente, conscientes de que somos um dom de Deus a serviço da humanidade.

O intento deste livro, *Moral fundamental*, é o de buscar a riqueza que brota de nossas raízes e partilhá-la, oferecendo-a a todos os que, em meio a este tempo de mudanças, buscam iluminação, segurança, respostas para fazer face aos novos desafios. Para o diálogo a ser travado na contemporaneidade não basta refugiar-se no passado; é necessário nos mobilizar a partir de nossa identidade, de nossa riqueza e nos colocarmos em missão, a fim de colaborar com a humanidade, num empenho comum.

Nós temos ainda muito a aprender. Longe de termos esgotado o que brota de nossas raízes cristãs, cabe-nos ter fôlego, coragem e esperança, para deixar-nos surpreender pela presença de Deus que, no seu Espírito, nos chama "a elaborar novas respostas para os problemas novos do mundo atual" (JOÃO PAULO II, 1996, n. 73). Sabemos que "o Espírito sabe dar as respostas apropriadas mesmo às questões mais difíceis" (JOÃO PAULO II, 1996, n. 73). Tudo está atravessado pelo desígnio de Deus e banhado por seu Amor.

Por outro lado, deixemos ressoar as palavras do Papa Francisco: "Este é o momento favorável para mudar de vida! Este é o tempo de se deixar tocar o coração" (FRANCISCO, Papa, 2015, n. 19). Coloquemo-nos todos num movimento de conversão, atraídos pelo amor misericordioso de Deus. O amor não é uma palavra abstrata. Deve atravessar nossa vida concreta e informar nossas intenções, atitudes e comportamentos no dia a dia, devendo estar permeado pela misericórdia; é Deus Pai orientando o nosso agir. "A credibilidade da Igreja passa pela estrada do amor misericordioso e compassivo" (FRANCISCO, Papa, 2015, n. 10).

Isso é fundamentalmente um ato de educar, como itinerário pessoal e comunitário a ser percorrido durante toda a nossa vida. A educação tem um lugar central em nossos dias à medida que assume o compromisso de "encontrar alternativas históricas capazes de assegurar a emancipação de todos, tornando-os sujeitos da história" (SEVERINO, 2006, p. 632), capazes de uma autorreflexão crítica e de uma "autonomia para organizar os modos de existência e a responsabilidade pela direção de suas ações" (RODRIGUES, 2001, p. 232). "Essa característica do ser humano constitui o fundamento da formação do sujeito ético. Este deve ser o objetivo fundamental da Educação" (RODRIGUES, 2001, p. 232).

A moral cristã participa deste itinerário educativo levando ao "discernimento da vontade de Deus em vista da ação concreta" (GIBELLINI, 1998, p. 111)[35]. O desenvolvimento ético e moral das pessoas encontra na fonte cristã da moral uma fundamentação que auxilia na formação humana integral e capacita para o discernimento, enraizado no seguimento de Jesus Cristo. "Seguir Jesus Cristo é o fundamento essencial e original da moral cristã" (JOÃO PAULO II, 1993, n. 19). "A fé possui [...] um conteúdo moral: dá origem e exige um compromisso coerente de vida [...]. Através da vida moral a fé torna-se 'confissão' não só perante Deus, mas tam-

---

35. Rosino Gibellini segue, na citação destacada, o pensamento de Dietrich Bonhoeffer.

bém diante dos homens: faz-se testemunho" (JOÃO PAULO II, 1993, n. 89).

Grande percurso! Quantos assuntos... Uma coisa importa: Prosseguir! Diz-nos São Paulo:

> Não pretendo dizer que já alcancei e cheguei à perfeição. Mas eu corro por alcançá-la, uma vez que também eu fui conquistado por Cristo Jesus. Irmãos, consciente de não tê-la ainda conquistado, só procuro uma coisa: esquecendo o que fica para trás, lanço-me em perseguição do que fica para frente, corro para a meta, para a coroa da vocação nas alturas de Deus em Cristo Jesus. E todos nós que nutrimos o ideal da perfeição, tenhamos estes sentimentos. E, se em alguma coisa tendes outro sentir, Deus vos há de esclarecer. Em todo caso, seja qual for o ponto já alcançado, o que importa é prosseguir no mesmo rumo (Fl 3,12-16).

Uma certeza nos acompanha! Com a ressurreição de Cristo, celebramos o triunfo da vida. É Ele vivo, ressuscitado, que celebramos! Para nós, esta realidade não é passado; é presente! No Dia da Páscoa, rezamos que Deus "abriu a seus fiéis as portas da vida". Na verdade, em Cristo "a vida se manifestou" (1Jo 1,2), "nele habita toda a plenitude da divindade em forma corporal" (Cl 2,9). Para nós, é certo que Deus, em Cristo, deu-nos "a conhecer os caminhos da vida" (cf. At 2,28). "Nós sabemos que fomos transferidos da morte para a vida, porque amamos nossos irmãos. Quem não ama, permanece na morte" (1Jo 3,14). Compreendemos, então, que os primeiros cristãos "davam testemunho da ressurreição com grande força" (At 4,33).

Para estes primeiros cristãos, essa certeza na fé traduzia-se logo em prática, num modo próprio de ser e de viver, lastreando aquilo que poderíamos chamar de *ethos* cristão. Eram um só coração e uma só alma, dividiam os bens, não havia entre eles indigentes, viviam unânimes na fé, frequentavam com assiduidade a doutrina dos apóstolos (cf. At 2,42-47; 3,32-37). Muitos eram os sinais de vida e ressurreição, sobretudo na nova forma de viver a comunidade, sinal consciente da presença do Ressuscitado, que tudo enche de vida, Ele que é o "Autor da vida" (At 3,15). Por isso, "a cada dia o Senhor lhes ajuntava outros a caminho da Salvação" (At 2,47b).

Referências

ABERASTURY, A. *Abordagem à psicanálise de crianças*. Porto Alegre: Artes Médicas, 1987.

ABIGNENTE, D. *Decisione morale del credente* – Il pensiero di Josef Fuchs. Casale Monferrato: Piemme, 1987 [Moralia Christiana 2].

AGOSTINI, N. *Introdução à Teologia Moral*: o grande sim de Deus à vida. 3. ed. Petrópolis: Vozes, 2011a.

_____. *Moral cristã*: temas para o dia a dia nesta hora da graça de Deus. 5. ed. Petrópolis: Vozes, 2011b.

_____. *Ética*: diálogo e compromisso. São Paulo: FTD, 2010.

_____. *Teologia Moral*: o que você precisa viver e saber. 10. ed. Petrópolis: Vozes, 2007.

_____. *Fundamentos da ética cristã*. 4. ed. Petrópolis: Vozes, 2006a.

_____. *Ética cristã*: vivência comunitária da fé. 4. ed. Petrópolis: Vozes, 2006b.

_____. *Ética cristã e desafios atuais*. Petrópolis: Vozes, 2002a.

_____. Condicionamentos e manipulações: desafios morais. In: CNBB. *Segunda Semana Brasileira de Catequese*. São Paulo: Paulus, 2002b, p. 108-135.

_____. *Evangelização*: contribuição franciscana. Petrópolis: Vozes/FFB, 2000.

_____. *Ética e evangelização* – A dinâmica da alteridade na recriação da moral. 3. ed. Petrópolis: Vozes, 1997.

_____. A crise ecológica: o ser humano em questão – Atualidade da proposta franciscana. In: SILVA MOREIRA, A. (org.). *Herança franciscana*. Petrópolis: Vozes, 1996, p. 223-255.

_____. *Teologia Moral*: entre o pessoal e o social. Petrópolis: Vozes, 1995a.

_____. Virtudes: o vigor da vida no Espírito. *Revista Eclesiástica Brasileira*, vol. 55, n. 227, 1995b, p. 32-64.

_____. *Nova evangelização e opção comunitária* – Conscientização e movimentos populares. Petrópolis: Vozes, 1990.

AGOSTINI, N.; MANZINI, R. *Introdução à Teologia Moral*. Batatais: Ceuclar, 2007.

AGOSTINHO, S. *Confissões*. Tradução de J. Oliveira e A. Ambrósio de Pina. Petrópolis: 2017.

_____. Enchiridion de fide, spe et caritate. In: *Obras completas de San Augustín*. 4. ed. bilíngue. Madri: BAC, 1975 [BAC 30].

_____. De moribus manichaeorum. In: ROLAND-GOSSELIN. *Oeuvres de Saint Agustin*. 2. ed. Paris: Desclée, 1949.

ARRUDA, A. (org.). *Representado a alteridade*. Petrópolis: Vozes, 1998.

AUBERT, J.-M. *La morale*. Paris/Montreal: Centurion/Paulines, 1992.

_____. *Abrégé de la morale catholique*. Paris: Desclée, 1987.

_____. La fonction de la foi dans les décisions éthiques. *Le Supplément*, n. 129, mai./1979, p. 251-273.

ÁVILA, F.B. *Pequena enciclopédia de Doutrina Social da Igreja*. 2. ed. São Paulo: Loyola, 1993.

AZPITARTE, E.L. *Ética y vida*: desafios actuales. 4. ed. Madri: San Pablo, 1990.

BABBINI, L. *L'Uomo e il decálogo*. Gênova: Centro Studi Francescani, 1969.

BARGUET, P. *Le livre des morts*. Paris: Cerf, 1967.

BASTIANEL, S.; DI PINTO, L. Per uma fondazione storica dell'ética. In: GOFFI, T.; PIANA, G. (eds.). *Corso di Morale* – Vol. I: Vita nuova in Cristo. Bréscia: Queriniana, 1983, p. 77-174.

BAUMAN, Z. *Modernidade líquida*. Rio de Janeiro: Zahar, 2001.

BEN-CHORIN, S. *A eleição de Israel*: um tratado teológico-político. Petrópolis: Vozes, 1999.

BENTO XVI. *Carta encíclica Caritas in Veritate*. São Paulo: Paulinas, 2009.

BERGER, P.I.; LUCKMANN, T. *A construção social da realidade*. 5. ed. Petrópolis: Vozes, 1983 [Antropologia, n. 5].

BERNHART, J. Mal. In: FRIES, H. (dir.). *Encyclopédie de la foi*. Tome III. Paris: Cerf, 1966, p. 16.

BÍBLIA. Vocabulário básico de termos bíblicos. In: *Bíblia Sagrada*. Petrópolis: Vozes, 1982, p. 1.513-1.539.

BIRMAN, P.; NOVAES, R.; CRESPO, S. (orgs.). *O mal à brasileira*. Rio de Janeiro: Uerj, 1997.

BOAVENTURA DE BAGNOREGIO [São Boaventura]. *Opera Omnia*. Edita Studio et cura P.P. Collegii a S. Bonaventura, ad Plurimos codices mss. Emendata, anecdotis aucta prolegomenis scholiis notisque illustrata (AD CLARAS AQUAS – Quaracchi, 1882-1902). Prope Florentiam Ex Typographia Collegii S. Bonaventure, 10 vols.

BÖCKLE, F. *Moral fundamental*. São Paulo: Loyola, 1984.

_____. Bestrebungen in der Moraltheologie. In: FEINER, J.; TRUSTSCH, J.; BÖCKLE, F. (orgs.). *Fragen der Theologie heute*. Einsiedeln/Zurique/Colônia, 1957, p. 425-446.

BOCKMÜHL, K. *Gesetz und Geist* – Eine Kritische Würdigung des Erbes protestantischer Ethik. Vol. I. Giessen: Brunnen Verlag, 1987.

BOFF, C. *Teoria do Método Teológico*. Petrópolis: Vozes, 1998.

_____. *Como trabalhar com a massa*. Petrópolis/Rio de Janeiro: Vozes/Ceris, 1995.

_____. *Comunidade eclesial, comunidade política*. Petrópolis: Vozes, 1978.

BOFF, L. Água e ética do cuidado. *Vida Pastoral*, n. 235, mar.-abr./2004, p. 22-26.

_____. *Ecologia, mundialização e espiritualidade*: a emergência de um novo paradigma. São Paulo: Ática, 1993.

_____. *O Pai-nosso*: a oração da libertação integral. 6. ed. Petrópolis: Vozes, 1991.

_____. *A Trindade, a sociedade e a libertação*. Petrópolis: Vozes, 1986.

_____. *Teologia do cativeiro e da libertação*. Petrópolis: Vozes, 1980.

_____. *Jesus Cristo Libertador* – Ensaio de cristologia crítica para o nosso tempo. Petrópolis: Vozes, 1972.

BONNARD, P.-E. L'Ancient Testament. In: VV.AA. *Le péché originel*: un dossier théologique. 4. ed. Lyon: Profac, 1978, p. 14-26.

BONNET, G. *Au nom de l'Église quelle morale?* Paris: Centurion, 1980.

_____. *Au nom de la Bible et de l'Évangile, quelle morale?* Paris: Centurion, 1978.

BULTMANN, R. Das Problem der Ethik bei Paulus. *ZNW,* 23, 1924, p. 123-140[36].

BUSSCHE, H. van den. *Le discours d'addieu de Jésus.* Tournai: Casterman, 1959.

CATECISMO DA IGREJA CATÓLICA. Petrópolis/São Paulo: Vozes/ Paulinas/Paulus/Loyola/Ave-Maria, 1993.

CHAREIRE, I. *Éthique et grace*: contribution à une anthropologie chrétienne. Paris: Cerf, 1998.

CHIODI, M. *Morale fondamentale.* Casale Monferrato: Piemme, 1991.

CIAN, L. *Caminho para a maturidade e a harmonia.* Petrópolis: Vozes, 1990.

COLLANGE, J.-F. *De Jésus à Paul* – L'éthique du Nouveau Testament. Genebra: Labor et Fides, 1980.

CNBB. *Com adultos, catequese adulta.* São Paulo: Paulus, 2000 [Estudos da CNBB 80].

CNBB – 31ª Assembleia Geral. *Ética*: pessoa e sociedade. São Paulo: Paulinas, 1993.

_____

36. ZNW: Zeitschrift für die Neutestamentliche Wissenschaft.

CONFERÊNCIA GERAL DO EPISCOPADO LATINO-AMERICA-NO – IV. *Santo Domingo*: nova evangelização, cultura cristã e inculturação. Petrópolis: Vozes, 1992.

CONFERÊNCIA GERAL DO EPISCOPADO LATINO-AMERICA-NO – II. *Conclusões de Medellín* – A Igreja na atual transformação da América Latina à luz do Concílio. 7. ed. Petrópolis: Vozes, 1980.

CONFERÊNCIA GERAL DO EPISCOPADO LATINO-AMERICA-NO – III. *Puebla* – A evangelização no presente e no futuro da América Latina. 2. ed. Petrópolis: Vozes, 1979.

CONGREGAÇÃO PARA A DOUTRINA DA FÉ. *Sobre o respeito à vida humana nascente e a dignidade da procriação* – Instrução *Donum Vitae*. Petrópolis: Vozes, 1987.

CONGREGAÇÃO PARA A EDUCAÇÃO CATÓLICA. *Educar hoje e amanhã*: uma paixão que se renova (*Instrumentum laboris*). Vaticano, 2014.

_____. *A Doutrina Social da Igreja na formação sacerdotal.* Petrópolis: Vozes, 1989.

_____. Orientações educativas sobre o amor humano. *L´Osservatore Romano* (edição em língua portuguesa), 11/12/1983, ou *Sedoc*, vol. 16, n. 35, 1984, p. 771-792.

CONSELHO PONTIFÍCIO PARA A FAMÍLIA. *A Familiaris Consortio no seu XX aniversário*: dimensão antropológica e pastoral. Vaticano, 20/12/2001 [Disponível em http://www.vatican.va/roman_curia/ pontifical_councils/family/documents/rc_pc_family_doc_20011220_ xx-familiaris_po.html – Acesso em 22/05/2002].

_____. *Sexualidade humana*: verdade e significado. Petrópolis: Vozes, 1996a.

_____. *Preparação para o Sacramento do Matrimônio.* Vaticano, 13/05/1996b [Disponível em http://www.vatican.va/roman_curia/ pontifical_councils/family/documents/rc_pc_family_doc_13051996_ preparation-for-marriage_po.html – Acesso em 19/02/1997].

COSTA, M.L. *Lévinas*: uma introdução. Petrópolis: Vozes, 2000.

DALFERTI, J.U.; JÜNGEL, E. Person und Gottebenbildlichkeit. In: BÖCKLE, F. (ed.). *Christlicher Glaube in moderner Gesellschaft*, XXIV. Friburgo, 1981, p. 66-86.

DELHAYE, P. Les points forts de la morale à Vatican II. *Studia Moralia*, 1986, vol. 24, p. 5-14.

_____. *Discerner le bien du mal dans la vie morale et sociale* – Étude sur la morale de Vatican II. Paris: C.L.D., 1979 [Esprit et Vie 7].

_____. La morale à l'heure du Concile: tour d'horizon. *L'Ami du Clergé*, 72, 1962, p. 529-533.

DEMMER, K. *Introdução à Teologia Moral.* São Paulo: Loyola, 1999.

DENZINGER, H. *Compêndio dos símbolos, definições e declarações de fé e moral.* São Paulo: Paulinas/Loyola, 2007.

DE VIO, T. *De peccatis summula.* Venetiis, 1571.

DÍAZ MATEOS, M. *A vida nova*: fé, esperança e caridade. Petrópolis: Vozes, 1993.

DODD, H. *Morale de l'Évangile.* Paris: Plon, 1979.

DUQUOC, C. Alleanza e Rivelazione. In: LAURET, B.; REFOULÉ, F. (dirs.). *Iniziazione alla pratica della teologia.* Tomo 2. Bréscia: Queriniana, 1989, p. 7-86.

DURAND, G. *A bioética*: natureza, princípios, objetivos. São Paulo: Paulus, 1995.

DURKHEIM, É. *Les règles de la méthode sociologique.* Paris: PUF, 1968.

DUSKA, R.; WHELAN, M. *Lo sviluppo morale nell'età evolutiva* – Guida a Piaget e a Kohlberg. Turim: Marietti, 1979.

EXELER, A. *Vivere nella libertà di Dio*: I dieci comandamenti. Roma: Paoline, 1985 [Andate e Annunciate – Studi e ricerche 3].

FABRIS, R. O Evangelho de Lucas. In: FABRIS, R.; MAGGIONI, B. *Os Evangelhos* (II). São Paulo: Loyola, 1992, p. 11-247 [Bíblica Loyola 2].

FARAH, P.D. Para analistas, maniqueísmo favorece violência. *Folha de S. Paulo*, Caderno Especial, 13/09/2001, p. 16.

FELICI, A.I. *O mistério trinitário e o amor divino nas encíclicas e cateqeses de João Paulo II*. Roma: Pontificia Università Gregoriana/Facultas Theologiae, 2005.

FERRARO, S. (ed.). *Morale e coscienza storica*. Roma: Veritas, 1988 [Saggi 26].

FEUILLET, A. *Le mystère de l'amour divin dans la théologie johanique*. Paris: Gabalda, 1972.

FLATTET, G. L'ordre juridique. In: SECRETAN, P. (dir.). *L'ordre en question*: harmonie ou totalité. Friburgo/Paris: Éditions Universitaires/ Éditions du Cerf, 1980, p. 74-94.

FLECHA ANDRÉS, J.-R. *Teología Moral fundamental*. 3. ed. Madri: Biblioteca de Autores Cristianos, 1999 [Sapientia Fidei – Serie de Manuales de Teologia 8].

FLICK, M. Pecado original. *Nuevo Diccionario de Teología*. Vol. II. Madri: Cristiandad, 1982, p. 1.336-1.345.

FLICK, M.; ALSZEGHY, Z. *Antropología Teológica*. Salamanca: Sígueme, 1971.

FORTE, B. *À escuta do Outro* – Filosofia e revelação. São Paulo: Paulinas, 2003.

FRANÇA MIRANDA, M. *Um homem perplexo*: o cristão na atual sociedade. São Paulo: Loyola, 1992.

FRANCISCO, M.J. *Reconciliação e libertação* – Um contributo para a Teologia do Sacramento da Reconciliação no contexto da América Latina. Dissertação de Doutorado. Roma: Pontifício Ateneu Santo Anselmo, 1991.

FRANCISCO, Papa. *O rosto da misericórdia* – Bula de Proclamação do Jubileu extraordinário da misericórdia. São Paulo: Paulinas, 2015.

_____. *A Igreja da misericórdia* – Minha visão para a Igreja. São Paulo: Paralela, 2014.

FREIRE, P. *Educação como prática da liberdade*. 19. ed. Rio de Janeiro: Paz e Terra, 1989.

FUCHS, J. *Existe-t-il une "morale chrétienne"?* Gembloux: Duculot, 1973.

_____. Sin and Conversion. *Theology Digest*, vol. 14, 1966, p. 292-301.

GALIMBERTI, U. *Os vícios capitais e os novos vícios.* São Paulo: Paulus, 2004.

GASTALDI, I. *Educar e evangelizar na Pós-modernidade.* São Paulo: Dom Bosco, 1994.

GATTI, G. *Educazione morale, etica cristinana.* Leumann/Turim: Elle di Ci, 1985 [Studi e Ricerche di Catechetica 6].

GELIN, A. *Théologie du péché.* Paris: Desclée, 1962.

GERVILLA, E. *Postmodernidad y Educación.* Madri: Dykinson, 1993.

GESCHÉ, A. Dieu et le mal. In: VV.AA. *Péché collectif et responsabilité.* Bruxelas: Facultés Universitaires Saint-Louis, 1986, p. 69-121.

GIBELLINI, R. *A teologia do século XX.* São Paulo: Loyola, 1998.

GIGON, O. (ed.). *Epicurus.* Zurique: Artemis, 1949.

GILBERT, M.; L'HOUR, J.; SCHARBERT, J. *Morale et Ancien Testament.* Louvain-la-Neuve/Lefort: Université Catholique/Centre Cerfaux, 1976 [Lex Spiritus Vitae 1].

GONZÁLEZ-CARVAJAL, L. *Educar en un mundo postmoderno*, 1993 [Disponível em http://www.seleccionesdeteologia.net/selecciones/llib/vol32/128/128_gonzalez.pdf% – Acesso em 09/03/2019].

GONZÁLEZ FAUS, J.I. *Proyecto de hermano*: Visión creyente del hombre. Santander: Sal Terrae, 1987.

GRÉGOIRE DE NYSSE. *La création de l'homme.* Tradução francesa J.-Y. Guillaumin. Paris: DDB, 1982 [Les Pères dans la foi].

GUILLUY, P. Pardon et péché. In: VV.AA. *Initiation à la pratique de la théologie.* Vol. IV: Éthique. Paris: Cerf, 1983, p. 249-294.

GUTIÉRREZ, G. *La verità vi farà liberi.* Bréscia: Queriniana, 1990.

_____. Mirar lejos. *Páginas*, n. 93, out./1988, p. 63-98. Lima.

_____. *La libération par la foi* – Boire à son propre puits. Paris: Cerf, 1985.

310

HAAG, H. *El problema del mal*. Barcelona: Herder, 1981.

HAMEL, E. Écriture et théologie morale – Un bilan (1940-1980). *Studia Moralia*, 1982, vol. 20, p. 177-193.

_____. Morale e salvezza prima e dopo Cristo. *Rassegna di Teologia*, vol. 20, 1979, p. 161-175.

HÄRING, B. *Teologia Moral para o terceiro milênio*. São Paulo: Paulinas, 1991.

_____. *Livres e fiéis em Cristo*: Teologia Moral para sacerdotes e leigos – Vol 1: Teologia Moral geral. São Paulo: Paulinas, 1979.

_____. *Pecado y secularización*. Madri: P.S., 1974.

_____. *La ley de Cristo*. Vol. I. Barcelona: Herder, 1961.

HOLZHERR, G. O homem e as comunidades. In: FEINER, J.; LOEHRER, M. (dir). *Mysterium Salutis*. Vol. II/3. Petrópolis: Vozes, 1980.

HORTELANO, A. *Morale responsable*. Paris: Desclée, 1970.

IANNI, O. A política mudou de lugar. In: DOWBOR, L.; IANNI, O.; RESENDE, P.-E.A. (coords.). *Desafios da globalização*. Petrópolis: Vozes, 1998, p. 17-27.

IRINEU, S. *Contra los hereges* – Exposición y refutación de la falsa gnosis. Tradução de C.I. González, México: CEM, 2000, p. 465-467.

JEANNIÈRE, A. Qu'est ce la modernité? *Études*, n. 373, 1990, p. 499-510.

JOÃO PAULO II. *Encíclica Laborem Exercens*. 14. ed. São Paulo: Paulinas, 2008.

_____. *Exortação apostólica Familiaris Consortio*. 17. ed. São Paulo: Paulinas, 2003.

_____. *Discurso do Santo Padre na festa das famílias*. 20/10/2001 [Disponível em <https://w2.vatican.va/content/john-paul-ii/pt/speeches/2001/october/documents/hf_jp-ii_spe_20011020_family.html – Acesso em 17/02/2002].

_____. *Carta encíclica Dominum et Vivificantem*. 6. ed. São Paulo: Paulinas, 2000.

_____. *Carta encíclica Fides et Ratio.* Petrópolis: Vozes, 1998.

_____. Encíclica Dives in Misericordia. In: COSTA, L. (org.). *Encíclicas de João Paulo II.* São Paulo: Paulus, 1997, p. 89-152.

_____. *Exortação apostólica Vita Consecrata.* Petrópolis: Vozes, 1996.

_____. *Carta encíclica Ut Unum Sint.* São Paulo: Paulinas, 1995a.

_____. *Carta encíclica Evangelium Vitae.* 2. ed. São Paulo: Paulinas, 1995b.

_____. *Carta encíclica Ut Unum Sint.* São Paulo: Paulinas, 1995c.

_____. *Carta às famílias* – 1994: Ano da Família. Petrópolis: Vozes, 1994.

_____. *Carta encíclica Veritatis Splendor.* Petrópolis: Vozes, 1993.

_____. *Carta encíclica Centesimus Annus.* Petrópolis: Vozes, 1991.

_____. *Exortação apostólica Christifideles Laici.* 11. ed. São Paulo: Paulinas, 1990a.

_____. *Paz com Deus Criador, paz com toda a criação* – Mensagem do dia 1º janeiro de 1990b [Disponível em https://w2.vatican.va/content/john-paul-ii/pt/messages/peace/documents/hf_jp-ii_mes_19891208_xxiii-world-day-for-peace.html – Acesso em 27/11/2018].

_____. *Carta encíclica Sollicitudo Rei Socialis.* Petrópolis: Vozes, 1988.

_____. *Exortação apostólica pós-sinodal Reconciliatio et Paenitentia.* Roma: Libreria Editrice Vaticana, 1984.

_____. *Homilia da missa de inauguração da VI Assembleia Geral Sínodo dos Bispos,* 29/11/1983 [Disponível em https://w2.vatican.va/content/john-paul-ii/pt/homilies/1983/documents/hf_jp-ii_hom_19830929_inizio-sinodo.html – Acesso em 30/10/2018].

_____. *Carta encíclica Redemptor Hominis.* Petrópolis: Vozes, 1979a.

_____. Discorso del 24 aprile 1979. In: *Insegnamenti di Giovanni Paolo II* – Vol. II: Città del Vaticano: Livraria Editora Vaticana, 1979b, p. 966.

JOÃO XXIII. *Carta encíclica Mater et Magistra.* 9. ed. Petrópolis: Vozes, 1984.

_____. *Discurso de Sua Santidade Papa João XXIII na abertura solene do SS. Concílio*, 11/10/1962 [Disponível em http://w2.vatican.va/content/john-xxiii/pt/speeches/1962/documents/hf_j-xxiii_spe_19621011_opening-council.html – Acesso em 09/03/2019].

JOSAPHAT, C. *Fé, esperança e caridade*: encontrar Deus no centro da vida e da história. 2. ed. São Paulo: Paulinas, 1999.

JUNGES, J.R. *Evento Cristo e ação humana*: temas fundamentais da ética teológica. São Leopoldo: Unisinos, 2001a.

_____. *Ecologia e criação* – Resposta cristã à crise ambiental. São Paulo: Loyola, 2001b.

KASPER, W. O problema teológico do mal. In: KASPER, W.; LEHMANN, K.; KERTELGE, K.; MISCHO, J. *Diabo, demônios, possessão*: da realidade do mal. São Paulo: Loyola, 1992, p. 55-56.

KLINKEN, J. van. O terceiro ponto no processo conciliar JPPC: a ecologia entre a teologia e as ciências naturais. *Concilium*, n. 236, 1991, p. 72-86.

KOHLBERG, L. *The Development of Modes of Moral Thinking and Choice, in the Years Teen to Sexteen*. Doctoral thesis. University of Chicago, 1958.

KONZEN, J.A. Ecologia e ética. *Missioneira*, vol. 25, n. 25, 2001, p. 27-46. Santo Ângelo.

KRÓLIKOWSKI, J. *La centralità del mistero di Cristo nella Teologia Morale*. Roma: Pontificium Athenaeum Sancte Crucis, 1997.

KÜNG, H. *Projeto de Ética Mundial*: uma moral ecumênica em vista da sobrevivência humana. São Paulo: Paulinas, 1992.

L'HOUR, J. *La morale de l'alliance*. Paris: Cerf, 1985 [Traditions Chrétiennes 19].

LABURTHE-TOLRA, P.; WARNIER, J.-P. *Etnologia, antropologia*. Petrópolis: Vozes, 1997.

LAMBRECHT, J. Le chemin qui mène à la vie (Mt 7,13-27). In: LAMBRECHT, J. *"Eh bien! Moi je vous dis"*: Le discours-programme de Jésus (Mt 5–7; Lc 6,20-49). Paris: Cerf, 1986, p. 179-202.

LATOUTELLE, R. Fideísmo e tradicionalismo. In: LATOUTELLE, R.; FISICHELLA, R. (dirs.). *Dicionário de Teologia Fundamental*. Petrópolis/Aparecida: Vozes/Santuário, 1994, p. 327-328.

LAZLO, E. *Conexão cósmica*: guia pessoal para a emergente visão da ciência. Petrópolis: Vozes, 1999.

LÉCRIVAIN, P. Dalle "autorità" al magistero – La via dell'etica. In: SEBOÜÉ, B. (dir.). *Storia dei Dogmi*: L'uomo e la sua salvezza. Casale Monferrato: Piemme, 1997, p. 419-514.

LEERS, B. O Sacramento da Reconciliação – Um século de catequese no Brasil. *Revista Eclesiástica Brasileira*, vol. 44, n. 174, 1984, p. 299-322.

LEHMANN, K. (ed.). *Comisión Teológica Internacional*: Teología de la Liberación. Madri: BAC, 1978.

LÉONARD, A. *Le fondement de la morale*: essai d'éthique philosophique générale. Paris: Cerf, 1991.

LÉVINAS, E. *Totalidade e infinito*. Lisboa: Ed. 70, 2000.

LIBÂNIO, J.B. Educar na Modernidade e Pós-modernidade. *Vida Pastoral*, jan.-fev./1998.

_____. *Pecado e opção fundamental*. Petrópolis: Vozes, 1975.

LIMA, A.A. Virtudes e intervirtudes (excertos). *Grande Sinal*, vol. 47, n. 3, 1993, p. 366-384.

LIPOVETSKY, G. *O crepúsculo do dever* – A ética indolor dos novos tempos democráticos. Lisboa: Dom Quixote, 1994.

_____. *El imperio de lo efímero*. Barcelona: Anagrama, 1991.

_____. *A era do vazio* – Ensaio sobre o individualismo contemporâneo. Lisboa: Relógio D'Água, 1983.

LOHSE, E. *Théologie du Nouveau Testament*. Genebra: Labor et Fides, 1987.

LÓPEZ MARTIN, J. *No Espírito e na Verdade* – Vol. I: Introdução à liturgia. Petrópolis: Vozes, 1996.

LORENZ, K. *Os fundamentos da etologia*. São Paulo: Unesp, 1995.

_____. *A demolição do homem* – Crítica à falsa religião do progresso. São Paulo: Brasiliense, 1986.

MACCIO, C. *Pour une éducation de la liberté*: les étapes du développement de la personalité. Lyon: Chronique Sociale de France, 1984.

MAILLOT, A. *Le décalogue*: une morale pour notre temps. Genebra: Labor et Fides, 1985.

MAJORANO, S. *La coscienza*: per uma lettura cristiana. Turim: San Paolo, 1994.

MALDANER, G. *La coscienza morale*. Leumann: Elle Di Ci, 1982.

MALHERBE, J.-F. Non si può fare bioetica seriamente, se non ci si appoggia su un fondamento antropológico. In: VIAFORA, C. (org.). *Vent'anni di bioetica*: idee, protagonisti, istituzioni. Pádova: Fondazione Lanza/Gregoriana Lebreria Editrice, 1990, p. 181-195.

MARCATALI, A. *L'uomo pluridimensionale* – Riflessione pedagogica alla luce del magistero. Bréscia/Roma: La Scuola Editrice/Antonianum, 1987.

MARDONES, J.M. *Postmodernidad y cristianismo*: el desafío del fragmento. Santander: Sal Terrae, 1988.

MARLIANGEAS, B.D. *Culpabilité, péché, pardon*. Paris: Cerf. 1982.

MARROU, D.-H. Dos primórdios a São Gregório Magno. In: VV.AA. *Nova história da Igreja*. Vol. I. Petrópolis: Vozes, 1966, p. 405-413.

MATERA, F.J. *Ética do Novo Testamento*: os legados de Jesus e de Paulo. São Paulo: Paulus, 2001.

MARX, K. *O capital*: crítica da economia política – Livro 1: O processo de produção do capital. São Paulo: Boitempo, 2013.

_____. *Die deutsche Ideologie* – Kritik der neuesten deutschen Pholosophie in ihren Repräsentanten, Feuerbach, B. Bauer und Stirner, und des deutschen Sozialismus in seinen verschieden Propheten. Frankfurt: Druck-Verlags-Vertriebs-Kooperative, 1971.

MELINA, L. *La morale entre crise et renouveau*. Bruxelas: Culture et Vérité, 1995.

MERINO, J.A. *Visión franciscana de la vida cotidiana*. Madri: Paulinas, 1991.

MESTERS, C. *Paraíso terrestre*: saudade ou esperança? 13. ed. Petrópolis: Vozes, 1991.

MIRANDA, M.F. *Sacramento da Penitência*: o perdão de Deus na comunidade eclesial. São Paulo: Loyola, 1980.

MOLTMANN, J. *O Espírito da Vida*: uma pneumatologia integral. Petrópolis: Vozes, 1999.

_____. *La giustizia crea il futuro*. Bréscia: Queriniana, 1990.

MORAIS, R. Ética e vida social contemporânea. *Tempo e Presença*, vol. 14, n. 263, mai.-jun./1992, p. 5-7.

MOSER, A. *O pecado*: do descrédito ao aprofundamento. Petrópolis: Vozes, 1996.

_____. *O problema ecológico e suas implicações éticas*. 2. ed. Petrópolis: Vozes, 1984.

_____. *O pecado ainda existe?* 2. ed. Petrópolis: Vozes, 1977.

_____. *Teologia do Pecado*. Texto policopiado. Petrópolis: ITF, s.d.

MOSER, A.; LEERS, B. *Teologia Moral*: impasses e alternativas. Petrópolis: Vozes, 1987.

MOUNIER, E. *O personalismo*. Santos: Martins Fontes, 1973.

_____. *L'engagement de la foi* – Textes choisis. Paris: Seuil, 1968a.

_____. *Humanisme integral*. Paris: Montaigne, 1968b.

MOURA, L.D. *A dignidade da pessoa e os direitos humanos*. São Paulo/Rio de Janeiro/Bauru: Loyola/PUC-Rio/Edusc, 2002.

MUNSEY, B. (ed.). *Moral development, Moral Education and Kohlberg*: Basic Issues in Philosophy, Psychology and a Education. Birmingham, Alabama: Religious Education Press, 1980.

NGUYEN VAN SI, A. *La théologie de l'imitation du Christ d'après Saint Bonaventure*. Roma: Antonianum, 1991.

OFM – Definitório Geral. *Prioridades*. São Paulo: CFMB, 1998a.

OFM – Capítulo Geral/1997. *Da memória à profecia*: orientações e propostas. São Paulo: CFMB, 1998b.

OFM. *A formação permanente na Ordem dos Frades Menores*. Roma: Secretaria Geral para a Formação e os Estudos, 1995.

OLIVEIRA, M.A. Relevância dos desdobramentos da Física Quântica e da Biogenética para o agir e pensar atuais. In: LIMA, D.N.; TRUDEL, J. *Teologia em diálogo*. São Paulo: Paulinas, 2002, p. 175-205.

OLIVIERO, B. *Morale autonoma ed etica della fede*. Bolonha: Centro Editoriale Dehoniano, 1981 [Studi e Ricerche 27].

PAGNOL, M. *César*. Paris: Fallois, 2004 [Livre de Poche 161].

PAULO VI. *Carta encíclica Populorum Progressio*. 15. ed. Petrópolis: Vozes, 1991.

_____. *Udienza generale* – Mercoledì, 6 giugno 1973 [Disponível em https://w2.vatican.va/content/paul-vi/it/audiences/1973/documents/hf_p-vi_aud_19730606.html – Acesso em 09/03/2019].

_____. O valor religioso do Concílio. In: KLOPPENBURG, B. (org.). *Concílio Vaticano II* – Vol. V: Quarta sessão (set.-dez./1965). Petrópolis: Vozes, 1966, p. 497-498.

_____. *Encíclica Ecclesiam Suam*. Petrópolis: Vozes, 1964.

PEGORARO, O.A. *Ética é justiça*. 2. ed. Petrópolis: Vozes, 1997.

PEREIRA, W.C.C. *Nas trilhas do trabalho comunitário e social*: teoria, método e prática. Petrópolis/Belo Horizonte: Vozes/Ista/PUC Minas, 2001.

PESCHKE, K.H. *Ética Cristiana*: Teologia Morale alla luce del Vaticano II – Vol. 1: Teologia Morale generale. 2. ed. Roma: Pontificia Università Urbaniana, 1988 [Subsidia Urbaniana 34].

PESSINI, L.; BARCHIFONTAINE, C.P. *Fundamentos da bioética*. São Paulo: Paulus, 1996.

PETEIRO, A. *Pecado y hombre actual*. Estella: Verbo Divino, 1972.

PIAGET, J. *Le jugement moral chez l'enfant*. Paris: PUF, 1985.

PIEPER, J. *Las virtudes fundamentales*. Madri: Rialp, 1976.

PINCKAERS, S. *Les sources de la morale chrétienne* – Sa méthode, son contenu, son histoire. Friburgo/Paris: Éditions Universitaires/Éditions du Cerf, 1985.

PINTO DE OLIVEIRA, C.-J. L'autonomie morale dans la psycologie du développement intellectuel. In: VV.AA. *Autonomie*: Dimensions éthiques de la liberté. Friburgo/Paris: Éditions Universitaires/Éditions du Cerf, 1978, p. 143-160.

_____. *La crise du choix moral dans la civilisation technique.* Friburgo/ Paris: Éditons Universitaires/Éditions du Cerf, 1977.

PIO XII. Radiomensagem ao Congresso Catequístico Nacional dos Estados Unidos, em Boston (26/10/1946). In: Discorsi e Radiomessagi. *AAS*, VIII, p. 398, 1947.

PIVA, P. *Persona umama e norma morale.* Vicenza: L.I.E.F., 1986 [Esperienze e Analisi 4].

PONTIFÍCIO CONSELHO "COR UNUM". *A fome no mundo* – Um desafio de todos: o desenvolvimento solidário. Petrópolis: Vozes, 1997.

PONTIFICIO CONSIGLIO PER LA FAMIGLIA. *Carta dei Diritti dela Famiglia*, 1983 [Disponível em http://www.vatican.va/roman_curia/ pontifical_councils/family/documents/rc_pc_family_doc_19831022_ family-rights_it.html – Acesso em 17/05/1995].

POTTERIE, I. de la. Le paraclet. In: POTTERIE, I. de la; LYONNET, S. *La vie selon l'Esprit, condition du Chrétien.* Paris: Cerf, 1965, p. 85-105.

QUEIRUGA, A.T. *Fim do cristianismo pré-moderno*: desafios para um novo horizonte. São Paulo: Paulus, 2003.

_____. *Do terror de Isaac ao* abbá *de Jesus.* São Paulo: Paulinas, 2001.

_____. *Recuperar a salvação* – Por uma interpretação libertadora da experiência cristã. São Paulo: Paulus, 1999.

_____. Mal. In: LORISTÁN, C.; TAMAYO, J. (eds.). *Conceptos fundamentales del cristianismo.* Madri: Trotta, 1993, p. 753-761.

QUELQUEJEU, B. Éthos historiques et normes éthiques. In: LAURET, B.; REFOULÉ, F. (dirs.). *Initiation à la pratique de la théologie* – Tomo IV: Éthique. Paris: Cerf, 1983, p. 71-91.

RAHNER, K. Pecado original. In: *Sacramentum Mundi*. Tomo 5. Barcelona: Herder, 1972-1976, col. 338.

RATZINGER, J. *La via della fede* – Le ragioni dell'etica nell'epoca presente. Milão: Ares, 1996.

RÉMY, P. *Et le péché qu'en dire?* Paris: Centurion, 1979.

REY-MERMET, T. *Pour une redécouverte de la morale*. Québec: Droguet & Ardant, 1985 [Croire 4].

RIBEIRO, H. *A condição humana e a solidariedade cristã*. Petrópolis: Vozes, 1998.

RICOEUR, P. *Outramente*: leitura do livro *Autrement qu'être ou au-delà de l'essence*, de Emmanuel Lévinas. Petrópolis: Vozes, 1999.

_____. *Soi-même comme un autre*. Paris: Seuil, 1990.

_____. *Le mal* – Un défi à la philosophie et à la théologie. Genebra: Labor et Fides, 1986.

_____. Avant la loi morale: l'éthique. In: *Encyclopaedia Universalis* (*Symposium*), Paris: Édition Encyclopædia Universalis, 1985, p. 42-45.

RINCON ORDUÑA, R.; MORA BARTHES, G.; LOPEZ ASPITARTE, E. *Práxis cristã* – Vol. I: Moral Fundamental. São Paulo: Paulinas, 1983.

ROBERTSON, R. Mapeamento da condição global: globalização como conceito central. In: FEATHERSTONE, M. (coord.). *Cultura global*: nacionalismo, globalização e Modernidade. Petrópolis: Vozes, 1994, p. 23-39.

RODRIGUES, N. Educação: da formação humana à construção do sujeito ético. *Educação & Sociedade*, vol. 22, n. 76, out./2001, p. 232-257. Campinas.

ROMBACH, H. La question humaine fondamentale: libre disposition de soi ou liberté de l'homme. In: VV.AA. *L'homme manipulé*. Estrasburgo: Cerdic, 1974, p. 43-52.

RUBIO, A.G.A. A prática da Teologia em novos paradigmas: adequação aos tempos atuais. In: VV.AA. *Teologia aberta ao futuro*. São Paulo: Loyola/Soter, 1997, p. 223-261.

_____. Crise ambiental e projeto bíblico de humanização integral. In: MOURA, L.D. de (org.). *Reflexão cristã sobre o meio ambiente*. São Paulo: Loyola, 1992, p. 7-28.

_____. *Unidade na pluralidade*: o ser humano à luz da fé e da reflexão cristãs. São Paulo: Paulinas, 1989.

SAMSON, J.M. L'éthique, l'éducation et le développement du jugement moral. In: VV.AA. *Le développement moral*. Montreal: Fides, 1976, p. 5-55.

SCHWEITZER, A. *Aus meinem Leben und Denken*. Hamburgo: Meiner. 1965.

SCIUTO, I. Se Dio, perché il male? In: VV.AA. *Agostino e il destino dell'Occidente*. Roma: Carocci, 2000, p. 61-77.

SEGUNDO, J.L. *Catéchisme pour aujourd'hui* – Tome II: Recréer l'Église. Paris: Cerf/Desclée, 1973.

SEVERINO, A.J. A busca de sentido da formação humana: tarefa da Filosofia da Educação. *Educação e Pesquisa*, vol. 32, n. 3, set.-dez./2006, p. 619-634.

SIQUEIRA, J.C. *Ética e meio ambiente*. São Paulo: Loyola, 1998.

SGRECCIA, E. A Bioética: história, horizontes e fundamento de uma nova disciplina. In: LADISÃNS, S. (coord.). *Questões atuais de Bioética*. São Paulo: Loyola, 1990, p. 241-248.

SIEGWALT, G. L'université, les sciences et la théologie: un projet de dialogue interdisciplinaire. In: SIEGWALT, G. (ed.). *La nature a-t-elle um sens?* – Civilisation technologique et conscience chrétienne devant l'inquiétude écologique. Estrasburgo: Cerit, 1980, p. 7-14.

SÍNODO DOS BISPOS – IX Assembleia Geral Ordinária. *A vida consagrada e sua missão na Igreja e no mundo (Instrumentum laboris)*. Petrópolis: Vozes, 1995.

SCHILLEBEECKX, E. *Jesús* – La historia de un viviente. Madri: Cristiandad, 1981.

SCHNACKENBURG, R. *L'existence chrétienne selon le Nouveau Testament*. Tome I. Tournai: Desclée, 1971.

_____. *Messagio morale del Nuovo Testamento*. Alba: Paoline, 1959.

SCHOCKENHOFF, E. *Etica della vita*: un compendio teológico. Bréscia: Queriniana, 1997.

SCUOLA DI ALTA FORMAZIONE EDUCARE ALL'INCONTRO E ALLA SOLIDARIETÀ (EIS – LUMSA). *Educare oggi e domani: una passione che si rinova* – Sfide, strategie e prospettive dalle risposte al questionario dell'Instrumentum laboris. Roma: Congregazione per l'Educazione Cattolica, 2014.

SKINNER, B.F. *Ciência e comportamento humano*. 4. ed. São Paulo: Martins Fontes, 1978.

SOBRINO, J. Liberación del pecado. *Sal Terrae*, n. 76, jan./1988a, p. 15-28.

_____. Pecado personal, perdón y liberación. *Revista Latinoamericana de Teología*, n. 13, jan.-abr./1988b, p. 13-31.

_____. Crisis en la moral. *Christus*, n. 496, 1977, p. 45-54.

STOETZEL, J. *La psychologie sociale*. Paris: Flammarion, 1978.

SUBLON, R. *Fonder l'éthique en psychanalyse*. Paris: FAC, 1982.

TAVARES, C.Q. *Entre certeza e desafios*: ética sexual católica e concepção de sexualidade humana hoje. Dissertação de Mestrado. Rio de Janeiro: PUC-Rio, 2006.

TESTA, E. *La morale dell'Antico Testamento*. Bréscia: Morcelliana, 1981.

TETTAMANZI, D. *Bioetica* – Nuove frontiere per l'uomo. II edizione riveduta e ampliata. Casale Monferrato: Piemme, 1990.

THÉVENOT, X. À propos de la spécificité de la morale chrétienne. In: BÉLANGER, R.; POURDE, S. (orgs.). *Actualiser la morale*. Paris: Cerf, 1992, p. 297-316.

_____. *Les péchés*: Que peut-on dire? Mulhouse: Salvator, 1984.

THIELICKE, H. *Theologische Ethik*. Tomo I, Tübingen, 1951.

TILLARD, J.-M.-R. *Appel du Christ... appels du monde*: Les religieux relisent leur appel, Paris: Cerf, 1978.

TOMMASO D'AQUINO, S. *Le Questioni disputate: la verità* – Vol. I: Questioni 1-9. Bolonha: Studio Domenicano, 1992.

TOURAINE, A. *Pourrons-nous vivre ensemble?* – Égaux et différents. Paris: Fayard, 1997.

_____. *Crítica da Modernidade*. Petrópolis: Vozes, 1994.

ULMANN, R.A. *Antropologia*: o homem e a cultura. Petrópolis: Vozes, 1991.

UNESCO. *Carta da Terra*, 2000 [Disponível em www.cartadaterra.org ou www.earthcharter.org – Acesso em 27/10/2018].

VALADIER, P. *Moral em desordem*: um discurso em defesa do ser humano. São Paulo: Loyola, 2005.

_____. *La condition chrétienne* – Du monde sans en être. Paris: Seuil, 2003.

_____. *Des repères pour agir*. Paris: Desclée de Brouwer/Bellarmin, 1977.

VAN OYEN, H. *Éthique de l'Ancien Testament*. Genebra: Labor et Fides, 1974.

VIDAL, M. *Nova Moral Fundamental* – O lar teológico da Ética. Aparecida/São Paulo: Santuário/Paulinas, 2003.

_____. *Para conhecer a ética cristã*. São Paulo: Paulinas, 1993.

_____. *Dicionário de Moral* – Dicionário de Ética Teológica. Aparecida/Porto: Santuário/Perpétuo Socorro, 1991.

_____. *Caminhos para a ética cristã*. Aparecida: Santuário, 1989.

_____. *Moral de atitudes* – Vol. II: Ética da pessoa. 3. ed. Aparecida: Santuário, 1988.

_____. *Moral de atitudes* – Vol. I: Moral fundamental. Aparecida: Santuário, 1978.

VIER, F. (coord.). *Compêndio do Vaticano II*: constituições, decretos, declarações. 22. ed. Petrópolis: Vozes, 1991.

WACKENHEIM, C. *Le pari catholique*. Paris: Centurion, 1980.

WATTIAUX, H. *Engagement de Dieu et fidélité du Chrétien* – Perspectives pour une théologie morale fondamentale. Lefort: Centre Cerfaux, 1979 [Lex Spiritus Vitae 3].

WENDLAND, H.-D. *Éthique du Nouveau Testament.* Genebra: Labor et Fides, 1972.

WESTERMANN, C. *Théologie de l'Ancien Testament.* Genebra: Labor et Fides, 1985.

_____. *Mille ans et un jour* – L'histoire d'Israel miroir de notre temps. Paris: Cerf, 1975.

YANNARAS, C. La morale de la liberté: avant-propos pour une vision orthodoxe de la morale. In: YANNARAS, C.; MEHL, R.; AUBERT, J.-M. *La loi de la liberte* – Évangile et morale. Paris: Maison Mame, 1972, p. 11-62.

ZIEGLER, J.G. "Christus, der neue Adam" (GS 22) – Eine anthropologisch integrierte christocentrische Moraltheologie der Vision des Vatikanum II zum Entwurf einer Gnadenmoral. *Studia Moralia*, vol. 24, 1986, p. 41-70.

_____. Teologia Morale. In: VANDER GUCHT, R.; VORGLIMLER, H. *Bilancio della Teologia Morale del XX secolo.* Vol. III. Roma, 1972, p. 372-381.

COLEÇÃO INICIAÇÃO À TEOLOGIA
Coordenadores: Welder Lancieri Marchini e Francisco Morás

- *Teologia Moral: questões vitais*
  Antônio Moser
- *Liturgia*
  Frei Alberto Beckhäuser
- *Mariologia*
  Clodovis Boff
- *Bioética: do consenso ao bom-senso*
  Antônio Moser e André Marcelo M. Soares
- *Mariologia – Interpelações para a vida e para a fé*
  Lina Boff
- *Antropologia teológica – Salvação cristã: salvos de quê e para quê?*
  Alfonso García Rubio
- *A Bíblia - Elementos historiográficos e literários*
  Carlos Frederico Schlaepfer, Francisco Rodrigues Orofino e
  Isidoro Mazzarolo
- *Moral fundamental*
  Frei Nilo Agostini
- *Direito Canônico – O povo de Deus e a vivência dos sacramentos*
  Ivo Müller, OFM

CULTURAL

Administração
Antropologia
Biografias
Comunicação
Dinâmicas e Jogos
Ecologia e Meio Ambiente
Educação e Pedagogia
Filosofia
História
Letras e Literatura
Obras de referência
Política
Psicologia
Saúde e Nutrição
Serviço Social e Trabalho
Sociologia

CATEQUÉTICO PASTORAL

Catequese
  Geral
  Crisma
  Primeira Eucaristia

Pastoral
  Geral
  Sacramental
  Familiar
  Social
  Ensino Religioso Escolar

TEOLÓGICO ESPIRITUAL

Biografias
Devocionários
Espiritualidade e Mística
Espiritualidade Mariana
Franciscanismo
Autoconhecimento
Liturgia
Obras de referência
Sagrada Escritura e Livros Apócrifos

Teologia
  Bíblica
  Histórica
  Prática
  Sistemática

VOZES NOBILIS

Uma linha editorial especial, com importantes autores, alto valor agregado e qualidade superior.

REVISTAS

Concilium
Estudos Bíblicos
Grande Sinal
REB (Revista Eclesiástica Brasileira)

VOZES DE BOLSO

Obras clássicas de Ciências Humanas em formato de bolso.

PRODUTOS SAZONAIS

Folhinha do Sagrado Coração de Jesus
Calendário de mesa do Sagrado Coração de Jesus
Agenda do Sagrado Coração de Jesus
Almanaque Santo Antônio
Agendinha
Diário Vozes
Meditações para o dia a dia
Encontro diário com Deus
Guia Litúrgico

CADASTRE-SE
www.vozes.com.br

EDITORA VOZES LTDA.
Rua Frei Luís, 100 – Centro – Cep 25689-900 – Petrópolis, RJ
Tel.: (24) 2233-9000 – Fax: (24) 2231-4676 – E-mail: vendas@vozes.com.br

UNIDADES NO BRASIL: Belo Horizonte, MG – Brasília, DF – Campinas, SP – Cuiabá, MT
Curitiba, PR – Fortaleza, CE – Goiânia, GO – Juiz de Fora, MG
Manaus, AM – Petrópolis, RJ – Porto Alegre, RS – Recife, PE – Rio de Janeiro, RJ
Salvador, BA – São Paulo, SP